Die Rechtsprechung des Bayerischen Verfassungsgerichtshofs
zum rechtlichen Gehör

Europäische Hochschulschriften
Publications Universitaires Européennes
European University Studies

Reihe II
Rechtswissenschaft

Série II Series II
Droit
Law

Bd./Vol. 4391

PETER LANG
Frankfurt am Main · Berlin · Bern · Bruxelles · New York · Oxford · Wien

Tim Bretschneider

Die Rechtsprechung des Bayerischen Verfassungsgerichtshofs zum rechtlichen Gehör

Eine Auswertung der Rechtsprechung der Jahre 1990 bis 2003

PETER LANG
Europäischer Verlag der Wissenschaften

Bibliografische Information Der Deutschen Bibliothek
Die Deutsche Bibliothek verzeichnet diese Publikation in der Deutschen Nationalbibliografie; detaillierte bibliografische Daten sind im Internet über <http://dnb.ddb.de> abrufbar.

Zugl.: Regensburg, Univ., Diss., 2005

D 355
ISSN 0531-7312
ISBN 3-631-54967-9

www.peterlang.de

Meinen Eltern

Vorwort

Die Arbeit nahm die Juristische Fakultät der Universität Regensburg im Sommersemester 2004 als Dissertation an.

Ich danke meinem Lehrer und Doktorvater, *Herrn Prof. Dr. Ekkehard Schumann*, der das Werk von der Auswahl des Themas bis zur Drucklegung begleitete und mich stets mit wertvollen Anregungen unterstützte. Ihm danke ich besonders für die lehrreichen Jahre, die ich sein Assistent war. Dank schulde ich *Herrn Prof. Dr. Rainer Arnold* für die engagierte Zweitbegutachtung.

Ich danke *Herrn Dr. Gustav Lichtenberger*, Richter und Generalsekretär des *Bayerischen Verfassungsgerichtshofs*, der mir sein umfangreiches Archiv für die Arbeit zur Verfügung stellte und mich mit nützlichen Informationen zum Dissertationsthema versorgte. Ein Wort des Dankes geht ebenso an *Frau Anneliese Schönhuber* und *Frau Stephanie Steiner* von der Geschäftsstelle des *Bayerischen Verfassungsgerichtshofs*. Sie waren mir bei den organisatorischen Abläufen vor Ort immer eine große Hilfe.

Ohne meine Eltern, *Dr. med. Brigitte Bretschneider* und *Dr. med. Till Bretschneider*, wären das Studium, das Referendariat und die Fertigstellung der Dissertation undenkbar. Ihnen danke ich ganz besonders für die vielen Jahre, in denen sie mich nach Kräften unterstützten. Deshalb widme ich ihnen die Arbeit.

Schließlich danke ich meiner lieben Frau Katrin, die mich einerseits von vielen Dingen des Alltags entlastete, andererseits mir mit hilfreichen Ratschlägen, unendlicher Geduld und dem Korrekturlesen eine sehr große Hilfe war.

Frau Silvia Hornsteiner danke ich für das abschließende Lektorieren der Arbeit. Für deren technische Umsetzung bedanke ich mich bei *Herrn Dipl. Informatiker (FH) Markus Kleinfelder*. Meinem Freund, *Herrn RA Sebastian Kuhn*, danke ich für die unzähligen wertvollen juristischen Gespräche und vielen praktischen Hinweise, die die Fertigstellung der Dissertation ermöglichten.

München, September 2005 *Tim Bretschneider*

INHALTSVERZEICHNIS

TABELLENVERZEICHNIS

ABKÜRZUNGSVERZEICHNIS*

a.a.O	am angegebenen Ort
Abs.	Absatz
a. F.	alte Fassung
Art.	Artikel
Aufl.	Auflage
BayMG	Bayerisches Mediengesetz
BayPetG	Bayerisches Petitionsgesetz
BayVerfGH	Bayerischer Verfassungsgerichtshof
BayVerfGHE	Amtliche Sammlung der Entscheidungen des Bayerischen Verfassungsgerichtshofs
BayVfGHG	Bayerisches Verfassungsgerichtshofgesetz
BGBl	Bundesgesetzblatt
BV	Bayerische Verfassung
BVerfGE	Amtliche Sammlung der Entscheidungen des Bundesverfassungsgerichts
f./ff.	folgende
Fußn.	Fußnote
m. w. N.	mit weiteren Nachweisen
n. F.	neue Fassung
Rdnr.	Randnummer
RGBl	Reichsgesetzblatt
S.	Seite
vgl.	vergleiche
Vorb.	Vorbemerkung
ZPO-RG	Gesetz zur Reform des Zivilprozesses

* Für alle gängigen juristischen Abkürzungen siehe *Hildebert Kirchner/ Cornelie Butz*, Abkürzungsverzeichnis der Rechtssprache, 5. Aufl., Berlin 2003.

§ 1 Einleitung

Die Gewährung des Rechts auf Gehör ist ein ständiger Begleiter gerichtlicher Alltagsarbeit. Ein Blick auf die Häufigkeit der Rüge wegen des Verstoßes gegen Art. 91 Abs. 1 BV[1] in Urteilsverfassungsbeschwerden zum *Bayerischen Verfassungsgerichtshof* verdeutlicht diese Annahme. In den 13 Jahren des Untersuchungszeitraums war die Rüge wegen der Verletzung des rechtlichen Gehörs in 42 % aller Verfassungsbeschwerden enthalten[2]. Damit nimmt dieses Grundrecht eine erhebliche Bedeutung in der Rechtsprechung des *Bayerischen Verfassungsgerichtshofs* ein.

I. Ziel der Arbeit

Die Untersuchung beansprucht, die Bedeutung des rechtlichen Gehörs im verfassungsgerichtlichen Verfahren und in der Rechtsprechung des *Bayerischen Verfassungsgerichtshofs* umfassend darzustellen. Dafür hat der Verfasser sämtliche veröffentlichte und unveröffentlichte Verfassungsbeschwerden, die die Beschwerdeführer im Zeitraum von 1990 bis einschließlich 2003 (auch) mit der Rüge zur Verletzung des Art. 91 Abs. 1 BV begründeten, untersucht. Einen besonderen Wert legt die Arbeit auf die Kategorisierung und Auswertung der einzelnen Rügen zum Verstoß gegen das Recht auf Gehör und nicht nur der Verfassungsbeschwerden. Danach schließen sich tabellarische Auswertungen an, die einen systematischen Überblick zur behandelten Problemstellung geben.

II. Struktur der Arbeit

Einleitend bearbeitet die Abhandlung den geschichtlichen Hintergrund, der zur Kodifizierung des Art. 91 Abs. 1 BV in der *Verfassung des Freistaates Bayern* führte. Hierbei ist die *Rechtsnatur* des Anspruches bedeutsam. Von weit größerem Interesse ist jedoch sein *Verhältnis zum einfachen Verfahrensrecht*. Letzteres ist einerseits ausschlaggebend für das grundsätzliche Verhältnis von Fach- zur Verfassungsgerichtsbarkeit. Andererseits ist es für die Beantwortung der Frage unabdingbar, wann die Verletzung der einfachrechtlichen Ausformung des rechtlichen Gehörs in den einzelnen Verfahrensordnungen eine Verletzung des verfassungsmäßigen Rechts bedeutet.

Die geringe Zahl von nur 41 begründeten Verfassungsbeschwerden im Verhältnis zur hohen Anzahl der Rüge bezüglich der Verletzung des Anspruches aus Art. 91 Abs. 1 BV[3], lässt den Schluss zu, dass Umfang und Grenzen des Anspruchs nach wie vor unklar sind. Gerade die Rüge zur Verletzung des Willkürverbots gemäß Art. 118 Abs. 1 BV

---

[1] Die Verfassung des Freistaats Bayern ist am 8. Dezember 1946 in Kraft getreten. Sie gilt in der Fassung der Neubekanntmachung vom 1. Dezember 1998.
[2] Siehe Tabelle 1 unter § 3 I.
[3] Vgl. die Tabelle 2 unter § 3 I.

findet sich sehr häufig parallel zur Gehörsrüge, obwohl die Beschwerdeführer ein und dieselbe fachgerichtliche Verfahrensgestaltung beanstanden. Somit untersucht die Arbeit anhand der ausgewerteten Urteilsverfassungsbeschwerden das *Verhältnis des rechtlichen Gehörs zu weiteren Verfahrensgarantien*. Nur eine klare Abgrenzung der sachlichen Anwendungsbereiche zueinander gewährt klare Schutzbereiche der einzelnen Verfahrensgarantien.

Nicht zu vernachlässigen ist der Aspekt der *Anspruchsinhaberschaft*. Deshalb widmet sich der Verfasser neben der formellen Prozessbeteiligung der Frage, inwieweit eine unmittelbar rechtliche Betroffenheit durch die Gerichtsentscheidung ein Anhörungsrecht Dritter auslösen kann.

Nach Art. 91 Abs. 1 BV hat vor *Gericht* jedermann Anspruch auf rechtliches Gehör. Ein Kapitel beschäftigt sich mit der *Bedeutung der gerichtlichen Verfahren* im Sinne der Verfassungsnorm. Dieser Teil erörtert die Bedeutung der verschiedenen Gerichtszweige im Urteilsverfassungsbeschwerdeverfahren und die Verantwortung der Gerichte im organisatorischen Sinn für verfassungsrelevante Gehörsverstöße. Zudem untersucht die Arbeit die gerichtlichen Verfahren unter dem Aspekt der Gewährung des rechtlichen Gehörs.

Das Kernstück der Abhandlung ist die Darstellung der Inhalte des rechtlichen Gehörs in der Rechtsprechung des *Bayerischen Verfassungsgerichtshofs*. Die Erläuterung macht es erforderlich, gegebenenfalls die Entscheidungspraxis des *Bundesverfassungsgerichts* zu besprechen und Vergleiche zwischen den Judikaten anzustellen. Eine systematische Aufbereitung der Rügen zur Verletzung der Gehörsmaxime ist in diesem Zusammenhang unerlässlich. Diese Aufarbeitung folgt den drei Verwirklichungsstufen des Anspruchs aus Art. 91 Abs. 1 BV. Es handelt sich um die Bereiche der *gerichtlichen Informationspflicht*, des *Äußerungsrechts des Anspruchsinhabers* und der *Berücksichtigungspflicht des Gerichts*. In diesem Zusammenhang findet nicht nur eine qualitative Auswertung der entsprechenden Rügen statt, sondern ebenso eine quantitative, um zu verdeutlichen, mit welcher Art von Gehörsverletzung die Beschwerdeführer den *Bayerische Verfassungsgerichtshof* am meisten konfrontieren und welche Beanstandung im Vergleich dazu am häufigsten Erfolg hat.

Der nächste Teil schildert *die Verfassungsbeschwerde* zum Verstoß gegen Art. 91 Abs. 1 BV. Die Ausführungen konzentrieren sich besonders auf die Zulässigkeitsprobleme, da schon eine Vielzahl der Beanstandungen nicht die Zulässigkeitsanforderungen erfüllen. In der Begründetheit begutachtet dieses Kapitel sowohl Probleme der *Kausalität* und der *Heilung* von Gehörsverstößen als auch die Fälle, in denen sich die Beschwerdeführer *ihres Anspruchs begeben*.

Abschließend stellt die Arbeit die wesentlichen Erkenntnisse der Urteilsauswertung zusammengefasst dar.

III. Die für die Arbeit maßgeblichen Normen der Verfassung des Freistaates Bayern

Die Urteilsverfassungsbeschwerden wegen der Verletzung des Rechts auf Gehör konfrontieren den *Bayerischen Verfassungsgerichtshof* immer wieder mit den verschiedensten Rechtsnormen der Verfassung des Freistaates Bayern. Ihre Erwähnung ist damit für die vorliegende Abhandlung unverzichtbar. Damit die Arbeit dem Leser leichter zugänglich ist, zeigen die folgenden Ausführungen die maßgeblichen Vorschriften und ihren Regelungsbereich auf.
Die Untersuchung beschäftigt sich in erster Linie mit den Verfahrensgrundrechten. Zu nennen sind der Anspruch auf rechtliches Gehör nach Art. 91 Abs. 1 BV, das Willkürverbot des Art. 118 Abs. 1 BV und das Grundrecht auf den gesetzlichen Richter nach Art. 86 Abs. 1 Satz 2 BV.
Weitere behandelte Normen sind Art. 3 Abs. 1 Satz 1 BV, der das Rechtsstaatsprinzip enthält, und Art. 5 Abs. 3 BV, der die richterliche Gewalt durch unabhängige Richter sichert. Deren sachliche Unabhängigkeit normiert Art. 85 BV, die persönliche Unabhängigkeit regelt Art. 87 Abs. 1 BV. Art. 99 Satz 2 BV bestimmt den Schutz der Einwohner Bayerns durch die Gesetze, die Rechtspflege und die Polizei. In Art. 101 BV ist das Recht zur freien Entfaltung der Persönlichkeit, in Art. 115 Abs. 1 BV das Petitionsrecht verankert.
Art. 120, 66 BV regeln die Verfassungsbeschwerde zum *Bayerischen Verfassungsgerichtshof*.

§ 2 Das rechtliche Gehör als Verfassungsgrundsatz in der Bayerischen Verfassung

I. Die Entstehungsgeschichte des Art. 91 Abs. 1 BV

Das in Art. 91 Abs. 1 BV verankerte Recht auf Gehör ist heute als Verfassungsgrundsatz eines jeden rechtsstaatlichen Gerichtsverfahrens anzusehen und als Prozessgrundsatz ein „grundsätzlich unabdingbares Urrecht"[4]. Schon im ersten Jahr des Bestehens der *Bayerischen Verfassung* beschäftigte sich der *Bayerische Verfassungsgerichtshof* mit der Verletzung des Art. 91 Abs. 1 BV[5] und stellte bald darauf fest, dass die Gewährung des rechtlichen Gehörs ein „Eckpfeiler jedes geordneten Verfahrens" und ein „Niederschlag des Prinzips der Rechtsstaatlichkeit" ist[6].

A. Gang der Kodifizierung in der Bayerischen Verfassung

Die folgenden Ausführungen widmen sich dem Zustandekommen der *Verfassung des Freistaates Bayern* unter besonderer Beachtung der Kodifizierung des Art. 91 Abs. 1 BV.

1. Der Vorentwurf einer Verfassung

Auf der konstituierenden Sitzung am 8. März 1946 präsentierte der bayerische Ministerpräsident *Dr. Wilhelm Hoegner* einen Vorentwurf der „Verfassung des Volksstaates Bayern"[7]. Diesen erarbeitete ein auf Vorschlag der amerikanischen Militärregierung gebildeter „Vorbereitender Verfassungsausschuss"[8]. Der Vorentwurf orientierte sich weitestgehend an der *Weimarer Reichsverfassung* und der *Bamberger Bayerischen Verfassung*, beide von 1919[9]. In den folgenden Beratungen bis zum 15. Juli 1946 arbeitete der Ausschuss die von *Hoegner* vorgelegte Fassung auf einen insgesamt 140 Artikel umfassenden weiteren Entwurf der *Bayerischen Verfassung* aus[10]. In diesem sah Art. 63 Abs. 1

---

[4] *BVerfG* 55, 1 (6); *Schweiger* in: *Nawiasky/Leusser/Schweiger/Zacher*, Art. 91 Rdnr. 2.
[5] *BayVerfGH* 1, 34 (38).
[6] *BayVerfGH* 4, 21, (28).
[7] Vgl. Bericht des Bayerischen vorbereitenden Verfassungsausschusses an die Bayerische Verfassungsgebende Landesversammlung, abgedruckt in: Stenographische Berichte über die Verhandlungen des Verfassungsausschusses der Bayerischen Verfassungsgebenden Landesverfassung, Band I, 1946, S. 12 ff.
[8] Diesem am 22. Februar 1946 gebildeten Ausschuss gehörten an: Ministerpräsident *Dr. Hoegner* und fünf Minister beziehungsweise Staatssekretäre, *Dr. Ehard, Dr. Pfeiffer, Roßhaupter, Schmitt und Seifried.*
[9] *Nawiasky* in: *Nawiasky/Leusser/Schweiger/Zacher*, Systematischer Überblick III, S. 3.
[10] Vgl. *Schmidt*, Staatsgründung, S. 95 – 99.

die Gewährleistung des rechtlichen Gehörs vor[11]. Die verbindlichen Entscheidungen über diesen Vorschlag mussten jedoch erst durch Beratungen und Abstimmungen eines entsprechenden Gremiums erfolgen.

2. Die Beratungen und Abstimmungen zum Entwurf einer Verfassung

Die Wahl der verfassungsgebenden Landesversammlung vom 30. Juni 1946 war die erste gesamtbayerische Wahl zu einem Gremium seit Kriegsende. Nach einem, auf der 1. Sitzung des Ältestenrates gefassten, Beschluss setzte die verfassungsgebende Landesversammlung einen aus ihrer Mitte gewählten Verfassungsausschuss mit 21 Mitgliedern ein. Dieser erstellte in der Zeit vom 16. Juli 1946 bis zum 22. Oktober 1946 in 35 Sitzungen seinen Entwurf einer zukünftigen *Bayerischen Verfassung*[12]. Die vom Ausschuss vorbereiteten Teile der Verfassung wurden der Vollversammlung zugeleitet, die den Entwurf in acht Sitzungen vom 13. August 1946 bis zum 20. September 1946 behandelte und die Vorlage ohne wesentliche Änderungen akzeptierte[13]. Die Gesamtabstimmung erfolgte am 20. September 1946 mit 134 gegen 18 Stimmen zugunsten des Verfassungsentwurfs. Daraufhin leitete der Ausschuss den Entwurf der amerikanischen Militärregierung zu, die weitere Bestimmungen aufgenommen haben wollte. Die Wünsche der Militärregierung arbeitete der Verfassungsausschuss in den Sitzungen am 11. und 22. Oktober ein. Daraufhin erfolgte erneut eine Gesamtabstimmung in der Vollversammlung, die die Verfassung mit 136 gegen 14 Stimmen annahm[14].
Die Einführung des rechtlichen Gehörs in die *Bayerische Verfassung* behandelte der Verfassungsausschuss in der 19. Sitzung am 21. August 1946. Der Berichterstatter *Dr. Ehard* stellte Art. 63 vor und wies darauf hin, dass es sich hier mit dem Recht auf Gehör und dem Recht auf einen Verteidiger um zwei Grundsätze handle, die sich „als allgemeine Grundsätze eines Rechtsstaates so herausgebildet haben. Es sei sehr zweckmäßig, insbesondere auch mit Rücksicht auf die Erfahrungen der letzten zwölf Jahre sie, in die Verfassung zu übernehmen"[15]. Danach nahm der Ausschuss Art. 63 des Verfassungsentwurfs einstimmig und in unveränderter Form an.

---

[11] Der Verfassungsentwurf ist abgedruckt in: Stenographische Berichte über die Verhandlungen des Verfassungsausschusses der Bayerischen Verfassungsgebenden Landesversammlung, Band I, 1946, S. 1 – 11.

[12] Siehe im Einzelnen: Stenographische Berichte über die Verhandlungen des Verfassungsausschusses der Bayerischen Verfassungsgebenden Landesversammlung, Band I bis III, 1946.

[13] *Nawiasky* in: *Nawiasky/Leusser/Schweiger/Zacher*, Systematischer Überblick III, S. 3.

[14] *Nawiasky* a. a. O.; *Schmidt*, Staatsgründung, S. 104 – 105 mit Fußn. 24; anders *Maunz* in: *Maunz/Obermayer/Berg/Knemeyer*, Staats- und Verwaltungsrecht, S. 46, er geht von einem Abstimmungsergebnis von 134 zu 18 Stimmen aus.

[15] *Ehard*, Stenographische Berichte über die Verhandlungen des Verfassungsausschusses der Bayerischen Verfassungsgebenden Landesversammlung, Band II, S. 425; Eingehender zum geschichtlichen Hintergrund unter § 2 B.

3. Das Inkrafttreten der Verfassung

Nachdem die Militärregierung die endgültige Version der Verfassung genehmigte, war der Verfassungsentwurf für den Volksentscheid reif. Am 1. Dezember 1946 nahm das bayerische Volk die Verfassung mit 2.090.444 gegen 870.135 Stimmen an[16]. Bereits am 2. Dezember 1946 fertigte Ministerpräsident *Hoegner* die Verfassung aus und ordnete ihre Promulgation an. Allerdings stellte der Landeswahlausschuss erst in der Sitzung vom 12. Dezember 1946 die Rechtsgültigkeit und die Annahme der Verfassung fest. Die Bekanntmachung geschah schon am 8. Dezember 1946 in Nummer 23 des Gesetzes und Verordnungsblattes (S. 333 ff.). Die Verfassung selbst bestimmte kein Datum für ihr Inkrafttreten und trat somit mit Verkündung am 8. Dezember 1946 in Kraft.[17]

B. Historischer Hintergrund für die Kodifizierung des Art. 91 Abs. 1 BV

Nicht immer hielten deutsche Gerichte die Verfahrensgrundsätze, wie die Anhörung der Prozessbeteiligten, ein. So sah die nationalsozialistische Lehre im Recht auf Gehör zwar ein volkstümliches „germanisches" Element der Rechtspflege[18]. Entsprechend war es formaler Bestandteil des Rechts zur Zeit des Dritten Reiches, wie beispielsweise in Art. 3 Nr. 3 der Schutzverordnung in der Fassung vom 4. Dezember 1943 zum Ausdruck kommt[19]. Doch machte die nationalsozialistische Ära deutlich, dass die Verfahrensordnungen leicht abgeändert werden konnten, wenn sie der staatspolitischen Zielsetzung im Wege standen. Dass die Verwirklichung der nationalsozialistischen Ideologie wichtiger war als die Durchführung und Einhaltung rechtsstaatlicher Verfahrensgrundsätze, propagierte das NS-Regime offen. So führt *Roland Freisler*[20] aus, dass „die Entscheidung der materiellen Gerechtigkeit, so wie sie das gesunde Volk sieht und auffasst wichtiger ist, als wer sie erlässt und wie sie zustande gekommen ist" und dass das Vorstellungsbild des nationalsozialistischen Rechtsstaats „ein tiefgreifender Unterschied zu manchem anderen Vorstellungsbild vom Rechtsstaat, das glaubt, sein Ziel durch verfassungsmäßig-organisatorische Maßnahmen erreichen zu können", darstelle. Diese Ideologie führte letztlich zu einer Vielzahl von Änderungen vor allem des Strafprozessrechts und der Gerichtsverfassung, die zu einer Aufweichung aller schützenden Formen des Strafverfahrens führten[21] und dem Abbau des Rechtsstaats dienten[22]. Im Sinne eines nationalsozialistisch „gerechten" Verfahrensergebnisses ist der Grundsatz des rechtlichen Gehörs in eine voll-

---

[16] *Maunz* in: *Maunz/Obermeyer/Berg/Knemeyer*, Staats- und Verwaltungsrecht S. 46.
[17] *Nawiasky* in: *Nawiasky/Leusser/Schweiger/Zacher*, Systematischer Überblick III, S. 4; *Maunz* a. a. O.; *Schmidt*, Staatsgründung, S. 109 – 110.
[18] *Rüping* in: Bonner Kommentar, Art. 103 Abs. 1, S. 7.
[19] Verordnung zur Ergänzung der Verordnung über Maßnahmen auf dem Gebiet des bürgerlichen Streitverfahrens, der Zwangsvollstreckung, des Konkurses und des bürgerlichen Rechts, RGBl. I 1943, S. 665.
[20] *Freisler*, S. 73 – 74.
[21] *Knemeyer* in: *Isensee/Kirchhoff*, Staatsrechts, § 155 Rdnr. 10.
[22] *Schmidt*, Strafrechtspflege, S. 434 ff., S. 440 ff.

kommene Rechtlosstellung der Verfahrensbeteiligten pervertiert worden[23]. Diese Erfahrungen bewogen den bayerischen Gesetzgeber dazu, das Recht auf Gehör in die Verfassung aufzunehmen.

II. Die Rechtsnatur des Anspruchs auf rechtliches Gehör

Das rechtliche Gehör hat eine doppelte Zielrichtung. Einerseits soll es den Verfahrensbeteiligten den Anspruch gewährleisten, sich zu Wort zu melden und Stellung beziehen zu können. Andererseits verpflichtet es das Gericht keine Entscheidung zu treffen, bevor sich der Betroffene nicht zu den, der Entscheidung zu Grunde liegenden, Tatsachen äußern konnte.

A. Das rechtliche Gehör als verfassungsmäßiges Recht

Allgemein anerkannt formuliert Art. 91 Abs. 1 BV verfassungsrechtlich ein subjektives Recht, auch wenn die Vorschrift nicht im Abschnitt „Grundrechte" der Verfassung enthalten ist. So war es seit jeher für den *Bayerischen Verfassungsgerichtshof* eine Selbstverständlichkeit das rechtliche Gehör als Grundrecht einzustufen[24]. Die Einordnung des Anspruchs im Kapitel „Rechtspflege" bringt jedoch gewisse terminologische Schwierigkeiten mit sich. So spricht der *Bayerische Verfassungsgerichtshof* einmal von „Grundrecht"[25], bei anderer Gelegenheit von „Verfahrensgrundrecht"[26]. Die Bezeichnung als Prozessgrundrecht[27] erscheint insgesamt vorzugswürdig, um die besondere Struktur seines Schutzbereichs und seine besondere Unterstützungsaufgabe gegenüber dem materiel-

---

[23] Vgl. *Knemeyer* in: *Isensee/Kirchhoff*, Staatsrecht, § 155 Rdnr. 5. Dies galt vor allem im Strafverfahren für Verfahrensgrundsätze, die den Schutz des Beteiligten bezweckten, wie durch § 5 der Verordnung gegen Volksschädlinge (RGBl. I 1939, S. 1679) zum Ausdruck kommt. Gleiches gilt für § 23 Abs. 1 der Verordnung über die Zuständigkeit der Strafgerichte, die Sondergerichte und sonstige strafverfahrensrechtliche Vorschriften vom 21. Februar 1940 (RGBl. I 1940, S. 405 ff.). Nach § 16 dieser Verordnung hatte die Staatsanwaltschaft die Möglichkeit, den geeigneten Spruchkörper selbst auszuwählen, der für das Verfahren in Frage kommt. Daher konnte schon durch die staatsanwaltliche Verfügung die Möglichkeit der Urteilsanfechtung im Instanzenzug genommen werden, da dem Beschuldigten kein Rechtsmittel gegen sondergerichtliche Entscheidungen zustand. Da das gesamte Verfahren vor dem Sondergericht auf Schnelligkeit ausgerichtet war, gab es beispielsweise keine mündliche Verhandlung über den Haftbefehl, keine gerichtliche Voruntersuchung, keinen gerichtlichen Eröffnungsbeschluss und die Abkürzung von Ladungsfristen. Der Anspruch auf rechtliches Gehör unterlag durch diese verschiedenen Möglichkeiten starken Beschränkungen; vgl. *Rüping/Jerouschek*, Rdnr. 285 f. und 290 ff.

[24] Vgl. den *Bayerischen Verfassungsgerichtshof* in seiner zweiten Entscheidung zum rechtlichen Gehör *BayVerfGH* 4, 21 (28). Die Entscheidung führt keine Begründung für die Qualifikation als Grundrecht an; erwähnt nicht einmal den Grundrechtscharakter. Dann in *BayVerfGH* 6, 136 als Leitsatz hervorgehoben.

[25] *BayVerfGH* Vf.91-VI-97, Urteil vom 19. November 1998, S. 5; Vf.69-VI-98, Urteil vom 13. August 1999, S. 11.

[26] *BayVerfGH* Vf.106-VI-92, Urteil vom 9. Februar 1994, S. 12.

[27] *Schumann*, Bundesverfassungsgericht, Grundgesetz und Zivilprozeß, S. 21; *Nolte* in: *v. Mangoldt/Klein/Stark*, Art. 103 Rdnr. 6; *Schmidt-Aßmann* in: *Maunz/Dürig*, Art. 103 Rdnr. 4; *Zierlein* in: *Umbach/Clemens*, Art. 103 Rdnr. 26.

len Recht herauszuheben[28]. Das Recht auf Gehör setzt die Existenz prozessrechtlicher Regeln voraus, welche die Form der Ausübung des Grundrechts festlegen. Letztlich ist die terminologische Einordnung ohne praktische Relevanz, da die materiellrechtliche Garantie davon unberührt bleibt. Die Gewährleistung des rechtlichen Gehörs stellt eine subjektive, verfassungsrechtlich abgesicherte Rechtsposition dar, die vor den gerichtlichen Instanzen jedermann den Anspruch auf rechtliches Gehör garantiert[29].

B. Die systematische Stellung als Verfahrensrecht

Art. 91 Abs. 1 BV befindet sich im 8. Abschnitt unter der Überschrift „Rechtspflege". Damit wird deutlich, dass es sich bei dem Recht auf Gehör auch um eine, durch die Verfassung gewährleistete objektivrechtliche, Verfahrensmaxime handelt.

1. Verfassungsrechtlicher Bedeutungsgehalt der Verfahrensgarantie

Zum Bedeutungsgehalt des rechtlichen Gehörs als Verfahrensprinzip führte der *Bayerische Verfassungsgerichtshof*[30] bereits früh aus, dass es „den an einem Prozess Beteiligten eine Mindestgarantie des Inhalts gewährt, dass eine für sie nachteilige Entscheidung nicht ohne ihre vorherige Anhörung getroffen werden darf." Der Hinweis auf die Funktion einer zu wahrenden Minimalanforderung betonen die Verfassungsbeschwerdeentscheidungen noch heute[31]. Dabei liegt in der Formulierung, wie in den Urteilen immer ersichtlich, eine Einleitungsfunktion, um dann auf das spezielle verfahrensrechtliche Problem hinzusteuern. Es ist sozusagen Ausgangspunkt um die Rechte des Betroffenen zu betonen. Über die Reichweite dieser Maxime entscheidet nicht primär das Verfassungsrecht, sein Anknüpfungspunkt ist das einfache Verfahrensrecht[32].

2. Verhältnis des rechtlichen Gehörs zum einfachen Verfahrensrecht

Zwischen dem Recht auf Gehör gemäß Art. 91 Abs. 1 BV und den Verfahrensordnungen besteht eine Wechselwirkung. Art. 91 Abs. 1 BV gewährleistet keine bestimmte Verfahrensart und knüpft für die Ausprägung der Maxime an das einfache Verfahrensrecht an[33]. Diese Vorschrift gilt keineswegs nur nach Maßgabe seiner Ausformung im einfachen Recht, sondern besitzt seinen eigenständigen Gehalt[34]. Art. 91 Abs. 1 BV steht denjeni-

---

[28] *Schmidt-Aßmann* in: *Maunz/Dürig*, Art. 103 Rdnr. 4; *Nolte* in: *v. Mangoldt/Klein/Stark*, Art. 103 Rdnr. 6.
[29] *Knemeyer* in: *Isensee/Kirchhof*, Staatsrecht, § 155 Rdnr. 24.
[30] *BayVerfGH* 11, 190 (195) mit Verweis auf das *Bundesverfassungsgericht*, das zum Gehalt des rechtlichen Gehörs als Minimalgarantie zuvor in *BVerfGE* 7, 53 (57) Stellung nahm.
[31] *BayVerfGH* Vf.86-VI-96, Urteil vom 21. Februar 1997, S. 7; Vf.117-VI-90, Urteil vom 9. August 1991, S. 15.
[32] *BVerfGE* 60, 1 (5); *Rüping* in: Bonner Kommentar, Art. 103 Rdnr. 8.
[33] Vgl. *BayVerfGH*, Vf.51-VI-99, Urteil vom 18. September 2001, S. 7; Vf.46-VI-90, Urteil vom 24. Juli 1991, S. 9 f.
[34] *Lichtenberger*, S. 118.

gen Vorschriften des Verfahrensrechts entgegen, die seinen *Kerngehalt* beschneiden und begründet dort unmittelbar den Anspruch auf Gehör, wo Normen des einfachen Verfahrensrechts fehlen[35]. Die Frage nach dem Verhältnis des rechtlichen Gehörs als verfassungsrechtlich gewährleistete Verfahrensmaxime zum einfachen Prozessrecht, beinhaltet zugleich die Auseinandersetzung über die Kompetenz der Verfassungsgerichtsbarkeit zum Umfang der Überprüfung fachgerichtlicher[36] Urteile.

a) Die materiellrechtliche Betrachtungsweise

In früherer Zeit war der *Bayerische Verfassungsgerichtshof*[37] der Ansicht, dass die Verfassung das Recht auf Gehör nach Maßgabe des einschlägigen Prozessrechts gewährleiste, doch ließ er diese Auffassung in späteren Entscheidungen[38] fallen. Heute betont er in ständiger Rechtsprechung[39], dass nicht jede Verletzung einfachen Verfahrensrechts auch eine Verletzung des rechtlichen Gehörs im Sinne der verfassungsmäßigen Garantie bedeutet. Besonders plastisch wird diese Rechtsprechung bei der Rüge, dass Gericht habe die Hinweis- und Aufklärungspflichten verletzt und damit eine Überraschungsentscheidung herbeigeführt[40]. In diesem Fall greift der *Bayerische Verfassungsgerichtshof* auf die „Minimalgarantie“[41] oder „Mindestanforderung“[42] des rechtlichen Gehörs zurück. Danach erfordern zwar Normen wie § 139 oder § 278 Abs. 3 ZPO die Erörterung der Sach- und Rechtslage; dieser Anspruch ließe sich aber nicht aus Art. 91 Abs. 1 BV herleiten[43]. Die in dieser Norm verankerte Mindestgarantie verbiete dem Gericht einen, vor seiner Entscheidung überhaupt nicht erörterten, tatsächlichen Gesichtspunkt zur Grundlage seiner Entscheidung zu machen und damit dem Rechtsstreit eine Wendung zu geben, mit der die Parteien nach dem bisherigen Verlauf des Verfahrens nicht rechnen konnten[44].
Ohne auf Einzelheiten einzugehen -dies erfolgt bei der Darstellung der verfassungsgerichtlichen Rechtsprechung zu den einzelnen Verfahrensvorschriften- lassen sich damit grundsätzliche Rückschlüsse auf das *materiell-rechtliche* Verhältnis der Regelungsmaterien ziehen. Mit der bloßen Verletzung des einfachen Prozessrechts kann in der Regel nicht gleichzeitig eine Verletzung des rechtlichen Gehörs begründet werden. Allenfalls

---

[35] *Schmidt-Aßmann* in: Maunz/Dürig, Art. 103 Rdnr. 20; vgl. *Wassermann* in: AK zum GG, Art. 103 Rdnr. 16 ff.
[36] Gegen den mittlerweile gebräuchlichen Terminus „Fachgerichtsbarkeit“ *Schumann*, Bundesverfassungsgericht, Grundgesetz und Zivilprozeß, S. 49.
[37] *BayVerfGH* 4, 21(28).
[38] *BayVerfGH* 13, 24 (25).
[39] *BayVerfGH* Vf.52-VI-98, Urteil vom 27. Januar 2000, S. 6; vgl. Vf.67-VI-96, Urteil vom 13. März 1998, S. 10.
[40] *BayVerfGH* Vf.86-VI-96, Urteil vom 21. Februar 1997, S. 7 f.; Vf.117-VI-90, Urteil vom 9. August 1991, S. 15 f.; Vf.34-VI-89, Urteil vom 20. Juni 1990, S. 15 f.
[41] *BayVerfGH* Vf.86-VI-96, Urteil vom 21. Februar 1997, S. 7; gegen diesen Ausdruck und für die Verwendung des Begriffes „Basisgarantie“ *Schmidt-Aßmann* in: *Maunz/Dürig*, Art. 103 Rdnr. 21.
[42] Vgl. *BayVerfGH* Vf.117-VI-90, Urteil vom 9. August 1991, S. 15.
[43] *BayVerfGH* Vf.34-VI-89, Urteil vom 20. Juni 1990, S. 15 f.
[44] Ständige Rechtsprechung zu sogenannten Überraschungsentscheidungen. Siehe dazu ausführlich § 6 V. A. mit weiteren Nachweisen.

kommt ihr eine Indizwirkung zu[45]. Umgekehrt liegt dem Verstoß gegen Art. 91 Abs. 1 BV regelmäßig eine Verletzung einfachen Verfahrensrechts zu Grunde. Je näher die einzelne Verfahrensvorschrift der Minimalgarantie steht, man denke an Präklusionsvorschriften, um so eher ist mit ihrer Verletzung zugleich ein Verfassungsverstoß gegeben[46]. Selbst wenn Autoren die Rechtsprechung zur Minimalgarantie kritisierten[47], da hier die grundsätzliche Möglichkeit der Verengung des rechtlichen Gehörs in den Bereich des Diskutablen gestellt zu sein scheint; eine solche Verengung widerspreche aber dem Grundsatz der Vollständigkeit des rechtlichen Gehörs, ist ihr dennoch zuzustimmen[48]. Eine Begründung erfährt diese Annahme nicht nur aus der Funktion des Art. 91 Abs. 1 BV als spezifisches Verfassungsrecht, also dem *materiell-rechtlichen* Gehalt, sondern auch aus der Überprüfbarkeit seiner Verletzung durch den *Bayerischen Verfassungsgerichtshof*.

b) Die kompetenzrechtliche Betrachtungsweise

Der *Bayerische Verfassungsgerichtshof* wacht über die Einhaltung des rechtlichen Gehörs im Sinne des Art. 91 Abs. 1 BV. Im Rahmen der Verfassungsbeschwerde nach Art. 120 BV, Art. 51 ff. BayVfGHG ist die Kognition auf das Verfassungsrecht beschränkt. Es obliegt dem *Bayerischen Verfassungsgerichtshof* nicht die Auslegung und einheitliche Anwendung des einfachen Prozessrechts zu überprüfen. Dieses ist Aufgabe der Fachgerichte und der verfassungsgerichtlichen Kontrolle entzogen[49]. Insoweit fehlt dem *Bayerischen Verfassungsgerichtshof* die *kompetenzrechtliche* Entscheidungsgewalt. Die verfassungsrechtliche Überprüfung beschränkt sich darauf, ob die Anwendung und Auslegung des Verfahrensrechts auf einer nicht mehr vertretbaren Anschauung von Bedeutung und Tragweite des Anspruchs nach Art. 91 Abs. 1 BV beruhen und ob damit eine den verfassungsrechtlichen Mindestanforderungen entsprechende Anhörung nicht stattfand[50].

(1) Die Einhaltung der Kognitionsschranken durch den Bayerischen Verfassungsgerichtshof in Entscheidungen zu Art. 91 Abs. 1 BV

Im Folgenden untersucht die Arbeit, ob sich der *Bayerische Verfassungsgerichtshof* auf die von ihm selbst auferlegte Prüfungsschranke der Einhaltung der „Mindestgarantie" beschränkt.

---

[45] *Schmidt-Aßmann*, DÖV 1987, S. 1032.
[46] Vgl. *Schmidt-Aßmann*, DÖV 1987, S. 1032.
[47] *Hamann*, AnwBl. 1958, S. 141 (143 f.).
[48] Vgl. *Nolte* in: *v. Mangoldt/Klein/Stark*, Art. 103 Rdnr. 10 ff.; *Schmidt-Aßmann* in: *Maunz/Dürig*, Art. 103 Rdnr. 21; *Schultze-Fielitz* in: *Dreier*, Art. 103 Rdnr. 29; *Pieroth* in: *Pieroth/Jarass*, Art. 103 Rdnr. 10.
[49] Vgl. *BayVerfGH* Vf.46-VI-99, Urteil vom 30. März 2001, S. 13.
[50] Ständige Rechtsprechung *BayVerfGH* Vf.46-VI-99, Urteil vom 30. März 2001, S. 13; Vf.52-VI-98, Urteil vom 27. Januar 2000, S. 6.

(a) Die Ermittlung des Sachverhalts und dessen rechtliche Würdigung

Die Feststellung des Sachverhalts und die rechtliche Würdigung der festgestellten Tatsachen ist Sache der zuständigen Fachgerichte und der verfassungsgerichtlichen Nachprüfung grundsätzlich entzogen[51]. In Einzelfällen zeigt sich, dass der *Bayerische Verfassungsgerichtshof* sehr wohl den Sachverhalt ermittelt oder anders als das entsprechende Fachgericht beurteilt. So schreibt er sich nach Art. 23 Abs. 1 Satz 1 BayVfGHG die Möglichkeit zu, nach seinem Ermessen den erforderlichen Beweis zu erheben, zwar nur im Rahmen und nach Maßgabe der Kontrollkompetenz, im Grundsatz folgt aber daraus, dass der *Bayerische Verfassungsgerichtshof* wegen der Verletzung von Verfahrensgrundsätzen den rechtserheblichen Sachverhalt selbst ermittelt[52]. Sichtbar wird dieses bei den Entscheidungen am Maßstab des Art. 91 Abs. 1 BV, soweit die Instanzgerichte Beweisanträge ablehnen. Dann erörtert der *Bayerische Verfassungsgerichtshof*, weshalb „eine detaillierte, auf nachvollziehbare, tatsächliche Anhaltspunkte gestützte Darlegung erforderlich“[53] sei oder warum das Instanzgericht einer unter Beweis gestellten Behauptung hätte folgen sollen, weil es dadurch die auf das „Gutachten gestützten Feststellungen“ zu den Schäden am Fahrzeug „möglicherweise in Frage gestellt“ hätte[54]. Doch ist anzumerken, dass der Eingriff des *Bayerischen Verfassungsgerichtshofs* in die Feststellung und vor allem in die Würdigung des Sachverhalts nicht in erster Linie bei Urteilsverfassungsbeschwerden wegen der Verletzung des Art. 91 Abs. 1 BV auftritt. Wesentlich häufiger findet dies bei der Überprüfung von Entscheidungen am Maßstab des Willkürverbots gemäß Art. 118 Abs. 1 BV statt[55]. Hierbei gibt der *Bayerische Verfassungsgerichtshof* zu erkennen, dass ihm die Durchsetzung der materiellen Gerechtigkeit wichtig ist[56].

(b) Die Kontrolle des gerichtlichen Verfahrens

Ein großer Teil der Urteilsverfassungsbeschwerden vor dem *Bayerischen Verfassungsgerichtshof* befasst sich mit der Verletzung des rechtlichen Gehörs durch die gerichtliche Verfahrensgestaltung. Hierbei handelt es sich maßgeblich um die fehlerhafte Anwendung der Präklusions- und Wiedereinsetzungsvorschriften, die Versagung des Rechtsmittelzuges oder die unterlassene Zustellung von Schriftsätzen. So einfach, wie bei der unterlassenen Zustellung von Klage oder Klageerwiderung durch das Gericht an den Prozessgegner, lässt sich das Prozessgeschehen nicht immer unter dem Aspekt der Verletzung des rechtlichen Gehörs subsumieren. Schwieriger zu beurteilen ist, ob das Recht auf Ge-

---

[51] Ständige Rechtsprechung *BayVerfGH* Vf.28-VI-00, Urteil vom 12. September 2001, S. 13.
[52] *BayVerfGH* Vf.66-VI-97, Urteil vom 25. November 1998, S. 6 f.; so auch *Ossenbühl*, Bundesverfassungsgericht und Grundgesetz, Seite 458 (492).
[53] *BayVerfGH* Vf.9-VI-02, Urteil vom 31. Januar 2003 S. 11.
[54] *BayVerfGH* Vf.78-VI-94, Urteil vom 13. März 1996 S. 18.
[55] Vgl. *BayVerfGH* Vf.78-VI-94, Urteil vom 13. März 1996 S. 12 f; vgl. *BayVerfGH* Vf.70-VI-91, Urteil vom 10. April 1992, S. 11.
[56] *BayVerfGH* 38, 198 (204).

hör der Partei dadurch verletzt wird, wenn die Entscheidungsgründe des Urteils die Beweisfälligkeit der Partei anführen, obwohl diese, gemäß ihrer Rüge, einen entsprechenden Beweisantrag stellte[57]. Dabei ergibt sich das Problem, inwieweit der *Bayerische Verfassungsgerichtshof* den tatsächlichen Verfahrensablauf überprüfen muss. Im Protokoll fand sich ein solcher Beweisantrag nicht. Auf den Tatbestandsberichtigungsantrag führte das Gericht im Beschluss aus, „es werde für völlig unwahrscheinlich gehalten, dass die Partei einen Beweisantrag gestellt habe, ohne dass dieser Vorgang protokolliert worden wäre"[58]. Für das fachgerichtliche Verfahren stand somit fest, dass die Partei keinen Beweisantrag stellte. Die fachrichterliche Beurteilung des Prozessgeschehens kann der *Bayerische Verfassungsgerichtshof* überprüfen, soweit geltend gemacht wird, dass *sie selbst* unter Verstoß gegen das Verfahrensgrundrecht (Art. 91 Abs. 1 BV) zustande kam[59]. Der *Bayerische Verfassungsgerichtshof* fungiert bei der Verletzung von Verfahrensgrundrechten als tatsachenermittelnde Instanz[60]. Anders liegt der Fall, wenn der Beschwerdeführer lediglich rügt, die Beurteilung er sei beweisfällig geblieben, sei unzutreffend. Dann bezieht sich die Rüge zur Verletzung des rechtlichen Gehörs auf die tatsächlichen Feststellungen des Instanzgerichts, nicht auf das Zustandekommen dieser Feststellung. Ob bei erheblichen Zweifeln an der Richtigkeit dieser Feststellung die Beschwerdeführer ebenso erfolgreich die Rüge der Verletzung des rechtlichen Gehörs erheben können, zielt dann wieder auf die Ermittlung des Sachverhalts ab[61].

(c) Die Auslegung und Anwendung einfachen Rechts

Der *Bayerischer Verfassungsgerichtshof* betont, dass sich die verfassungsgerichtliche Kontrolle auf die Prüfung beschränkt, ob die Auslegung und Anwendung bundesrechtlichen Verfahrensrechts auf einer nicht mehr vertretbaren Anschauung von Bedeutung und Tragweite des Anspruchs auf rechtliches Gehör beruht und ob damit eine, den verfassungsrechtlichen Mindestanforderungen entsprechende, Anhörung nicht mehr stattfand[62]. Schon diese Formulierung beinhaltet einen fließenden Grenzbereich, wie die folgenden Ausführungen anhand der Präklusions- und Wiedereinsetzungsvorschriften aufzeigen.

---

[57] *BayVerfGH* Vf.66-VI-97, Urteil vom 25. November 1998.
[58] *BayVerfGH* a. a. O., S. 6.
[59] *BayVerfGH* a. a. O., S. 7.
[60] *Ossenbühl*, Bundesverfassungsgericht und Grundgesetz, S. 458 (492).
[61] Anders wohl *Ossenbühl*, Bundesverfassungsgericht und Grundgesetz, S. 495, der davon ausgeht, dass der *Bayerische Verfassungsgerichtshof* schon dann eigene Tatsachenermittlungen anstellen solle, wenn wesentliche Zweifel an der grundrechtsrelevanten tatsächlichen Grundlage der Entscheidung begründet sind. Nur dann könne der *Verfassungsgerichtshof* seiner Aufgabe als Hüter der Grundrechte gerecht werden, wenn es sich den Sachverhalt eines Konfliktfalles nicht von anderen Instanzen als undiskutierbar vorschreiben lässt. Der *Bayerische Verfassungsgerichtshof* hat diese Frage offengelassen; vgl. *BayVerfGH* Vf.66-VI-97, Urteil vom 25. November 1998, S. 7 f.
[62] Ständige Rechtssprechung *BayVerfGH* Vf.46-VI-99, Urteil vom 30. März 2001, S. 13; Vf.52-VI-98, Urteil vom 27. Januar 2000, S. 6.

(i) *Die Auslegung und Anwendung der Präklusionsvorschriften*

Der *Bayerischer Verfassungsgerichtshof* unterzieht ausdrücklich die Auslegung und Anwendung von Präklusionsvorschriften einer strengeren Kontrolle, als dies üblicherweise bei der Nachprüfung einfachen Rechts geschieht. Die strengere Kontrolle begründet er mit deren Ausnahmecharakter[63]. Diese Prüfung ist mit einer detaillierten Auseinandersetzung mit dem einfachen Recht verbunden. So musste der *Bayerische Verfassungsgerichtshof* entscheiden, ob die Zurückweisung verspäteten Vorbringens in Betracht kommt, wenn die Widerklage rechtsmissbräuchlich ist und nur den Sinn hat, den Verspätungsfolgen zu entgehen[64]. Er befasste sich dabei mit zivilprozessualen Problemen und diskutierte verschiedene Ansichten in Rechtsprechung und Lehre.

Ähnlich eingehend bespricht der *Bayerische Verfassungsgerichtshof* die einfachrechtliche Rechtslage, wenn er am Maßstab des Art. 91 Abs. 1 BV die fachgerichtliche Zurückweisung verspäteten Vorbringens nach § 528 Abs. 2 a. F. ZPO[65] überprüfte. Detailliert begutachtet er die fachgerichtliche Auslegung des Begriffs der „groben Nachlässigkeit"[66]. Die verfassungsgerichtliche Kontrolle erstreckt sich darauf, ob das Gericht bei der Beurteilung, ob die Partei „grob nachlässig" handelte, das rechtliche Gehör genügend berücksichtigte[67]. Ebenso stellt der *Bayerische Verfassungsgerichtshof* seine Wertung des Begriffs der „Verzögerung" nach § 356 ZPO an die Stelle des Fachgerichts[68]. Dennoch betont er, die Anwendung und Auslegung der Begriffe „grobe Nachlässigkeit" und „Verzögerung" sei den zuständigen Fachgerichten vorbehalten und einer Subsumtion durch den *Bayerischen Verfassungsgerichtshof* demnach *grundsätzlich* entzogen[69]. Das Einfallstor zur verfassungsrechtlichen Nachprüfung bildet somit das Wort „grundsätzlich"[70]. In einem ersten Schritt untersucht der *Bayerische Verfassungsgerichtshof*, inwieweit das Fachgericht das einfache Verfahrensrecht beachtete. Nicht jede fehlerhafte Anwendung oder Auslegung dieser Begriffe ist dabei als eine Verletzung des Art. 91 Abs. 1 BV zu werten. Häufig legte das Gericht die entsprechenden Normen nicht in unvertretbarer Weise aus[71]. Erst in einem zweiten Schritt überprüft der *Bayerische Verfassungsgerichtshof* die Verfassungsrelevanz der Verletzung. Insoweit kann man von einem zweiphasigen Prüfungsablauf sprechen. Das Wort „grundsätzlich" verweist dabei zunächst auf

---

[63] Ständige Rechtsprechung vgl. *BayVerfGH* Vf.60-VI-91, Urteil vom 23. April 1993, S. 8 f.; Vf.84-VI-90, Urteil vom 15. November 1991, S. 16.

[64] *BayVerfGH* Vf.22-VI-96, Urteil vom 22. Juli 1997, S. 7 f.

[65] Zur neuen Rechtslage in der Berufungsinstanz siehe die Bewertung der Rügen zur fehlerhaften Auslegung des Präklusionsrechts unter § 9 B. 2. a.

[66] *BayVerfGH* Vf.84-VI-90, Urteil vom 15. November 1991, S. 17 f. Hier nahm der *Bayerische Verfassungsgerichtshof* eine Gehörsverletzung an, weil das Urteil schon keine Ausführungen enthielt, worin die grobe Nachlässigkeit zu sehen wäre. In weiteren Entscheidungen prüft er die gerichtliche Auslegung dieses Begriffs nach; vgl. *BayVerfGH* Vf.40-VI-94, Urteil vom 30. März 1995, S. 13 f.; vgl. *BayVerfGH* a. a. O.

[67] *BayVerfGH* a. a. O.

[68] *BayVerfGH* Vf. 78-VI-99, Urteil vom 26. Mai 2000, S. 7.

[69] *BayVerfGH* Vf. 40-VI-94, Urteil vom 30. März 1995, S. 14.

[70] *BayVerfGH* Vf. 40-VI-94, Urteil vom 30. März 1995, S. 14 mit Verweis auf *BayVerfGH* 42, 122 (126).

die Verallgemeinerungsfähigkeit der im konkreten Fall vorgenommenen Auslegung[72]. Wenn der angefochtene Richterspruch eine Rechtsfolge annimmt, die der einfache Gesetzgeber nicht als Norm erlassen dürfte, dann liegt zumindest ein unrichtiges Grundrechtsverständnis vor[73].

(ii) Die Auslegung und Anwendung des Wiedereinsetzungsrechts

Die fachgerichtliche Anwendung und Auslegung des Wiedereinsetzungsrechts gemäß § 233 ZPO überprüft der *Bayerische Verfassungsgerichtshof* am Maßstab des Art. 91 Abs. 1 BV ebenso intensiv, wenn die instanzgerichtliche Ablehnung eines Wiedereinsetzungsantrags den Zugang zum Gericht verwehrt.[74]. Der *Bayerische Verfassungsgerichtshof* entschied über die Sorgfaltspflichten eines Rechtsanwalts und war der Auffassung, das Landgericht habe „zu hohe Anforderungen an die Sorgfalt der Prozessbevollmächtigten"[75] gestellt. Wie zu erkennen ist, geht es dabei auch um die Auslegung von Rechtsbegriffen, die dem erkennenden Richter bei der Beurteilung des Sachverhalts einen Ermessensspielraum gewähren. Selbst in diesem Bereich greift der *Bayerische Verfassungsgerichtshof* ein und setzt seine Wertung an die Stelle des Fachgerichts. Diese Vorgehensweise ist keine Ausnahmeerscheinung. Regelmäßig kontrolliert er, ob die Beurteilung der Verschuldensfrage im Wiedereinsetzungsrecht von den Fachgerichten mit den Anforderungen des rechtlichen Gehörs in Einklang zu bringen ist[76].

(2) Stellungnahme zur Nichteinhaltung der Kognitionsschranken durch den Bayerischen Verfassungsgerichtshof

Weder das *materiellrechtliche Verhältnis* zwischen dem Verfahrens- und Verfassungsrecht noch die *kompetenzrechtliche Abgrenzung* zwischen der Fach- und Verfassungsgerichtsbarkeit halten den *Bayerischen Verfassungsgerichtshof* davon ab, in die gerichtliche Beurteilung des einfachen Rechts einzugreifen. Er beschränkt sich nicht auf die Überprüfung der Verletzung des Verfassungsrechts[77]. Vielmehr ist sein Bemühen zu erkennen, sich durch nicht auferlegte feste Grenzen, die Korrekturmöglichkeiten der instanzlichen Rechtsprechung offen zu halten[78]. Sofern eine fachgerichtliche Rechtsanwendung einen Grundrechtseingriff darstellt, lässt der *Bayerische Verfassungsgerichtshof*

---

[71] *BayVerfGH* Vf.60-VI-91, Urteil vom 23. April 1993, S. 9 ff.; Vf.22-VI-96, Urteil vom 22. Juli 1997, S. 7 ff.
[72] *Korioth*, S. 67.
[73] Bekannt als „Schumannsche Formel", *Schumann*, Verfassungs- und Menschenrechtsbeschwerde, S. 207 und S. 334; vgl. *BayVerfGH* Vf.71-VI-00, Urteil vom 7. Dezember 2001, S. 5 im Rahmen der Willkürrechtsprechung.
[74] *BayVerfGH* Vf.1-VI-96, Urteil vom 21. Juni 1996, S. 6 f.
[75] *BayVerfGH* a. a. O., S. 6.
[76] Vgl. *BayVerfGH* Vf.9-VI-91, Urteil vom 14. Februar 1992, S. 8; Vf.17-VI-93, Urteil vom 24. Juni 1994, S. 13.
[77] Gerade in der jüngeren Zeit wird dies bei der Überprüfung der fachgerichtlichen Zurückweisung von Beweisangeboten sichtbar; vgl. *Lichtenberger*, S. 111 ff. und § 3 II.
[78] So *Korioth*, S. 67 für die Entscheidungen des *Bundesverfassungsgerichts.* Für den *Bayerischen Verfassungsgerichtshof* trifft dies ebenso zu; mehr noch im Rahmen der Willkürrechtsprechung.

keinen Bereich richterlicher Rechtsanwendung aus kompetenzrechtlichen Gesichtspunkten der verfassungsrechtlichen Kontrolle aus. Demzufolge kann eine Einschränkung verfassungsgerichtlicher Kontrolle über die Einhaltung des rechtlichen Gehörs tatsächlich nur durch fachgerichtsinterne Rechtsbehelfe erreicht werden. Dies erkannte der Gesetzgeber. Einen ersten Schritt unternahm er durch das ZPO – RG vom 27. Juli 2001 mit der Einführung des Abhilfeverfahrens gemäß § 321a n. F. ZPO. Eine weitere gesetzgeberische Initiative erfolgte auf Grund der Plenarentscheidung des *Bundesverfassungsgerichts* vom 30. April 2003[79]. Seit dem 1. Januar 2005 ist das Gesetz über die Rechtsbehelfe bei Verletzung des Anspruchs auf rechtliches Gehör (Anhörungsrügengesetz) in Kraft[80]. Nunmehr enthalten alle Verfahrensordnungen eine fachgerichtliche Abhilfemöglichkeit, falls ein Gericht in entscheidungserheblicher Weise den Anspruch auf rechtliches Gehör verletzt.

---

[79] *BVerfGE* 107, 395 ff.
[80] BGBl I 2004, 3220 ff.

§ 3 Die Abgrenzung des rechtlichlichen Gehörs zu weiteren Verfahrensgrundrechten

I. Einführung

Der Anspruch auf das rechtliche Gehör hängt eng mit anderen Verfassungsnormen zusammen. Zum Teil bestehen zwischen den Verfahrensgrundrechten Abgrenzungsprobleme, die erst in jüngerer Zeit durch die Judikatur des *Bayerischen Verfassungsgerichtshofs* an Aktualität gewonnen haben[81]. Deshalb ist die Rüge zur Verletzung des Art. 91 Abs. 1 BV häufig in Verfasssungsbeschwerden zu finden.

Tabelle 1
Verhältnis der Verfassungsbeschwerden mit der Rüge zur Verletzung des Art. 91 Abs. 1 BV zu sämtlichen Verfassungsbeschwerden in der Zeit von 1990 bis 2003

Jahr	Gesamtzahl aller VB	VB mit Rüge zu Art. 91 Abs. 1 BV
2003	28	14
2002	30	13
2001	28	16
2000	35	17
1999	22	9
1998	31	14
1997	31	14
1996	44	25
1995	64	26
1994	58	20
1993	56	17
1992	54	23
1991	39	11
1990	30	11
Summe	**550**	**230**
Prozent	**100 %**	**42 %**

Legende: Spalte 1 bezeichnet den Untersuchungszeitraum. Spalte 2 gibt die Gesamtzahl aller Verfassungsbeschwerden an, die im Untersuchungszeitraum beim *Bayerischen Verfassungsgerichtshof* eingegangen sind. Spalte 3 zeigt die Anzahl und den prozentualen Anteil von den eingelegten Verfassungsbeschwerden, die die Beschwerdeführer (auch) mit einer Gehörsrüge begründeten.

Es zeigt sich, dass in 42 % aller Verfassungsbeschwerden die Rüge des Verstoßes gegen das rechtliche Gehör enthalten ist. Damit wird ersichtlich, welche große Bedeutung dieses Verfahrensgrundrecht in der verfassungsgerichtlichen Praxis hat. Von den 230 Verfassungsbeschwerden, die mit dem Verstoß gegen Art. 91 Abs. 1 BV begründet wurden, ist nur wenigen Erfolg beschert, wie sich aus der folgenden Tabelle ergibt.

Tabelle 2
Übersicht zu allen Verfassungsbeschwerden von 1990 bis 2003 mit der Rüge zur Verletzung des Art. 91 Abs. 1 BV und deren Ausgang

Jahr	VB mit Rüge zu Art. 91 Abs. 1 BV	Unzulässige VB	Unbegründete VB	Begründete VB	Über die Rüge ist nicht entschieden
2003	*14*	*0*	*11*	*2*	*1*
2002	*13*	*1*	*9*	*2*	*1*
2001	*16*	*1*	*10*	*4*	*1*
2000	*17*	*1*	*10*	*4*	*2*
1999	*9*	*0*	*9*	*0*	*0*
1998	*14*	*0*	*11*	*3*	*0*
1997	*14*	*2*	*10*	*2*	*0*
1996	*25*	*0*	*15*	*9*	*1*
1995	*26*	*3*	*18*	*4*	*1*
1994	*20*	*2*	*15*	*3*	*0*
1993	*17*	*2*	*12*	*2*	*1*
1992	*23*	*3*	*18*	*2*	*0*
1991	*11*	*2*	*7*	*2*	*0*
1990	*11*	*0*	*8*	*2*	*1*
Summe	***230***	***17***	***163***	***41***	***9***
Prozent	***100 %***	***7 %***	***71 %***	***18 %***	***4 %***

Legende: Spalte 1 zeigt den Untersuchungszeitraum. Spalte 2 enthält alle Verfassungsbeschwerden, die die Beschwerdeführer mit einer Gehörsverletzung begründeten. Spalten 3 bis 5 stellen den Ausgang mit einer zahlenmäßigen und prozentualen Aufteilung der Verfassungsbeschwerden dar. Spalte 6 gibt Aus-

---

[81] Siehe *Lichtenberger*, S. 111 ff.

kunft über den zahlenmäßigen und prozentualen Anteil der Gehörsrügen in Verfassungsbeschwerden, über die der Bayerische Verfassungsgerichtshof nicht entschied.

Von 230 Verfassungsbeschwerden zum Verstoß gegen das rechtliche Gehör sind 71 %[82] unbegründet und 7 % unzulässig. In 4 % der Fälle entschied der *Bayerische Verfassungsgerichtshof* über die Rüge nicht, da er andere Grundrechte, zumeist das Willkürverbot, als verletzt erachtete[83]. Auf die Verletzung des rechtlichen Gehörs kam es dann nicht mehr an. Nur in 18 % war die Rüge zur Verletzung des Art. 91 Abs. 1 BV erfolgreich. Die geringe Zahl von 41 erfolgreichen Verfassungsbeschwerden in 13 Jahren Gerichtspraxis, im Verhältnis zu der hohen Zahl von insgesamt 230 Verfassungsbeschwerden, ist Indiz dafür, dass viele Beschwerdeführer sicherheitshalber die Verletzung des Art. 91 Abs. 1 BV rügen. Der Grund liegt darin, dass Inhalt, Umfang und Grenzen des Anspruchs nicht vollständig geklärt sind.

II. Das Verhältnis des Art. 91 Abs. 1 BV zum Willkürverbot gemäß Art. 118 Abs. 1 BV

Um das Verhältnis des rechtlichen Gehörs nach Art. 91 Abs. 1 BV zum Willkürverbot des Art. 118 Abs. 1 BV zu verdeutlichen, ist der Garantiebereich der Grundrechte zu untersuchen.

A. Der Schutzbereich des Art. 91 Abs. 1 BV

Der *Bayerische Verfassungsgerichtshof* hat den Schutzbereich folgendermaßen umschrieben: „Das Grundrecht auf rechtliches Gehör untersagt den Gerichten, ihren Entscheidungen Tatsachen oder Beweisergebnisse zu Grunde zu legen, zu denen sich die Beteiligten nicht äußern konnten“[84]. „Es erschöpft sich aber nicht in diesem Abwehrrecht, sondern gibt den Beteiligten auch einen Anspruch darauf, dass das Gericht ein rechtzeitiges und möglicherweise erhebliches Vorbringen beachtet. Ein solches Vorbringen muss vom Gericht zur Kenntnis genommen und bei seiner Entscheidung in Erwägung gezogen werden, soweit es nach den Prozessvorschriften nicht ausnahmsweise unberücksichtigt bleiben muss oder kann“[85].

In dem beschriebenen Schutzbereich ist allerdings „nur“ die Tatsache der Äußerungsmöglichkeit und des Gehörtwerdens realisiert. Über das „wie“ der Berücksichtigung,

---

[82] Hier sind auch Verfassungsbeschwerden enthalten, bei denen nur die Rüge der Verletzung des Art. 91 Abs. 1 BV unzulässig, die Verfassungsbeschwerde insgesamt aber unbegründet war. Eine Tabelle, die nur die unzulässigen Rügen behandelt, erfolgt im Kapitel § 11 II.

[83] *BayVerfGH* Vf.84-VI-01 Urteil vom 13. September 2002; Vf.71-VI-00 Urteil vom 7. Dezember 2001; Vf.34-VI-00 Urteil vom 29. November 2000, Vf.55-VI-00 Urteil vom 11. Dezember 2000; Vf.79-VI-95 Urteil vom 9. Februar 1996.

[84] Ständige Rechtsprechung vgl. *BayVerfGH* Vf. 8-VI-02, Urteil vom 18. Februar 2003, S. 6.

[85] Ständige Rechtsprechung vgl. *BayVerfGH* Vf. 8-VI-02 vom 18. Februar 2003 S. 6; Vf.9-VI-02 vom 31. Januar 2003, S. 7 – 8.

demnach die tatsächliche und rechtliche Beurteilung des von den Parteien vorgetragenen Prozessstoffes, findet sich keine Aussage. Diese Beurteilung liegt also grundsätzlich außerhalb des Schutzbereiches des Art. 91 Abs. 1 BV.

B. Der Schutzbereich des Art. 118 Abs. 1 BV

Den Schutzbereich des Willkürverbots gemäß Art. 118 Abs. 1 BV schildert der *Bayerische Verfassungsgerichtshof* mit folgenden Ausführungen: „Willkür kann bei einer gerichtlichen Entscheidung nur dann festgestellt werden, wenn diese bei Würdigung der die Verfassung beherrschenden Gedanken nicht mehr verständlich wäre und sich der Schluss aufdrängte, sie beruhe auf sachfremden Erwägungen. Selbst eine zweifelsfrei fehlerhafte Anwendung einfachen Rechts begründet allein noch keinen Verstoß gegen das Willkürverbot. Die angegriffene Entscheidung dürfte unter keinem Gesichtspunkt rechtlich vertretbar, sie müsste schlechthin unhaltbar, offensichtlich sachwidrig und eindeutig unangemessen sein“[86].

Entgegen dem rechtlichen Gehör, erfasst der Schutzbereich des Willkürverbots gemäß Art. 118 Abs. 1 BV die von den Gerichten vorgenommene tatsächliche und rechtliche Beurteilung der von den Prozessbeteiligten vorgetragenen Tatsachen und Beweisangebote.

C. Die Abgrenzung im engeren Sinn

Häufig betreffen Rügen zur Verletzung des rechtlichen Gehörs im Ergebnis die fachgerichtliche Feststellungen des Sachverhalts und dessen rechtliche Würdigung. Ein Vorgang den der Schutzbereich des Art. 91 Abs. 1 BV nicht erfasst, weil das Gericht den Parteivortrag tatsächlich berücksichtigte. Der Prozessbeteiligte vertrat nur eine andere Rechtsansicht als das Gericht. In diesen Fällen judiziert der *Bayerische Verfassungsgerichtshof* regelmäßig, dass bei der Beurteilung des Sachverhalts und dessen rechtliche Würdigung nicht der Schutzbereich des Art. 91 Abs. 1 BV betroffen, sondern allenfalls einfaches Prozessrecht und möglicherweise das Willkürverbot verletzt sei[87]. In solchen Fällen beschäftigt sich der *Bayerische Verfassungsgerichtshof*, trotz der Gehörsrüge, mit dem Willkürverbot nach Art. 118 Abs. 1 BV und lässt eine Verletzung des Art. 91 Abs. 1 BV offen. Doch hält er diese Vorgehensweise nicht durchgehend ein, wie seine Beurteilung der fachgerichtlichen Ablehnung von Beweisangeboten im Prozess zeigt[88].

---

[86] Ständige Rechtsprechung vgl. *BayVerfGH* Vf.9-VI-02 vom 31. Januar 2003 S. 14; Vf.32-VI-02 vom 24. Juni 2003 S. 9 – 10.

[87] Vgl. *BayVerfGH* VI.9-VI-02, Urteil vom 31. Januar S. 8; *BayVerfGH* Vf.95-VI-91, Urteil vom 30. Juni 1993, S. 10; Vf.67-VI-96, Urteil vom 13. März 1998, S. 10.

[88] Siehe zu diesem Problem die sehr lehrreichen Ausführungen von *Lichtenberger*, S. 111 ff.

1. Abgrenzung des rechtlichen Gehörs gemäß Art. 91 Abs. 1 BV zum Willkürverbot nach Art. 118 Abs. 1 BV anhand der Ablehnung von Beweisanträgen

Der *Bayerischer Verfassungsgerichtshof* überprüft neuerdings die Ablehnung von Beweisanträgen anhand der Kriterien des einfachen Rechts und untersucht, *„ob die Ablehnung eines Beweisantrags eine Stütze im einfachen Prozessrecht findet“*[89]. Eine Verletzung des Art. 91 Abs. 1 BV liegt nur dann vor, wenn die angegriffene Entscheidung das Prozessrecht in einer Weise auslegt und handhabt, die unter Berücksichtigung des Anspruchs auf rechtliches Gehör unvertretbar ist[90]. Aufgrund dieser Aussage erweitert der *Bayerische Verfassungsgerichtshof* den Schutzbereich des rechtlichen Gehörs über die bloße Kenntnisnahme eines Beweisantrages oder seine Berücksichtigung bei der Entscheidungsfindung hinaus. Er nähert den Art. 91 Abs. 1 BV dem Prüfungsmaßstab des Willkürverbots nach Art. 118 Abs. 1 BV an. Beide Verfassungsvorschriften schützen somit vor einer fachgerichtlichen, unvertretbaren Zurückweisung von Beweisanträgen. Der *Bayerische Verfassungsgerichtshof* erkennt diese Überschneidung und wirft auch die Abgrenzungsproblematik zwischen den Verfahrensgarantien auf, eine exakte Zuordnung konnte er jedoch offen lassen. In einem Fall durfte das *OLG Nürnberg* die Einholung eines Sachverständigengutachtens ablehnen, weil schon das Bestreiten nicht hinreichend substantiiert war und es demnach nicht mehr auf die Beweislast ankam[91]. In einem weiteren Verfahren konnte das *VG München* den Antrag auf Einholung eines Gutachtens ablehnen, weil es durch ein früheres Gutachten vom Gegenteil der unter Beweis gestellten Tatsache überzeugt war[92]. In beiden Fällen haben die Fachgerichte das Prozessrecht in vertretbarer Weise angewandt, so dass sie weder gegen Art. 91 Abs. 1 BV noch gegen Art. 118 Abs. 1 BV verstießen.

Festzustellen bleibt, dass ein Fachgericht gegen das Recht auf Gehör durch die falsche oder unvertretbare Behandlung eines Beweisantrages verletzen kann. Schon früher hat der *Bayerische Verfassungsgerichtshof* die Ablehnung eines Beweisangebots als Grundrechtsverstoß gegen Art. 91 Abs. 1 BV bewertet[93]. Im entsprechenden Fall hielt das *OLG München* das Beweisangebot für „unbehelflich“ und „offensichtlich ungeeignet“, machte aber weder Ausführungen, worin die Untauglichkeit des Beweisangebots lag, noch führte es näher aus, warum nach dem Beweisangebot eine offensichtliche Ungeeignetheit in Frage käme[94]. Das *OLG München* nahm den Beweisantrag zur Kenntnis und

---

[89] *BayVerfGH* Vf.9-VI-02, Urteil vom 31. Januar 2003 S. 8; Vf.32-VI-02, Urteil vom 24. Juni 2003 S. 8 – 9.
[90] *BayVerfGH* a. a. O.
[91] *BayVerfGH* Vf.9-VI-02, Urteil vom 31. Januar 2003 S. 10.
[92] *BayVerfGH* Vf.32-VI-02, Urteil vom 24. Juni 2003, S. 9.
[93] *BayVerfGH* Vf.87-VI-95, Urteil vom 24. Juli 1996 S. 8.
[94] *BayVerfGH* a. a. O. Auch in *BayVerfGH* Vf.51-VI-93, Urteil vom 17. März 1997 S. 7: „Das Recht auf Gehör verpflichtet zwar in Verbindung mit den Grundsätzen der Zivilprozeßordnung zur Beachtung erheblicher Beweisanträge.“ Die Bewertung des Fachgerichts der mangelnden Entscheidungserheblichkeit der Beweisbehauptung war verfassungsrechtlich nicht zu beanstanden; demnach bestand kein Verstoß gegen Art. 91 Abs. 1 BV.

verbeschied ihn. Dennoch beurteilte der *Bayerische Verfassungsgerichtshof* die fachgerichtliche Auslegung und Anwendung der Begriffe „Unbehelflichkeit" und „offensichtliche Ungeeignetheit" als einen Verstoß gegen Art. 91 Abs. 1 BV. Diese Vorgehensweise hält er indes nicht konsequent ein. In Entscheidungen aus den Jahren 2002 und 2003 hat er die Rüge zur Ablehnung der Einholung eines Gutachtens[95] und die Ablehnung eines Zeugen wegen Unerreichbarkeit[96] am Maßstab des Art. 91 Abs. 1 BV nur kurz mit dem Hinweis abgewiesen, das Fachgericht habe sich inhaltlich mit den Beweisanträgen auseinandergesetzt. Offen blieb hingegen, ob das Prozessrecht die inhaltliche Auseinandersetzung rechtfertigte. Diese Frage prüfte der *Bayerische Verfassungsgerichtshof* im Folgenden ausschließlich am Maßstab des Willkürverbots[97], wie er es bereits in früheren Entscheidungen unternahm[98]. Er wechselt demnach bei der gleichen Prüfungsfrage gelegentlich die Prüfungsmaßstäbe.

2. Stellungnahme zur Abgrenzungsproblematik

Soweit das Fachgericht einen Beweisantrag ablehnt, nahm es den Beweisantrag zur Kenntnis, erachtete die Beweisaufnahme für die Entscheidungsfindung jedoch nicht für nötig. Damit beachtete das Gericht die verfassungsrechtlich gesicherte Mindestgarantie des Art. 91 Abs. 1 BV. Zugleich ist damit der Schutzbereich des Grundrechts deutlich umrissen. Die Prozessbeteiligten haben ein Äußerungsrecht, das Gericht hingegen die Pflicht zur Entgegennahme und der Berücksichtigung bei der Entscheidungsfindung. Eine weitergehende Aufgabe hat das Recht auf Gehör nicht, wenn es ein Grundrecht mit Konturen sein soll. Der Ansatz, eine Verletzung des rechtlichen Gehörs zu verneinen, wenn sich das Fachgericht mit dem Beweisantrag in irgendeiner Form befasste, hat den Vorzug der Klarheit, Einfachheit und Rechtssicherheit[99]. Rechtfertigt das Prozessrecht nicht die gerichtliche Ablehnung des Beweisangebots, hörte das Gericht die Partei dennoch mit ihrem Beweisangebot. Die Korrektur eines solchen einfachrechtlichen Fehlers kann nur eine Frage des Willkürverbots sein. Wie *Lichtenberger* zutreffend formuliert, ist *„kein innerer Grund ersichtlich"* diesen verfahrensrechtlichen Fehler *„unter dem Etikett der Prüfung des Anspruchs auf rechtliches Gehör"* zu beheben *„und der eigentlichen Will-*

---

[95] *BayVerfGH* Vf.58-VI-01, Urteil vom 21. Juni 2002 S. 6.
[96] *BayVerfGH* Vf.57-VI-02, Urteil vom 26. August 2003, S. 6.
[97] *BayVerfGH* a.a.O. S. 6 ff.
[98] *BayVerfGH* Vf.148-VI-93, Urteil vom 9. Februar 1995 S. 11: „Werden Beweisanträge zur Kenntnis genommen und danach abgelehnt, kann zwar einfaches Prozessrecht verletzt sein, unter Umständen auch das Willkürverbot des Art. 118 Abs. 1 BV, nicht aber das Recht auf Gehör (ständige Rechtsprechung; vgl. Meder, Rdnr. 6 zu Art. 91 m.w.N.)." Der Hinweis auf die ständige Rechtsprechung ist sehr zweifelhaft. Im selben Jahr — Vf.99-VI-94, Urteil vom 2. Juni 1995 S. 9 — wurde die Ablehnung eines Zeugenbeweises durch das Fachgericht vom *Bayerischer Verfassungsgerichtshof* als zulässig erachtet, weil es sich um einen nicht zulässigen Ausforschungsbeweis handelte und daher kein Gehörsverstoß in der Ablehnung lag. Anders wieder die Argumentation in *BayVerfGH* Vf.9-VI-94, Urteil vom 13. April 1995 S. 6. Dort lag kein Gehörsverstoß vor, weil sich das Gericht mit dem Beweisantrag auseinandergesetzt hat. Ebenso *BayVerfGH* Vf.148-VI-92, Urteil vom 1.Juli 1994 S.9: „das Beweisangebot hinsichtlich des Zeugen" … „wurde zur Kenntnis genommen und in Erwägung gezogen."
[99] *Lichtenberger*, S. 120.

kürprüfung das Wasser abzugraben."[100] Würde der *Bayerische Verfassungsgerichtshof* die ursprünglich gezogenen klaren Schutzbereichsgrenzen einhalten und den Prüfungsmaßstab des Art. 91 Abs. 1 BV nicht dem des Art. 118 Abs. 1 BV annähern, könnten die Beschwerdeführer die Konturen seiner Entscheidung eher im Voraus einschätzen und sich darauf einstellen; „*sie haben in diesem Sinn Rechtssicherheit*"[101].

III. Das Verhältnis des Art. 91 Abs. 1 BV zum Justizgewährungsanspruch

Sowohl das Recht auf Gehör als auch der Anspruch auf Justizgewährung ermöglichen einen effektiven Rechtsschutz[102] und dürfen daher nicht in Gegensatz zueinander gerückt werden[103]. Ein verfassungsrechtlich verankertes Recht auf Gehör wäre wenig effektiv, wenn nicht in gleicher Weise der Zugang zu den Gerichten gewährleistet wäre. Dennoch sind die sachlichen Anwendungsbereich teilweise unterschiedlich.

A. Kein Justizgewährungsanspruch in der Verfassung des Freistaates Bayern

Verfassungsbeschwerden, die die Beschwerdeführer mit der Verletzung der Rechtsweggarantie begründen, sind nach Auffassung des *Bayerischen Verfassungsgerichtshofs* unzulässig, weil die *Verfassung des Freistaates Bayern* ein solch eigenständiges, subjektives Recht nicht kennt[104]. Das *Bundesverfassungsgericht* leitete hingegen einen allgemeinen Justizgewährungsanspruch aus Art. 2 Abs. 1 GG in Verbindung mit dem Rechtsstaatsprinzip ab[105]. Allerdings zieht der *Bayerische Verfassungsgerichtshof* Art. 19 Abs. 4 GG gelegentlich als argumentative Stütze heran; so bei der Beurteilung, ob die Berufung gemäß § 124 Abs. 1 VwGO zugelassen werden muss[106]. Eine Begründung mag darin liegen, dass die Verfassung des *Freistaates Bayern* den Justizgewährungsanspruch als Teil anderer Verfahrensgarantien sieht[107]. Er findet in Art. 99 Satz 2 BV eine Stütze, der den Gerichten eine Schutzpflicht zur Wahrung der Grundrechte der Bürger aufer-

---

[100] *Lichtenberger* a. a O.
[101] *Lichtenberger*, S. 121.
[102] *Nolte* in: *v. Mangoldt/Klein/Stark*, Art. 103 Rdnr. 89; *BVerfGE* 101, 106 (129); *Schutze-Fielitz* in: *Dreier*, Art. 103 Rdnr. 81.
[103] *BVerfGE* a. a. O.; 107, 395 (409).
[104] *BayVerfGH* Vf.28-VI-00, Urteil vom 12. September 2001, S. 9.
[105] *BVerfGE* 85, 337 (345); 88, 118 (123). Für Akte der vollziehenden Gewalt regelt Art. 19 Abs. 4 GG den Zugang zu den Gerichten.
[106] *BayVerfGH* Vf. 46-VI-99, Urteil vom 30. März 2001, S. 14, wonach „Art. 19 Abs. 4 GG eine Auslegung und Anwendung verbietet, die die Beschreitung des Rechtswegs, wie er normativ prinzipiell eröffnet ist, praktisch vereitelt, übermäßig einengt oder in sachlich nicht zu rechtfertigender Weise erschweren würde." Der *Bayerische Verfassungsgerichtshof* unterlässt es, einen eigenständigen Anspruch auf Justizgewährung aus der Verfassung abzuleiten, sondern prüft diese Voraussetzungen im Rahmen des Art. 91 Abs. 1 BV.

legt[108]. Damit verbunden ist die in Art. 3 Abs. 1 Satz 1, Art. 85 ff. und Art. 5 Abs. 3 BV normierte Gewährung justizförmigen Rechtsschutzes für jedermann durch sachlich und persönlich unabhängige Richter in einem geordneten und fairen Verfahren[109]. Der *Bayerische Verfassungsgerichtshof* prüft Probleme der Rechtsweggarantie, wie *den ersten Zugang* zu Gericht, die fachgerichtliche Ablehnung des Prozesskostenhilfeantrags des Klägers[110] oder eines Klageerzwingungsantrags[111], am Maßstab des rechtlichen Gehörs nach Art. 91 Abs. 1 BV. Er gibt damit zugleich zu verstehen, dass er den Justizgewährungsanspruch als Bestandteil des rechtlichen Gehörs qualifiziert.

B. Stellungnahme

Um Justizgewährung geht es solange, wie das Verfahren noch nicht bei Gericht anhängig ist. Alles, was nach Einreichen einer ordnungsgemäßen Klage folgt, ist eine Frage des rechtlichen Gehörs[112]. Art. 91 Abs. 1 BV dient also nicht der Rechtswegeröffnung; er soll vielmehr innerhalb eines eingeleiteten Verfahrens eine besondere Rechtsstellung der Beteiligten und eine besondere Qualität der richterlichen Entscheidung gewährleisten[113]. Das Recht auf Gehör vor dem Gericht betrifft schon der Formulierung nach das Gehör in einem bereits anhängigen Verfahren[114]. Ist noch kein Verfahren anhängig, stellt sich der Justizgewährungsanspruch als das speziellere Grundrecht dar. Die Ableitung aus dem Grundsatz des rechtlichen Gehörs kann dann nur unterstützend hinzutreten[115], der kein aliud darstellt, sondern der näheren Ausgestaltung des Rechtsschutzes dient[116]. Ist hingegen ein Verfahren anhängig, ist für seinen Anwendungsbereich das Recht auf Gehör lex specialis[117]. Deshalb sollte der *Bayerische Verfassungsgerichtshof* differenzierter verfahren, wenn er die fachgerichtliche Ablehnung des Prozesskostenhilfeantrags des Klägers oder eines Klageerzwingungsantrages überprüft. Hierbei steht der Zugang zum Gericht im Vordergrund[118]. Handelt es sich um Prozesskostenhilfe für den Beklagten, so ist dem

---

[107] Vgl. *BayVerfGH* Vf.99-VI-94, Urteil vom 2. Juni 1995, S. 8: „Das Recht auf Gehör gewährt nur das verfassungsrechtlich gebotene Mindestmaß zur Gewährleistung effektiven Rechtsschutzes."

[108] *Meder*, Art. 99 Rdnr. 6.

[109] *Meder*, Art. 3 Rdnr. 4. Der *Bayerische Verfassungsgerichtshof* hat in Vf. 81-VI-91, Urteil vom 28. Januar 1993 es für möglich gehalten, jedoch nicht entschieden, dass ein Anspruch auf Justizgewährung zusätzlich durch das subjektive Recht auf den gesetzlichen Richter nach Art. 86 Abs. 1 Satz 2 BV verbürgt sein könnte. Offen gelassen in *BayVerfGH* 43, 187 (190 f.).

[110] *BayVerfGH* a. a. O; *BayVerfGH* Vf. 18-VI-90, Urteil vom 1. Februar 1991 betrifft die Prozesskostenhilfe des Klägers im arbeitsgerichtlichen Kündigungsschutzprozess. Anders in *BayVerfGH* Vf.121-VI-93, Urteil vom 2. Juni 1995, der Beschwerdeführer wendet sich gegen eine durch Gericht veranlasste nervenärztliche Untersuchung zwecks Anordnung der Betreuung.

[111] *BayVerfGH* Vf.103-VI-94, Urteil vom 17. März 1994.

[112] *Waldner*, Rdnr. 16; *Schmidt-Aßmann* in: *Maunz/Dürig*, Art. 103 Rdnr. 7.

[113] *Rüping*, NVwZ 1985, 304 (308); *Schmid-Aßmann* a. a. O; *BVerfGE* 107, 395 (409).

[114] *Wassermann* in: AK zum GG, Art. 103 Rdnr. 13.

[115] Vgl. *BVerfGE* 9, 124 (130 ff.); vgl. *Schmidt-Aßmann* in: *Maunz/Dürig*, Art. 103 Rdnr. 113; *Bork* in: *Stein/Jonas*, Vorb. § 114 Rdnr. 9; *Wassermann* a. a. O.

[116] *Bork* a. a. O.

[117] *Schulze-Fielitz* in: *Dreier*, Art. 103 Rdnr. 81; *Kunig* in: *v. Münch/Kunig*, Art. 103 Rdnr. 3b.

[118] Vgl. *BVerfGE* 81, 347 (356); 78 104 (121 ff.).

Bayerischen Verfassungsgerichtshof, da hier schon ein Verfahren eingeleitet ist, beizupflichten, wenn er Art. 91 Abs. 1 BV als Prüfungsmaßstab heranzieht.

IV. Das Verhältnis des Art. 91 Abs. 1 BV zum Recht auf ein faires Verfahren

Der *Bayerische Verfassungsgerichtshof* ließ trotz erhobener Rügen bisher offen, ob die Beschwerdeführer eine Verfassungsbeschwerde mit einem eigenständigen Grundrecht auf ein faires Verfahren nach Art. 101 in Verbindung mit Art. 3 Abs. 1 Satz 1 BV überhaupt erheben können[119]. Das *Bundesverfassungsgericht* entwickelte hingegen aus dem Rechtsstaatsprinzip in Verbindung mit dem Art. 2 Abs. 1 GG ein Recht auf ein faires Verfahren[120]. Das Fairnessgebot gehört zu den allgemeinen Prozessprinzipien[121]. Es ist als verfassungsrechtliche Generalklausel zu verstehen und ermöglicht der Verfassungsgerichtsbarkeit einzugreifen, wenn die Verfahrensgestaltung nicht den rechtsstaatlichen Anforderungen genügt[122]. Aufgrund dessen ist das Recht auf ein faires Verfahren ein stärker konkretisierungsbedürftiges und daher argumentativ offeneres Recht, als es das weite Verständnis des rechtlichen Gehörs darstellt. Der Anspruch auf ein faires Verfahren ist damit als allgemeiner, übergreifender und in der Wirkung als Auffangtatbestand zu verstehen. Das Recht auf Gehör ist das speziellere Grundrecht[123]. Damit ergibt sich einerseits die Möglichkeit einer Ergänzung des Anspruchs aus Art. 91 Abs. 1 BV, andererseits seiner Relativierung[124]. Denn das *Bundesverfassungsgericht* erweiterte im Gegensatz zum *Bayerischen Verfassungsgerichtshof* mittels des Anspruchs auf ein faires Verfahren den sachlichen Anwendungsbereich des rechtlichen Gehörs auf die Verfahren vor dem Rechtspfleger[125].

A. Keine Anwendung des Art. 91 Abs. 1 BV außerhalb gerichtlicher Verfahren

Der *Bayerische Verfassungsgerichtshof* wendet Art. 91 Abs. 1 BV nur auf die Verfahren vor den Gerichten an. Die Verfassungsnorm gewährleistet damit nicht rechtliches Gehör

---

[119] *BayVerfGH* 40, 108 (110); Vf.116-VI-90, Urteil vom 6. März 1992, S. 16; Vf. 22-VI-96, Urteil vom 22. Juli 1997 S. 10; Vf. 20-VI-98, Urteil vom 20. November 1998; Vf. 31-VI-94, Urteil vom 14. November 1996 S. 7-8; Vf. 36-VI-02, Urteil vom 20. Mai 2003 S. 11; ohne überhaupt auf die erhobene Rüge einzugehen Vf. 96-VI-99, Urteil vom 10. November 2000; Vf. 102-VI-99, Urteil vom 22. September 2000.

[120] *BVerfGE* 101, 397 (405); 89, 120 (129).

[121] *Schumann*, Bundesverfassungsgericht, Grundgesetz und Zivilprozeß, S. 31 – 32 in Verbindung mit Fußn. 124; *Leipold* in: *Stein/Jonas*, Vorb. § 128 Rdnr. 65b.

[122] Vgl. *Leipold* in: *Stein/Jonas*, Vorb. § 128 Rdnr. 66.

[123] *Leipold* in: *Stein/Jonas*, Vorb. § 128 Rdnr. 65b in Verbindung mit Fußn. 315; *Nolte* in: *v Mangoldt/Stark/Klein*, Art. 103 Rdnr. 93; *Waldner*, Rdnr. 27; *Kunig* in: *v. Münch/Kunig*, Art. 103 Rdnr. 3b.

[124] *Nolte* in: *v. Mangoldt/Stark/Klein*, Art. 103 Rdnr. 92; ähnlich *Waldner*, Rdnr. 27.

[125] *BVerfGE* 101, 397 ff.

durch den Rechtspfleger. In früheren Entscheidungen nahm der *Bayerische Verfassungsgerichtshof* ausdrücklich auf die Rechtsstellung der Rechtspfleger Bezug und lehnte eine Anwendung des Art. 91 Abs. 1 BV auf deren Verfahren ab[126]. In neuerer Zeit hat er seine Auffassung nicht verändert. Zwar verweigert er nicht ausdrücklich die Anwendung des Art. 91 Abs. 1 BV in Verfahren vor dem Rechtspfleger, die restriktive Handhabung ergibt sich jedoch aus dem Prüfungsumfang der streitgegenständlichen Verfahren. So hat der *Bayerische Verfassungsgerichtshof* bei der Überprüfung eines Zwangsversteigerungsverfahrens, in dem die Partei den Rechtspfleger auf Grund einer Gehörsverletzung wegen Besorgnis der Befangenheit ablehnte, nur die darauf ergangenen Beschlüsse des *Amts-, Landes-* beziehungsweise *Oberlandesgerichts* einer Kontrolle am Maßstab des Art. 91 Abs. 1 BV unterzogen, die dem Ablehnungsverlangen der Partei gegen den Rechtspfleger nicht nach kamen[127]. Die Verfahren vor dem Rechtspfleger untersuchte er nicht unter verfassungsrechtlichen Gesichtspunkten; auch nicht mittels eines Fairnessgebots. Die bayerischen Kommentatoren, *Meder* und *Schweiger*, stimmten dieser restriktiven Handhabung des sachlichen Anwendungsbereichs zu[128].

B. Das Bundesverfassungsgericht wendet die Standards des Rechts auf Gehör auch in Verfahren vor dem Rechtspfleger an

Nicht nur mangels richterlicher Unabhängigkeit (Art. 97 GG) sei der Rechtspfleger nach Ansicht des *Bundesverfassungsgerichts* kein „Gericht" im Sinne des Art. 103 Abs. 1 GG[129]. Anknüpfungspunkt sei die Frage ob ein Richter im Sinne des Art. 92 GG tätig werde. Nach Meinung des *Bundesverfassungsgerichts* sei dies bei einem Verfahren vor dem Rechtspfleger nicht der Fall, auch soweit ihm richterliche Aufgaben gemäß § 3 RPflG übertragen werden[130]. Das *Bundesverfassungsgericht* leitet diese Erkenntnis aus der systematischen Stellung des Art. 103 Abs. 1 GG innerhalb des Grundgesetzes ab. Der Anspruch auf rechtliches Gehör sei Teil des Abschnitts mit der Überschrift „Die Rechtsprechung". Diese obliege allein den unabhängigen Richtern im Sinne des Art. 97 GG, zu denen der Rechtspfleger weder im Sinne der Verfassung noch gemäß dem Ge-

---

[126] *BayVerfGH* 14, 4 (12) „Der Rechtspfleger ist kein Richter. Er wird auch nicht mehr, wie nach der Reichsentlastungsverfügung, als Vertreter des Richters („an Richters statt") tätig."; *BayVerfGH* 3, 10 (13).

[127] *BayVerfGH* Vf. 86-VI-90, Urteil vom 10. Oktober 1991; Vf. 76-VI-89, Urteil vom 1. Juni 1990. In beiden Verfahren rügte der Beschwerdeführer eine Verletzung des rechtlichen Gehörs durch den Rechtspfleger im Zwangsversteigerungsverfahren, wegen Nichtübermittlung gutachterlicher Stellungnahmen.

[128] Vgl. *Schweiger* in: *Nawiasky/Leusser/Schweiger/Zacher*, Art. 91 Rdnr. 3; vgl. *Meder*, Art. 91 Rdnr. 2.

[129] *Nolte* in: *v. Mangoldt/Stark/Klein*, Art. 103 Rdnr. 17.

[130] *BVerfGE* 101, 397 (404 f.); zusammengefasst in *Leibholz/Rinck/Hesselberger*, Art. 103 Rdnr. 33; anders noch *BVerfG* (3. Kammer des Ersten Senats) NJW 1993, 1699: „Die Zuschlagserteilung beruht auf einer unzulässigen Fortsetzung des Versteigerungsverfahrens nach der Unterlassung des gebotenen Hinweises in der vorgeschriebenen Anhörung über den Zuschlag." Das *Bundesverfassungsgericht* zieht hier allerdings das aus Art. 3 Abs. 1 GG abgeleitete Willkürverbot als Maßstab heran.

richtsverfassungsgesetz gehöre[131]. Weiter gedacht, läge nun der Schluss nahe, verfassungsrechtlich ein Recht auf Gehör im Verfahren vor dem Rechtspfleger auszuschließen. Nach der Auffassung des *Bundesverfassungsgerichts* liegt dieser Fall keineswegs vor. So gewährleiste das Recht auf ein faires Verfahren auch außerhalb des Anwendungsbereichs des Art. 103 Abs. 1 GG, dass die Betroffenen vom Sachverhalt, dessen Verwertung und vom entsprechenden Verfahren in Kenntnis gesetzt werden[132].

C. Meinungsstand in der Literatur zur Wahrung des rechtlichen Gehörs durch den Rechtspfleger

Im Allgemeinen findet die Ausweitung der Standards des rechtlichen Gehörs in das Fairnessgebot ihre Zustimmung. Die Begründungen sind zum Teil unterschiedlich, haben ihren Grund jedoch in der Überlegung, dass die Beteiligten in rechtlich geordneten Verfahren nicht zum bloßen Objekt dessen herabgesetzt sein sollen. Demzufolge gehen alle Ansichten von der Einhaltung gehörsspezifischer Grundsätze auch im Verfahren vor dem Rechtspfleger aus, allerdings mit sehr unterschiedlichen Argumenten.

Die Kommentarliteratur übernahm die Argumentation des *Bundesverfassungsgerichts* teilweise[133]. Soweit das Recht auf ein faires Verfahren als allgemeines Prozessgrundrecht verstanden wird, welches mal neben, mitunter auch an die Stelle des rechtlichen Gehörs tritt, ist diese Ansicht nachvollziehbar[134]. Allerdings verwischen dabei klare Schutzbereichsgrenzen im Rahmen der Grundrechtsdogmatik.

Im Unterschied zum *Bundesverfassungsgericht* befürworten einige Autoren eine direkte Anwendung des Art. 103 Abs. 1 GG für alle rechtlich geregelten Verfahren. Die zentrale Bedeutung der Maxime für die gesamte Rechtsordnung erfordere ihre Anerkennung als wesentlicher Punkt jedes rechtlich geregelten Verfahrens und nicht nur im Gerichtsverfahren[135]. Erhebliche Kritik[136] erfährt die Entscheidung des *Bundesverfassungsgerichts* mit Blick auf die Verlagerung der Anhörungspflicht in das als „konturen- und inhaltslos" beurteilte Gebot auf ein „rechtsstaatliches, faires Verfahren"[137]. Dies entspricht der am weitest gehenden Auslegung. Nach diesem Verständnis ist die Formulierung „vor Gericht" gleichzusetzen mit „rechtlichen Verfahren".

Für den Bereich der Verfahren vor dem Rechtspfleger, sieht eine weitere Auffassung[138] keinen Grund dafür, den Rechtspfleger aus dem Begriff „Gericht" im Sinne des Art. 103 Abs. 1 GG herauszunehmen. Zwar seien sie keine Richter im Sinne des Grundgesetzes,

---

[131] *BVerfGE* a. a. O.; 56, 110 (127).
[132] *BVerfGE* 101, 397 (405).
[133] *Degenhart* in: *Sachs*, Art. 103 Rdnr. 45.
[134] *Degenhart* a. a. O., Rdnr. 44.
[135] *Wassermann* in: AK zum GG, Art. 103 Rdnr. 23; so schon vor Ergehen der Entscheidung des *Bundesverfassungsgerichts* bereits die Forderung von *Rüping* in: Bonner Kommentar, Art. 103 Rdnr. 82.
[136] Einen Überblick gibt *Mielke* BayVBl. 2004, 520 ff. mit vielen Nachweisen vor allem aus dem Bereich der Rechtspfleger. Die Entscheidung des *Bundesverfassungsgerichts* löste bei den Rechtspflegern „erhebliche Irritationen" aus.
[137] *Eickmann/Sonnenfeld/Dümig*, RPfleger 2000, 245 ff.
[138] *Mielke*, BayVBl. 2004, 520 (525).

jedoch seien keine durchgreifenden Bedenken ersichtlich, „rechtsprechende Gewalt“ im Sinne von Art. 92 GG anders zu definieren als den Begriff „Gericht“ des Art. 103 Abs. 1 GG[139]. Darüber hinaus habe der Gesetzgeber mit dem dritten Gesetz zur Änderung des Rechtspflegergesetzes die Stellung des Rechtspflegers gestärkt und der des Richters angenähert[140].
Etwas enger sehen es andere Autoren,[141] die, nur bei der Übertragung richterlicher Aufgaben gemäß § 3 RPflG auf den Rechtspfleger, diesen als „Gericht“ im Sinne des Art. 103 Abs. 1 GG begreifen. Der Begriff des „Gerichts“ sei in diesem Fall weit zu verstehen. Die Erstreckung des Normbereichs auf den Rechtspfleger gewährleiste am besten, dass für die übertragenen Aufgaben des Rechtspflegers schon von Verfassung wegen dieselben Rechtsschutzstandards angewendet werden, die der Richter zu beachten hätte[142]. Allerdings sehen die Befürworter die Gefahr der Erweiterung des sachlichen Gehalts des Rechts aus Art. 103 Abs. 1 GG[143].

D. Stellungnahme

Aufgrund des eingangs genannten Spezialitätsverhältnisses zwischen dem Art. 91 Abs. 1 BV und dem Anspruch auf ein faires Verfahren sollten die Verfassungsgerichte alle Fragen, die sich dem Recht auf Gehör vor dem Gericht zuordnen lassen, systematisch auch an diesem Anspruch messen[144]. Außerhalb des gerichtlichen Verfahrens besteht kein Anlass den eigenständigen Gehalt eines Rechts auf ein faires Verfahren zu bestreiten. Damit ist aber keine Entscheidung getroffen, ob es statthaft ist, wenn das *Bundesverfassungsgericht* Inhalte des Rechts auf Gehör dem Fairnessgebot zuordnet. Selbst wenn diese Vorgehensweise für die Einhaltung klarer Schutzbereichsgrenzen nicht förderlich ist, müssen rechtsstaatliche Verfahrensgrundsätze zweifelsohne vor dem Rechtspfleger Geltung besitzen. Dann ist es aber nur konsequent und im Sinn klarer Schutzbereichsgrenzen, das Verfahren vor dem Rechtspfleger als Gerichtsverfahren im Sinne der Art. 91 Abs. 1 BV und Art. 103 Abs. 1 GG anzuerkennen[145], zumindest, wenn ihm Aufgaben nach § 3 RPflG übertragen werden. Es macht wenig Sinn, wenn das *Bundesverfassungsgericht* die Gehörsgarantien im Rechtspflegerverfahren umfänglich anwendet, jedoch mit großem Argumentationsaufwand, das diese Garantien verbürgende Recht nicht heranzieht. Eher wäre noch der strikten Auffassung des *Bayerischen Verfassungsgerichtshofs* zu folgen, der die dem Art. 91 Abs. 1 BV immanenten Rechte nicht auf das Rechtspflegerverfahren überträgt. Demzufolge sollte das „Gericht“ im Sinne des verfassungsmäßi-

---

[139] *Mielke* a.a.O.; dies. ZRP, 2003, 442 (443).
[140] *Mielke* ZRP 2003, 442, (445)
[141] *Schmidt-Aßmann* in: *Maunz/Dürig*, Art. 103 Rdnr. 55, In diesem Punkt gehe Art. 103 Abs. 1 GG über Art. 92 GG hinaus; *Schulze-Fielitz*, in: *Dreier*, Art. 103 Rdnr. 15; *Eickmann/Sonnenfeld/Dumig*, Rpfleger 2000, S. 245 – 250 mit erheblicher Kritik an der neuen Einordnung durch das *Bundesverfassungsgericht*: „Demgegenüber ist die Figur des Fairnessgebots konturen- und inhaltslos.“
[142] *Schmidt-Aßmann* a. a. O.
[143] *Nolte* in: *v. Mangoldt/Stark/Klein*, Art. 103 Rdnr. 92.
[144] *Schmidt-Aßmann* in: *Maunz/Dürig*, Art. 103 Rdnr. 9.
[145] *Mielke* BayVBl. 2004, 520 (525).

gen Rechts auf Gehör über den Begriff der „rechtsprechenden Gewalt" des Art. 92 GG hinaus gehen[146].

V. Das Verhältnis des Art. 91 Abs. 1 BV zum Recht auf den gesetzlichen Richter gemäß Art. 86 Abs. 1 Satz 2 BV

Das Verhältnis des rechtlichen Gehörs gemäß Art. 91 Abs. 1 BV zum Recht auf den gesetzlichen Richter nach Art. 86 Abs. 1 Satz 2 BV ist nach „überwiegender Auffassung vom Grundsatz der Exklusivität geprägt"[147]. Das Recht auf Gehör bestimmt, *ob* Gehör zu gewähren ist, während die Frage, *vor welchem Richter* dies zu geschehen hat, ausschließlich das Recht auf den gesetzlichen Richter regelt[148]. Dennoch kombinieren die Beschwerdeführer die Rüge der Verletzung des Rechts auf den gesetzlichen Richter gemäß Art. 86 Abs. 1 Satz 2 BV mit der Rüge des Verstoßes gegen Art. 91 Abs. 1 BV[149], wenn der Sachverhalt dazu Anlass bietet, zumindest eine Verletzung des einen oder des anderen Grundrechts anzunehmen. Dies ist der Fall, wenn der Zugang zur Rechtsmittelinstanz zur Diskussion steht. So judiziert der *Bayerische Verfassungsgerichtshof* regelmäßig, dass Art. 86 Abs. 1 Satz 2 BV verletzt ist, wenn das Fachgericht den Zugang zur Revisionsinstanz in willkürlicher Weise versperrt[150] oder ein an sich statthaftes Rechtsmittel in willkürlicher Weise als unzulässig ansieht und dem Betroffenen eine weitere Entscheidung in der Sache verwehrt[151]. Auch Art. 91 Abs. 1 BV kann verletzt sein, wenn eine gerichtliche Entscheidung den Zugang zum Gericht versperrt. So, wenn das Gericht einen zulässigen und rechtzeitig eingelegten Rechtsbehelf nicht sachlich verbescheidet, sondern als unzulässig verwirft[152]. Einziges Unterscheidungsmerkmal ist hier die *Willkür*. Ist die gerichtliche Entscheidung von willkürlichen Erwägungen bestimmt, so greift der Maßstab des Art. 86 Abs. 1 Satz 2 BV. Sind für die Annahme von Willkür

---

[146] *Schmidt-Aßmann* in: *Maunz/Dürig*, Art. 103 Rdnr. 55, jedoch nur für den Bereich übertragener Aufgaben gemäß § 3 RPflG. *Mielke* a.a.O.

[147] So *Schmidt-Aßmann* in: *Maunz/Dürig*, Art. 103 Rdnr. 12.

[148] *Schmidt-Aßmann* a. a. O.

[149] *BayVerfGH* Vf. 51-VI-99, Urteil vom 18. September 2001, Entscheidung eines Proberichters als Einzelrichter; Vf. 59-VI-00, Urteil vom 27. September 2001; Vf. 102-VI-99, Urteil vom 22. September 2000, zur unzulässigen Verfahrenstrennung und damit drohenden Verlust der Rechtsmittelfähigkeit, da dann in keinem der getrennten Verfahren die Berufungssumme erreicht wird; Vf. 95-VI-99, Urteil vom 26. Oktober 2000; Vf. 89-VI-97 und Vf. 90-VI-97, Urteil vom 24. September 1999; Vf. 8-VI-97, Urteil vom 27. März 1998, zur Frage der Verweisung des Rechtsstreits; Vf. 18-VI-97, Urteil vom 25. Mai 1998, wegen Nichtbefolgung des Ablehnungsgesuchs eines Richters; Vf. 34-VI-97, Urteil vom 14. Juli 1998 und Vf. 119-VI-93, Urteil vom 21 März 1997, zur Nichtzulassung der Revision; Vf. 78-VI-94, Urteil vom 13. März 1996; Vf. 123-VI-93, Urteil vom 27. Januar 1995, zu Zuständigkeitsfragen; Vf. 30-VI-94, Urteil vom 5. Mai 1995, zur Verwerfung der weiteren Beschwerde als unstatthaft; Vf. 16-VI-94, Urteil vom 7. Juli 1995; Vf. 23-VI-94, Urteil vom 20. Juli 1995; Vf. 81-VI-91, Urteil vom 28. Januar 1993; Vf. 101-VI-1991, Urteil vom 19. November 1993; Vf. 59-VI-90, Urteil vom 16. Dezember 1992; Vf. 18-VI-90, Urteil vom 1. Februar 1991; Vf. 30-VI-89, Urteil vom 26. Januar 1990; Vf. 34-VI-89, Urteil vom 20. Juni 1990.

[150] *BayVerfGH*, Vf. 34-VI-97, Urteil vom 14. Juli 1998, S. 5, das OLG hat die grundsätzliche Bedeutung der Rechtssache in willkürfreier Weise verneint; ebenso Vf. 119-VI-93, Urteil vom 21. März 1997.

[151] *BayVerfGH* Vf. 30-VI-94, Urteil vom 5. Mai 1995 S. 7.

[152] *BayVerfGH* Vf. 30-VI-94, Urteil vom 5. Mai 1995, S. 8.

keine Anhaltspunkte erkennbar, zieht der *Bayerische Verfassungsgerichtshof* noch Art. 91 Abs. 1 BV heran. Die Gewährung des gesetzlichen Richters ist somit nahe am Prüfungsmaßstab des Willkürverbots anzusiedeln. Dies entspricht auch der Auffassung, dass die Gewährung des gesetzlichen Richters eine Ausprägung des im Gleichheitssatz enthaltenen Willkürverbots darstellt[153].

VI. Das Verhältnis des Art. 91 Abs. 1 BV zum Petitionsrecht gemäß Art. 115 Abs. 1 BV

In diesem Kapitel nimmt das Petitionsrecht gemäß Art. 115 Abs. 1 BV eine Sonderstellung ein, weil die Vorschrift kein Verfahrensgrundrecht ist. Da hin und wieder die Beschwerdeführer rügen, im Petitionsverfahren habe der Landtag das Grundrecht auf rechtliches Gehör verletzt, darf die Arbeit das Verhältnis der Verfassungsnormen nicht vernachlässigen.

Art. 115 Abs. 1 BV gewährleistet, dass der Petitionsadressat sich mit der vom Petenten vorgetragenen Sache befasst und ihm eine Antwort gibt, aus der sich die Tatsache der Behandlung und die Art der Erledigung ergeben. Einen Anspruch auf eine weitergehende Aufklärung des Sachverhalts, Beweiserhebung, schriftliche Auseinandersetzung mit dem Vorbringen des Antragstellers oder ähnliche Tätigkeiten des Petitionsadressaten verleiht Art. 115 BV nicht[154]. Hinsichtlich des Umfangs der Sachaufklärung und der Vorbereitung der Entscheidungsfindung kommt das Petitionsverfahren daher nicht den Verfahren der einzelnen Prozessordnungen gleich, insbesondere nicht deren Ausgestaltung in Bezug zum rechtlichen Gehör. Nicht nur deshalb kann sich der Petent nicht darauf berufen, der Petitionsadressat, nach § 1 Abs. 1 BayPetG in Verbindung mit § 5 BayPetG der Bayerische Landtag, habe seine Eingabe nicht ausreichend zur Kenntnis genommen und den Sachverhalt nicht in gebotener Weise aufgeklärt[155]. Auch vom Anwendungsbereich garantiert Art. 91 Abs. 1 BV nur „vor Gericht" das rechtliche Gehör. Davon bleiben Verfahren vor dem Landtag ausgeschlossen[156].

---

[153] Vgl. *BVerfGE* 3, 359 (364 f.); 101, 331 (360); *Maunz* in: *Maunz/Dürig*, Art. 101 Rdnr. 14; *Schulze-Fielitz* in: *Dreier*, Art. 103 Rdnr. 59; insgesamt kritisch *Kunig* in: *v. Münch/Kunig*, Art. 101 Rdnr. 33.
[154] *BayVerfGH* Vf. 35-VI-99, Urteil vom 12. November 1999, S. 9; vgl. *BayVerfGH* 40, 86 (89).
[155] So aber der Beschwerdeführer in *BayVerfGH* Vf. 35-VI-99, Urteil vom 12. November 1999, S. 7.
[156] *BayVerfGH* a. a. O., S. 11.

§ 4 Der Anspruchsinhaber des rechtlichen Gehörs

I. Einführung

Das Grundrecht des Art. 91 Abs. 1 BV gewährt *jedermann* rechtliches Gehör vor Gericht. Es hat keine Be- oder Einschränkungen. Aus dem Zusammenhang justizstaatlicher Gewährleistung folgt, dass der Anspruchsinhaber in formeller oder materieller Art und Weise am Verfahren beteiligt sein muss[157]; nicht jeder beim Prozess Anwesende kann und soll sich zum Verfahren äußern. Ebenso verhält es sich mit den geäußerten Inhalten. Nicht jede Art von Äußerung untersteht dem grundrechtlichen Schutz. Die Äußerung muss mit dem betreffenden Gerichtsverfahren in Verbindung stehen und für die Entscheidung erheblich werden können.[158]

II. Der personelle Schutzbereich

Auszugehen ist vom Begriff „jedermann". In den 13 Jahren des Untersuchungszeitraumes lagen dem *Bayerischen Verfassungsgerichtshof* nahezu in 90 %[159] der Fälle Urteilsverfassungsbeschwerden von *natürlichen Personen* vor. Juristische Personen können ebenso Anspruchsinhaber des Art. 91 Abs. 1 BV sein, soweit sie in einem gerichtlichen Verfahren als Partei oder in parteiähnlicher Stellung beteiligt sind[160]: so die Notarkasse als Anstalt des öffentlichen Rechts[161], rechtsfähige Rundfunkanstalten des öffentlichen Rechts[162] im Sinne des Art. 10 Abs. 1 BayMG, regionale Medienvereine[163] und eingetragene Vereine[164]. Ebenso Kapitalgesellschaften, wie die GmbH[165], GmbH & Co. KG[166] oder AG[167]. Darüber hinaus die OHG[168] und die KG[169] als Personengesellschaften und Gebietskörperschaften, wie Gemeinden[170] und Städte[171].

---

[157] Vgl. *Schmidt-Aßmann* a. a. O.
[158] Vgl. *BayVerfGH* Vf.2-VI-02, Urteil vom 13. November 2003, S. 5: …„sondern gibt auch einen Anspruch darauf, dass das Gericht ein rechtzeitiges und möglicherweise erhebliches Vorbringen beachtet."
[159] Von den 230 vorliegenden Entscheidungen, wurden 206 Verfassungsbeschwerden von natürlichen Personen erhoben.
[160] Vgl. *BayVerfGH* Vf. 116-VI-89, Urteil vom 23. November 1990, S. 26.
[161] *BayVerfGH* Vf. 102-VI-99, Urteil vom 22. September 2000.
[162] *BayVerfGH* Vf. 89-VI-97, Urteil vom 24. September 1999; Vf. 27-VI-93, Urteil vom 3. Februar 1995; Vf. 45-VI-93, Urteil vom 10. Februar 1995; Vf. 116-VI-89, Urteil vom 23. November 1990.
[163] *BayVerfGH* Vf. 71-VI-00, Urteil vom 7. Dezember 2001.
[164] *BayVerfGH* Vf. 30-VI-94, Urteil vom 5. Mai 1995.
[165] *BayVerfGH* Vf. 98-VI-93, Urteil vom 1. März 1995; Vf. 8-VI-94, Urteil vom 24. März 1995; Vf. 46-VI-00, Urteil vom 30. März 2001.
[166] *BayVerfGH* Vf.2-VI-02, Urteil vom 13. November 2003; Vf. 86-VI-96, Urteil vom 21. Februar 1997; Vf. 137-VI-94, Urteil vom 5. Oktober 1995; Vf. 95-VI-91, Urteil vom 30. Juni 1993.
[167] *BayVerfGH* Vf. 16-VI-94, Urteil vom 7. Juli 1995.
[168] *BayVerfGH* Vf. 28-VI-00, Urteil vom 12. September 2001; Vf. 91-VI-90, Urteil vom 22. Mai 1991; Vf. 84-VI-90, Urteil vom 15. November 1991.
[169] *Schweiger* in: *Nawiasky/Leusser/Schweiger/Zacher*, Art. 91 Rdnr. 3a.
[170] *BayVerfGH* Vf. 8-VI-97, Urteil vom 27. März 1998.

III. Die formelle Beteiligung oder materielle Betroffenheit am Verfahren

Das rechtliche Gehör steht demjenigen zu, der an einem gerichtlichen Verfahren beteiligt ist oder den das Verfahren unmittelbar rechtlich betrifft. Es kommt entweder auf die *formelle* Beteiligung in einem Gerichtsverfahren oder auf eine *materielle* Betroffenheit durch das Verfahrensergebnis an.[172]

A. Formelle Beteiligung

Ausgangspunkt ist die Qualifikation der Prozessbeteiligung. Nicht jeder Verfahrensbeteiligte hat den Anspruch aus Art. 91 Abs. 1 BV.
Die formelle Beteiligung an einem Verfahren bestimmen die einschlägigen Beteiligungsvorschriften der Prozessordnungen. Im Zivilprozess und für den Verwaltungsprozess sind dies der Kläger und Beklagte, Antragsteller und Antragsgegner[173]. Im Strafverfahren haben der Beschuldigte und der Privatkläger das Recht auf Gehör, wohl auch der Antragsteller im Klageerzwingungsverfahren[174]. Dagegen hat der Anzeigeerstatter keinen Anspruch aus Art. 91 Abs. 1 BV gegen eine Einstellungsverfügung der Staatsanwaltschaft gemäß § 170 Abs. 2 StPO, wenn das Ermittlungsverfahren eine Straftat betrifft, deren Verletzter er nicht ist[175].

1. Keine höchstpersönliche Ausübung des Anspruchs auf rechtliches Gehör

Der Anspruchsinhaber muss seinen Gehörsanspruch nicht persönlich ausüben. Es genügt, wenn das Gericht dem Rechtsanwalt als Prozessvertreter Gelegenheit zur Äußerung gibt. Zusätzlich dazu verlangt Art. 91 Abs. 1 BV kein Äußerungsrecht der Partei selbst, auch wenn diese einen dahingehenden Antrag stellt[176]. Demzufolge genügt es, wenn das Gericht Schriftstücke dem Prozessbevollmächtigten zustellt. Das kann unzureichend sein, wenn nicht klar ist, ob der Rechtsanwalt im Verfahren für die Partei vertretungsbefugt ist[177]. Ausreichend ist die Genehmigung des Rechtsanwalts zum Abschluss eines Pro-

---

[171] *BayVerfGH* Vf. 35-VI-95, Urteil vom 15. Februar 1996.
[172] Vgl. *Schmidt-Aßmann* in: *Maunz/Dürig*, Art. 103 Rdnr. 33.
[173] Für das zivilrechtliche Eilverfahren vgl. *BayVerfGH* Vf.34-VI-89, Urteil vom 20. Juni 1990; für das verwaltungsgerichtliche Eilverfahren vgl. *BayVerfGH* Vf.45-VI-93, Urteil vom 10. Februar 1995.
[174] Vgl. Vf. 103-VI-94, Urteil vom 17. März 1997; offen gelassen in *BayVerfGH* Vf. 51-VI-00, Urteil vom 18. Juli 2001, S. 9: „Nach Art. 91 Abs. 1 BV hat vor Gericht jedermann Anspruch auf rechtliches Gehör. Ob dies für den Antragsteller im Klageerzwingungsverfahren, dem nicht etwa ein allgemeines Strafklagerecht des Verletzten zugrunde liegt, uneingeschränkt gilt, kann dahingestellt bleiben."
[175] *BayVerfGH* Vf. 141-VI-92, Urteil vom 26. Januar 1995, S. 7, wo offen gelassen wird, ob dies auch dann gilt, wenn der Anzeigeerstatter durch die angezeigte Straftat (uneidliche Falschaussage gemäß § 153 StGB) Verletzter ist.
[176] *BayVerfGH* Vf. 34-VI-89, Urteil vom 20. Juni 1990, S. 13.
[177] Vgl. *BayVerfGH* Vf. 128-VI-92, Urteil vom 29. Oktober 1993, S. 9 – 10.

zessvergleichs, wenn die Partei dem Prozessbevollmächtigten nicht ausdrücklich in der mündlichen Verhandlung widerspricht[178]. In diesen Fällen vermittelt der Anwalt das rechtliche Gehör seines Mandanten, ohne einen eigenen Anspruch auszuüben[179].

2. Kein Anspruch des Zeugen auf rechtliches Gehör

Zeugen besitzen grundsätzlich keinen Anspruch aus Art. 91 Abs. 1 BV[180]. Sie geben ihre Erklärungen nicht in ihrem eigenen Interesse ab[181]. Es besteht grundsätzlich eine Verpflichtung zur Aussage. Anders verhält es sich, wenn das Gericht in einer Zwischenentscheidung gemäß § 387 ZPO über die Rechtmäßigkeit des Zeugnisverweigerungsrechts im Sinne von § 384 ZPO befindet. In diesem Fall muss es dem Zeugen das Recht auf Gehör gewähren[182].

B. Materielle Beteiligung

Der *Bayerische Verfassungsgerichtshof* beschäftigte sich von 1990 bis 2003 selten mit der Einräumung des rechtlichen Gehörs Drittbetroffener. Um ein Recht auf Gehör für Dritte zu begründen, müssen diese durch die Gerichtsentscheidung *unmittelbar rechtlich betroffen* sein[183]. Nur faktische Ausstrahlungen genügen nicht[184]. Die Formel der *unmittelbaren rechtlichen Betroffenheit* führt nicht immer zu einer sicheren Bestimmung, wer Drittbetroffener ist. Es handelt sich dabei mehr um eine Einzelfallprüfung[185] mit Wertungselementen[186].

1. Die notwendige Beiladung gemäß § 65 Abs. 2 VwGO

Der Verwaltungsprozess bietet einige Konstellationen, wie die Konkurrentenklage oder die baurechtliche Nachbarklage, in denen die Verwaltungsentscheidung derart Drittwirkung erzeugt, dass die Entscheidung auch gegenüber den Dritten nur einheitlich ergehen kann; vgl. § 65 Abs. 2 VwGO. So hält es der *Bayerische Verfassungsgerichtshof* für möglich, demjenigen Nachbarn rechtliches Gehör zu gewähren, dem das Gericht in einem, von einem weiteren Nachbarn, angestrengten Verfahren gegen eine Baugenehmigung belastende Auflagen erteilt[187]. Ähnlich verhält es sich im Flurbereinigungsverfahren. Teilnehmer, die nach dem Flurbereinigungsverfahren Grundstücke von Dritten erhielten,

---

178 *BayVerfGH* Vf. 31-VI-95, Urteil vom 9. August 1996.
179 Vgl. *Waldner*, Rdnr. 301.
180 Vgl. *Schmidt-Aßmann* in: *Maunz/Dürig*, Art. 103 Rdnr. 35.
181 *Waldner*, Rdnr. 301.
182 *BayVerfGH* Vf. 52-VI-94, Urteil vom 28. April 1995.
183 *BVerfGE* 60, 7 (13); 65, 227 (233).
184 *Schmidt-Aßmann* in: *Maunz/Dürig*, Art. 103 Rdnr. 41.
185 Vgl. *Waldner*, Rdnr. 318 ff.
186 Vgl. *Schmidt-Aßmann* in: *Maunz/Dürig*, Art. 103 Rdnr. 41.
187 Vgl. *BayVerfGH* Vf. 93-VI-93, Urteil vom 20. Juni 1997; die generelle notwendige Beiladung eines Nachbarn bei der Klage eines weiteren Nachbarn gegen eine Baugenehmigung wird aber verneint, vgl. *Schenke* in: *Kopp/Schenke*, VwGO, § 65 Rdnr. 17 mit weiteren Nachweisen.

muss das Gericht zum Verfahren des Dritten gegen die Zuteilung der betreffenden Grundstücke beiladen[188].

2. Das Verfahren über das elterliche Sorgerecht

Die Sorgerechtsentscheidung ist eine Kindschaftssache nach § 640 Abs. 2 Nr. 3 ZPO. Für jede Streitigkeit über den Eintritt oder die Beendigung der elterlichen Sorge bestimmt § 640e ZPO die Ladung des beteiligten Kindes. Die Anhörung des Kindes hat hier einen hohen Stellenwert und ist ganz wesentlich für die Entscheidung über die elterliche Sorge[189]. Dabei muss der Richter nicht nur den vom Kind geäußerten Willen[190], sondern den gesamten vom Kind hinterlassenen Eindruck bewerten, der möglicherweise auf Beeinflussungen und Drucksituationen schließen lässt[191]. Das Kind hat demzufolge im familiengerichtlichen Verfahren einen Anspruch auf rechtliches Gehör, gegebenenfalls muss das Familiengericht dem Kind zur Wahrung seiner Interessen einen Pfleger zur Seite stellen[192].

3. Die subjektive Rechtskraftwirkung des Urteils bei Rechtsnachfolge

Rechtsnachfolger, die nach Rechtshängigkeit der Klage Eigentum am streitgegenständlichen Grundstück erlangten, sind ebenfalls befugt, mit der Rüge zur Verletzung des rechtlichen Gehörs Verfassungsbeschwerde zu erheben, obwohl sie nicht Partei des Rechtsstreit sind, weil das Urteil auch unmittelbar ihnen gegenüber wirkt; vgl. § 325 Abs. 1 ZPO[193]. Allerdings steht dem Erwerber kein unbeschränktes Äußerungsrecht zu, da ihm § 265 Abs. 2 Satz 3 ZPO die streitgenössische Nebenintervention versagt. Nach § 265 Abs. 2 Satz 3 ZPO kann aber der Rechtsnachfolger als Nebenintervenient gemäß § 66 ZPO auftreten. Seine Rechtsstellung bestimmt dann § 67 ZPO.

---

[188] So die Beschwerdeführer in *BayVerfGH* Vf. 1-VI-91 u. a., Urteil vom 23. Oktober 1992, S. 17. Der *Bayerische Verfassungsgerichtshof* behandelt diese Frage nicht weiter.
[189] Vgl. *BayVerfGH* Vf. 30-VI-89, Urteil vom 26. Januar 1990, S. 5.
[190] Vgl. *BayVerfGH* Vf. 68-VI-99, Urteil vom 11. August 2000, S. 2 ff.
[191] Vgl. *BayVerfGH* Vf. 30-VI-89, Urteil vom 26. Januar 1990, S. 5.
[192] Vgl. *BVerfGE* 99, 145 (162 f.).
[193] Vgl. *BayVerfGH* Vf. 26-VI- 98, Urteil vom 5. März 1999, S. 4.

§ 5 Die Verfahren im Sinne des Art. 91 Abs. 1 BV

I. Einführung

Art. 91 Abs. 1 BV gewährt Gehör vor *Gericht*. Die verschiedenen Gerichtszweige nehmen eine sehr unterschiedliche Stellung in der Anzahl der Urteilsverfassungsbeschwerden zu Art. 91 Abs. 1 BV ein.

II. Die Urteilsverfassungsbeschwerden aus den verschiedenen Gerichtsbarkeiten

Tabelle 3
Übersicht zur Aufteilung der Gerichtsbarkeiten in Verfassungsbeschwerden wegen der Rüge zur Verletzung des Art. 91 Abs. 1 BV in der Zeit von 1990 bis 2003

Jahr	Gesamtzahl aller VB zu Art. 91 Abs. 1 BV	Zivilgerichtsbarkeit	Strafgerichtsbarkeit	Verwaltungsgerichtsbarkeit	freiwillige Gerichtsbarkeit	Arbeitsgerichtsbarkeit	Sozialgerichtsbarkeit
2003	14	9	3	1	1	0	0
2002	13	9	2	1	0	1	0
2001	16	10	3	3	0	0	0
2000	17	16	0	1	0	0	0
1999	9	6	1	2	0	0	0
1998	14	11	2	0	1	0	0
1997	14	10	2	1	0	1	0
1996	25	21	3	0	0	1	0
1995	26	18	2	3	3	0	0
1994	20	19	0	1	0	0	0
1993	17	10	3	3	0	1	0
1992	23	14	3	5	1	0	0
1991	11	4	2	2	0	2	1
1990	11	7	1	3	0	0	0
Summe	**230**	**164**	**27**	**26**	**6**	**6**	**1**
Prozent	**100 %**	**71,30 %**	**11,75 %**	**11,30 %**	**2,61 %**	**2,61 %**	**0,43**

Legende: Spalte 1 zeigt den Untersuchungszeitraum. Spalte 2 enthält die Gesamtzahl aller mit der Gehörsrüge begründeten Verfassungsbeschwerden. Spalten 3 bis 8 zeigen, mit welcher Anzahl und prozentualen Aufteilung die einzelnen Gerichtsbarkeiten an dem Gesamtvolumen vertreten sind.

Nahezu *drei Viertel* der untersuchten Urteilsverfassungsbeschwerden haben einen zivilprozessrechtlichen Hintergrund. Der Zivilprozess und damit das Zivilprozessrecht dominieren das Verfassungsbeschwerdeverfahren vor dem *Bayerischen Verfassungsgerichtshof*. Die Straf- und Verwaltungsgerichtsverfahren haben quantitativ eine untergeordnete Bedeutung, sind jedoch mit über 11 % noch häufiger vertreten als die freiwillige Gerichtsbarkeit und Arbeitsgerichtsbarkeit mit jeweils 2,61 %. Eine geringe Größe nimmt das sozialgerichtliche Verfahren ein; vgl. nur 0,43 %.

A. Die Zivilgerichtsbarkeit

Tabelle 4
Gesamtübersicht von Verfassungsbeschwerden gegen zivilgerichtliche Entscheidungen von 1990 bis 2003 und deren Ausgang

Jahr	Gesamtzahl der VB zu Art. 91 Abs. 1 BV	Unzulässige VB	Unbegründete VB	Begründete VB	Offen gelassene Rügen
2003	*9*	*0*	*6*	*2*	*1*
2002	*9*	*0*	*6*	*2*	*1*
2001	*10*	*0*	*5*	*4*	*1*
2000	*16*	*1*	*9*	*4*	*2*
1999	*6*	*0*	*6*	*0*	*0*
1998	*11*	*0*	*9*	*2*	*0*
1997	*10*	*1*	*7*	*2*	*0*
1996	*21*	*0*	*11*	*9*	*1*
1995	*18*	*2*	*12*	*4*	*0*
1994	*19*	*2*	*14*	*3*	*0*
1993	*10*	*0*	*9*	*1*	*0*
1992	*14*	*1*	*11*	*2*	*0*
1991	*4*	*0*	*2*	*2*	*0*
1990	*7*	*0*	*5*	*2*	*0*
Summe	***164***	***7***	***112***	***39***	***6***
Prozent	***100 %***	***4,3 %***	***68,3 %***	***23,7 %***	***3,7 %***

Legende: Spalte 1 zeigt den Untersuchungszeitraum. Spalte 2 führt alle Verfassungsbeschwerden zur Verletzung des Art. 91 Abs. 1 BV mit zivilprozessualem Hintergrund auf. Spalten 3 bis 5 beschäftigen sich mit dem Ausgang dieser Verfassungsbeschwerden und geben sowohl eine zahlenmäßige als auch prozentuale Aufteilung wieder. Spalte 6 zeigt die Verfassungsbeschwerden, in denen der *Bayerische Verfassungsgerichtshof* nicht über die Rüge der Verletzung des Art. 91 Abs. 1 BV entschieden hat.

Der Anteil von 39 erfolgreichen Verfassungsbeschwerden ist erstaunlich hoch. Vor allem mit dem Blick auf nur insgesamt 41 begründete Verfassungsbeschwerden in 13 Jahren Gerichtspraxis[194]. In ein Verhältnis gesetzt, entsprechen dann 39 erfolgreiche Beschwerden 95 % aller begründeten Urteilsverfassungsbeschwerden. Damit wird auch aus dieser Übersicht deutlich, dass dem Zivilprozessrecht die maßgebliche Bedeutung in Verfassungsbeschwerdeverfahren zur Verletzung des rechtlichen Gehörs zukommt. Dennoch zeigen die Zahlen von insgesamt 112 (68,3 %) unbegründeten und *sieben* (4,3 %) unzulässigen Verfassungsbeschwerden, wie häufig Beschwerdeführer den *Bayerischen Verfassungsgerichtshof* mit einer nicht verfassungsrelevanten Rüge zur Verletzung des Art. 91 Abs. 1 BV konfrontieren. In *sechs* Fällen (3,7 %) hat der *Bayerische Verfassungsgerichtshof* nicht über die Rüge der Verletzung des rechtlichen Gehörs in einem zivilprozessualen Verfahren entschieden; er beschäftigte sich mit anderen verletzten Grundrechten[195].

B. Die Strafgerichtsbarkeit

Wie aus der *Tabelle 5* (siehe die Abbildung auf der folgenden Seite) ersichtlich wird, sind Verfassungsbeschwerden mit einem strafprozessualen Hintergrund sehr häufig unzulässig[196]. Ihr Anteil nimmt fast 30 % ein. Dieses Verhältnis zu den eingelegten Verfassungsbeschwerden findet sich nicht einmal ansatzweise in den anderen Gerichtszweigen wieder. In 18 Fällen (66,6 %) waren die Verfassungsbeschwerden unbegründet. Bezeichnend ist, dass es nur *eine* (3,7 %) verfassungsrelevante Gehörsverletzung im Untersuchungszeitraum gab[197]. Im Gegensatz zu den zivilgerichtlichen Verfahren[198] oder den Streitigkeiten aus dem Verwaltungsprozess[199], entschied der *Bayerische Verfassungsgerichtshof* in den strafrechtlichen Verfahren über sämtliche Rügen.

---

[194] Siehe dazu die Tabelle 2 unter § 3 I.

[195] Es handelt sich hierbei um das Willkürverbot gemäß Art. 118 Abs. 1 BV; vgl. Tabelle 2 unter § 3 I. Zu den Gründen siehe die Ausführungen unter § 3 II.

[196] Für die Gründe siehe die Ausführungen zur unzulässigen Verfassungsbeschwerde unter § 11 II.

[197] *BayVerfGH* Vf.20-VI-98, Urteil vom 20. November 1998; siehe dazu die Ausführungen unter § 5 III. B.

[198] Siehe dazu Tabelle 4 unter § 5 II. A.

[199] Siehe dazu Tabelle 5 unter § 5 II. C.

Tabelle 5
Gesamtübersicht von Verfassungsbeschwerden gegen strafgerichtliche Entscheidungen von 1990 bis 2003 und deren Ausgang

Jahr	Gesamtanzahl der VB zu Art. 91 Abs. 1 BV	Unzulässige VB	Unbegründete VB	Begründete VB	Offen gelassene Rügen
2003	3	0	3	0	0
2002	2	0	2	0	0
2001	3	1	2	0	0
2000	0	0	0	0	0
1999	1	0	1	0	0
1998	2	0	1	1	0
1997	2	1	1	0	0
1996	3	0	3	0	0
1995	2	1	1	0	0
1994	0	0	0	0	0
1993	3	2	1	0	0
1992	3	2	1	0	0
1991	2	1	1	0	0
1990	1	0	1	0	0
Summe	**27**	**8**	**18**	**1**	**0**
Prozent	**100 %**	**29,7 %**	**66,6 %**	**3,7 %**	**0 %**

Legende: Spalte 1 zeigt den Untersuchungszeitraum. Spalte 2 führt alle Verfassungsbeschwerden zur Verletzung des Art. 91 Abs. 1 BV mit strafprozessualem Hintergrund bzw. Verfahren aus dem OWiG auf. Spalten 3 bis 5 beschäftigen sich mit dem Ausgang dieser Verfassungsbeschwerden und geben sowohl eine zahlenmäßige als auch prozentuale Aufteilung wieder. Spalte 6 zeigt die Verfassungsbeschwerden, in denen der *Bayerische Verfassungsgerichtshof* nicht über die Rüge der Verletzung des Art. 91 Abs. 1 BV entschieden hat.

C. Die Verwaltungsgerichtsbarkeit

Tabelle 6
Gesamtübersicht von Verfassungsbeschwerden gegen verwaltungsgerichtliche Entscheidungen von 1990 bis 2003 und deren Ausgang

Jahr	Gesamtanzahl der VB zu Art. 91 Abs. 1 BV	Unzulässige VB	Unbegründete VB	Begründete VB	Offen gelassene Rügen
2003	*1*	*0*	*1*	*0*	*0*
2002	*1*	*0*	*1*	*0*	*0*
2001	*3*	*0*	*3*	*0*	*0*
2000	*1*	*0*	*1*	*0*	*0*
1999	*2*	*0*	*2*	*0*	*0*
1998	*0*	*0*	*0*	*0*	*0*
1997	*1*	*0*	*1*	*0*	*0*
1996	*0*	*0*	*0*	*0*	*0*
1995	*3*	*0*	*2*	*0*	*1*
1994	*1*	*0*	*1*	*0*	*0*
1993	*3*	*0*	*1*	*1*	*1*
1992	*5*	*0*	*5*	*0*	*0*
1991	*2*	*0*	*2*	*0*	*0*
1990	*3*	*0*	*2*	*0*	*1*
Summe	***26***	***0***	***22***	***1***	***3***
Prozent	***100 %***	***0 %***	***84,6 %***	***4,8 %***	***11,6 %***

Legende: Spalte 1 zeigt den Untersuchungszeitraum. Spalte 2 führt alle Verfassungsbeschwerden zur Verletzung des Art. 91 Abs. 1 BV mit verwaltungsgerichtlichem Hintergrund auf. Spalten 3 bis 5 beschäftigen sich mit dem Ausgang dieser Verfassungsbeschwerden und geben sowohl eine zahlenmäßige als auch prozentuale Aufteilung wieder. Spalte 6 stellt die Verfassungsbeschwerden, in denen der *Bayerische Verfassungsgerichtshof* nicht über die Rüge der Verletzung des Art. 91 Abs. 1 BV entschied, dar.

Verfassungsbeschwerden gegen verwaltungsgerichtliche Entscheidungen haben die höchste Anzahl an insgesamt 84,6 % unbegründeten und die niedrigste Anzahl mit 0 % unzulässigen Verfassungsbeschwerden. Ebenso wie im Strafverfahren gab es nur *eine* begründete Verfassungsbeschwerde. Allerdings urteilte der *Bayerische Verfassungsgerichtshof* in *drei* Fällen (11,6 %) nicht über die Rüge zur Verletzung des rechtlichen Gehörs.

D. Die freiwillige Gerichtsbarkeit

Tabelle 7
Gesamtübersicht von Verfassungsbeschwerden gegen Entscheidungen aus der freiwilligen Gerichtsbarkeit von 1990 bis 2003 und deren Ausgang

Jahr	Gesamtanzahl der VB zu Art. 91 Abs. 1 BV	Unzulässige VB	Unbegründete VB	Begründete VB	Offen gelassene Rügen
2003	*1*	*0*	*1*	*0*	*0*
2002	*0*	*0*	*0*	*0*	*0*
2001	*0*	*0*	*0*	*0*	*0*
2000	*0*	*0*	*0*	*0*	*0*
1999	*0*	*0*	*0*	*0*	*0*
1998	*1*	*0*	*1*	*0*	*0*
1997	*0*	*0*	*0*	*0*	*0*
1996	*0*	*0*	*0*	*0*	*0*
1995	*3*	*0*	*3*	*0*	*0*
1994	*0*	*0*	*0*	*0*	*0*
1993	*0*	*0*	*0*	*0*	*0*
1992	*1*	*0*	*1*	*0*	*0*
1991	*0*	*0*	*0*	*0*	*0*
1990	*0*	*0*	*0*	*0*	*0*
Summe	***6***	***0***	***6***	***0***	***0***
Prozent	***100 %***	***0 %***	***100 %***	***0 %***	***0 %***

Legende: Spalte 1 zeigt den Untersuchungszeitraum. Spalte 2 führt alle Ver-fassungsbeschwerden zur Verletzung des Art. 91 Abs. 1 BV aus dem Bereich der freiwilligen Gerichtsbarkeit auf. Spalten 3 bis 5 beschäftigen sich mit dem Ausgang dieser Verfassungsbeschwerden und geben sowohl eine zahlenmäßige als auch prozentuale Aufteilung wieder. Spalte 6 stellt die Verfassungsbeschwerden dar, in denen der *Bayerische Verfassungsgerichtshof* nicht über die Rüge der Verletzung des Art. 91 Abs. 1 BV entschieden hat.

Mit Verfahren aus der freiwilligen Gerichtsbarkeit musste sich der *Bayerische Verfassungsgerichtshof* bei der Überprüfung von Verstößen gegen Art. 91 Abs. 1 BV nur in *sechs* Fällen beschäftigen. Sämtliche Verfassungsbeschwerden waren unbegründet.

E. Die Arbeitsgerichtsbarkeit

Tabelle 8
Gesamtübersicht von Verfassungsbeschwerden gegen arbeitsgerichtliche Entscheidungen von 1990 bis 2003 und deren Ausgang

Jahr	Gesamtanzahl der VB zu Art. 91 Abs. 1 BV	Unzulässige VB	Unbegründete VB	Begründete VB	Offen gelassene Rügen
2003	0	0	0	0	0
2002	1	1	0	0	0
2001	0	0	0	0	0
2000	0	0	0	0	0
1999	0	0	0	0	0
1998	0	0	0	0	0
1997	1	0	1	0	0
1996	1	0	1	0	0
1995	0	0	0	0	0
1994	0	0	0	0	0
1993	1	0	1	0	0
1992	0	0	0	0	0
1991	2	0	2	0	0
1990	0	0	0	0	0
Summe	**6**	**1**	**5**	**0**	**0**
Prozent	**100 %**	**16,7 %**	**83,3 %**	**0 %**	**0 %**

Legende: Spalte 1 zeigt den Untersuchungszeitraum. Spalte 2 führt die Anzahl der Verfassungsbeschwerden zur Verletzung des Art. 91 Abs. 1 BV aus dem Bereich der Arbeitsgerichtsbarkeit an. Spalten 3 bis 5 beschäftigen sich mit dem Ausgang dieser Verfassungsbeschwerden und geben sowohl eine zahlenmäßige als auch prozentuale Aufteilung wieder. Spalte 6 stellt die Verfassungsbeschwerden dar, in denen der *Bayerische Verfassungsgerichtshof* nicht über die Rüge der Verletzung des Art. 91 Abs. 1 BV entschieden hat.

Es gab in arbeitsgerichtlichen Verfahren keine begründeten Verfassungsbeschwerden wegen der Verletzung des Art. 91 Abs. 1 BV. Von *sechs* Verfassungsbeschwerden waren 83,3 % unbegründet und 16,7 % unzulässig. Keine der Rügen im arbeitsgerichtlichen Verfahren ließ der *Bayerische Verfassungsgerichtshof* offen.

F. Die Sozialgerichtsbarkeit

Nur *eine* mit der Gehörsrüge begründete Verfassungsbeschwerde gegen eine Entscheidung des *Bayerischen Landessozialgerichtes* gelangte in der Zeit von 1990 bis 2003 vor den *Bayerischen Verfassungsgerichtshof*[200]. Er befand diese Beschwerde für unzulässig.

III. Die Gerichte im organisatorischen Sinn

Zeigt der vorherige Teil mit welchen Verfahrensordnungen sich der *Bayerische Verfassungsgerichtshof* hauptsächlich beschäftigt, folgt nun die Darstellung, welchen Arten von Gerichten die häufigsten Fehler im Umgang mit dem rechtlichen Gehör unterlaufen.

Tabelle 9

Arten der Gerichte, deren Entscheidungen der Bayerische Verfassungsgerichtshof wegen Verletzung des Art. 91 Abs. 1 BV im Zeitraum von 1990 bis 2003 aufhob

Jahr	Gesamtvolumen begründeter VB	Amtsgericht	Landgericht	Oberlandesgericht	Verwaltungsgericht
2003	2	1	0	1	0
2002	2	1	1	0	0
2001	4	4	0	0	0
2000	4	2	2	0	0
1999	0	0	0	0	0
1998	3	2	1	0	0
1997	2	2	0	0	0
1996	9	5	1	3	0
1995	4	3	1	0	0
1994	3	3	0	0	0
1993	2	1	0	0	1
1992	2	1	0	1	0
1991	2	1	0	1	0
1990	2	0	1	1	0
Summe	**41**	**26**	**7**	**7**	**1**
Prozent	**100 %**	**63,4 %**	**17,1 %**	**17,1 %**	**2,4 %**

[200] BayVerfGH Vf.9-VI-90, Urteil vom 20. März 1991.

Legende: Spalte 1 zeigt den Untersuchungszeitraum. Spalte 2 enthält alle begründeten Verfassungsbeschwerden wegen des Verstoßes gegen Art. 91 Abs. 1 BV. Spalten 3 bis 6 zeigen die Gerichte, deren Entscheidungen der *Bayerische Verfassungsgerichtshof* aufhob und geben dabei eine zahlenmäßige und prozentuale Aufteilung wieder.

Von den 41 begründeten Verfassungsbeschwerden aus dem Untersuchungszeitraum handelt es sich um 26 amtsgerichtliche Verfahren (63,4 %). Mit jeweils *sieben* (17,1 %) sind die Landgerichts- und Oberlandesgerichtsentscheidungen enthalten. In *einem* Fall (2,4 %) führte eine Entscheidung eines Verwaltungsgerichts zur begründeten Verfassungsbeschwerde.

A. Die Dominanz unanfechtbarer Entscheidungen der Amtsgerichte

Der *Bayerische Verfassungsgerichtshof* nahm vor allem bei nichtrechtsmittelfähigen Entscheidungen der Amtsgerichte begründete Gehörsverletzungen an[201]. Die häufigste Fehlerquelle bildete hierbei das Bagatellverfahren im Sinne des § 495a Satz 1 ZPO, wenn das Gericht im schriftlichen Verfahren entschieden hat[202]. Vor der Kodifizierung des § 321a n. F. ZPO konnte eine Korrektur einer Gehörsverletzung nur durch den *Bayerischen Verfassungsgerichtshof* erfolgen. Berufungsfähige amtsgerichtliche Urteile, mussten schon wegen des Gesichtspunktes der Rechtswegerschöpfung gemäß Art. 51 Abs. 2 Satz 1 BayVfGHG das Berufungsverfahren durchlaufen[203]. Hat das Amtsgericht einen Gehörsverstoß begangen, so war es Aufgabe der Beschwerdeführer den Verstoß im Berufungsverfahren zu rügen, da sie alle prozessualen und tatsächlichen Möglichkeiten zu ergreifen haben, um sich das rechtliche Gehör zu verschaffen[204]. In diesem Fall heilte das Berufungsverfahren den erstinstanzlichen Verstoß[205]. Beanstanden die Prozessbeteiligten

---

[201] *BayVerfGH* Vf.27-VI-01, Urteil vom 13. Februar 2002; Vf.50-VI-00, Urteil vom 7. Februar 2001; Vf.46 -VI-00, Urteil vom 30. März 2001; Vf.8-VI-01, Urteil vom 6. Juli 2001; Vf.31-VI-00, Urteil vom 12. Oktober 2001; Vf.78-VI-99, Urteil vom 26. Mai 2000; Vf.96-VI-99, Urteil vom 10. November 2000; Vf.55-VI-97, Urteil vom 20. März 1998; Vf.10-VI-98, Urteil vom16. Oktober 1998; Vf.125-VI-96, Urteil vom 21. Februar 1997; Vf.5-VI-97, Urteil vom 19. Dezember 1997; Vf.109-VI-95, Urteil vom 28. Februar 1996; Vf.121-VI-95, Urteil vom 26. März 1996; Vf.69-VI-95, Urteil vom 14. August 1996; Vf.118-VI-95, Urteil vom 21. November 1996; Vf.58-VI-96, Urteil vom 13. Dezember 1996; Vf.8-VI-94, Urteil vom 24. März 1995; Vf.25-VI-95, Urteil vom 11. Juli 1995; Vf.22-VI-95, Urteil vom 18. Oktober 1995; Vf.63-VI-95, Urteil vom 8. Dezember 1995; Vf.101-VI-92, Urteil vom 17. Juni 1994; Vf.142-VI-92, Urteil vom 22. Juli 1994; Vf.5-VI-94, Urteil vom 16. Dezember 1994; Vf.128-VI-92, Urteil vom 29. Oktober 1993; Vf.111-VI-91, Urteil vom 13. November 1992; Vf.91-VI-90, Urteil vom 22. Mai 1991.

[202] Vgl. *BayVerfGH* Vf.27-VI-01, Urteil vom 13. Februar 2002; Vf.96-VI-99, Urteil vom 10. November 2000; Vf.125-VI-96, Urteil vom 21. Februar 1997; Vf.109-VI-95, Urteil vom 28. Februar 1996; Vf.121-VI-95, Urteil vom 26. März 1996; Vf.118-VI-95, Urteil vom 21. November 1996; Vf.25-VI-95, Urteil vom 11. Juli 1995; Vf.5-VI-94, Urteil vom 16. Dezember 1994.

[203] Vgl. *BayVerfGH* Vf.24-VI-93, Urteil vom 24. Februar 1994, S. 5.

[204] Vgl. *BayVerfGH* a. a. O; Vf.153-VI-92, Urteil vom 19. November 1993, S. 7.

[205] *BayVerfGH* Vf.77-VI-00, Urteil vom 18. Oktober 2002, S. 7.

den Gehörsverstoß im Berufungsverfahren nicht, so können sie eine Verletzung im späteren Verfassungsbeschwerdeverfahren nicht mehr geltend machen[206].

B. Die Urteile der Landgerichte

Alle sieben verfassungsrelevanten Fehlentscheidungen der Landgerichte entstanden im Berufungsverfahren. Ein Landgericht ist für die einzige begründete strafrechtliche Verfassungsbeschwerde verantwortlich[207]. Es handelt sich hierbei um die Aufhebung strafgerichtlicher Beschlüsse (Nichtannahme einer Berufung gemäß § 313 Abs. 2 StPO).
Der *Bayerische Verfassungsgerichtshof* war bis zur Reform der ZPO durch das ZPO-RG vom 27. Juli 2001[208], die letztmögliche Institution zur Korrektur. Zur Heilung von Gehörsverstößen durch nichtrechtsmittelfähige Berufungsentscheidungen wird das seit 1. Januar 2005 geltende Anhörungsrügengesetz mit dem Abhilfeverfahren des § 321a n.F. ZPO beitragen.

C. Die Urteile der Oberlandesgerichte

Ebenfalls mit sieben begründeten Verfassungsbeschwerden gegen zivilprozessrechtliche Entscheidungen, sind die Oberlandesgerichte im erfolgreichen Urteilsverfassungsbeschwerdeverfahren wegen der Verletzung des rechtlichen Gehörs vertreten. Bei fünf dieser Entscheidungen handelt es sich um Berufungsurteile[209] gegen erstinstanzliche Landgerichtsurteile, gegen die das Oberlandesgericht eine Revision nicht zuließ[210]. Mittlerweile sieht § 544 n.F. ZPO die Nichtzulassungsbeschwerde vor, die der Gesetzgeber mit dem Anhörungsrügengesetz seit dem 1. Januar 2005 gemäß § 544 Abs. 7 ZPO mit der Gehörsrüge erweitert hat. Die Nichtzulassungsbeschwerde muss der Beschwerdeführer erheben, um den Rechtsweg zu erschöpfen[211].
Einer Berufungsentscheidung[212] lag ein amtsgerichtliches Urteil auf Abänderung nachehelichen Unterhalts zugrunde. Bei einer Entscheidung war ein Beschluss, mit dem das Gericht eine Beschwerde als unzulässig verwarf und gegen den keine weitere Beschwerde zulässig war, Gegenstand der erfolgreichen Verfassungsbeschwerde[213].

---

[206] In *BayVerfGH* Vf.24-VI-93, Urteil vom 24. Februar 1994, S. 8 wertete der *Bayerische Verfassungsgerichtshof* die Verfassungsbeschwerde für unzulässig. In BayVerfGH Vf.32-VI-02, Urteil vom 24. Juni 2003, S. 8 betrachtete er die Gehörsrüge für unbegründet. Zu Einzelheiten siehe § 7 III. C.
[207] *BayVerfGH* Vf.20-VI-98, Urteil vom 20. November 1998.
[208] Gegen landgerichtliche Berufungsurteile ist mit § 542 Abs. 1 n. F. ZPO die Revision zulässig.
[209] *BayVerfGH* Vf.35-VI-95, Urteil vom 15. Februar 1996 (Revision nicht zugelassen); Vf.78-VI-94, Urteil vom 13. März 1996; Vf. 87 -VI-95, Urteil vom 24. Juli 1996; Vf.2-VI-91, Urteil vom 23. Januar 1992; Vf.84-VI-90, Urteil vom 15. November 1991 (Revision nicht zugelassen).
[210] In den Verfassungsbeschwerden nur zweimal ausdrücklich so erwähnt, siehe *BayVerfGH* a. a. O.
[211] Siehe § 11 II.
[212] *BayVerfGH* Vf.19-VI-03, Urteil vom 28. August 2003.
[213] *BayVerfGH* Vf.117-VI-89, Urteil vom 26. Oktober 1990.

D. Das Urteil des Verwaltungsgerichts

Nur *eine* begründete Verfassungsbeschwerde wegen der Verletzung des Art. 91 Abs. 1 BV gab es im Untersuchungszeitraum aus der Verwaltungsgerichtsbarkeit. Es handelt sich bei der verwaltungsgerichtlichen Entscheidung nicht um ein Urteil, sondern um einen Kostenfestsetzungsbeschluss gemäß § 161 Abs. 2 VwGO als Folge einer übereinstimmenden Erledigterklärung[214].

IV. Die gerichtlichen Verfahren

Nachdem die Arbeit den Anspruch auf rechtliches Gehör vor den Gerichten im organisatorischen Sinn und deren Verantwortung für Gehörsverstöße schilderte, geben die folgenden Ausführungen die einzelnen Verfahren wieder. Das Kapitel veranschaulicht die Verfahren und Verfahrenssituationen, mit denen der *Bayerische Verfassungsgerichtshof* im Untersuchungszeitraum (1990-2003) konfrontiert wurde und in denen, hauptsächlich im Zivilprozess, die Frage der Gehörsbeeinträchtigung zweifelhaft erscheint. Dabei ist von dem Grundsatz auszugehen, dass rechtliches Gehör in jedem gerichtlichen Verfahren zu gewähren ist[215]. Einschränkungen der Gehörsgewährung ergeben sich aus dem Schutzbereich des Art. 91 Abs. 1 BV. Danach untersagt das Grundrecht den Gerichten, ihren *Entscheidungen* Tatsachen oder Beweisergebnisse zu Grunde zu legen, zu denen sich die Beteiligten nicht äußern konnten[216]. Es muss sich demnach um Verfahren oder Verfahrenssituationen handeln, in denen die Gerichte Entscheidungen treffen. Dabei ist wiederum nach der Qualität der Entscheidung zu differenzieren. Nur wenn die zu erwartende Gerichtsentscheidung die Verfahrensbeteiligten in ihrer Rechtssphäre beeinträchtigt[217], besitzen sie zu der zu treffenden Entscheidung ein Äußerungsrecht. Es gibt Verfahrensentscheidungen und gerichtliche Maßnahmen, die eine solche Wirkung vermissen lassen. Folglich ist die Einräumung des rechtlichen Gehörs im Sinne des Art. 91 Abs. 1 BV nicht garantiert.

A. Verfahren im Zivilprozess

Da der Zivilprozess maßgeblich im Urteilsverfassungsbeschwerdeverfahren vor dem *Bayerischen Verfassungsgerichtshof* vertreten ist, verwundert es nicht, dass aus diesem Bereich die meisten Verfahrenssituationen herrühren, bei denen die Äußerungsmöglichkeit der Prozessbeteiligten fraglich erscheint.

---

[214] *BayVerfGH* Vf.122-VI-91, Urteil vom 2. April 1993.
[215] *Schmidt-Aßmann* in: *Maunz/Dürig*, Art. 103 Rdnr. 57.
[216] Ständige Rechtsprechung vgl. *BayVerfGH* Vf.8-VI-02, Urteil vom 18. Februar 2003, S. 6.
[217] So *Waldner*, Rdnr. 370.

1. Verfahrensentscheidungen bei denen die Anwendung des Art. 91 Abs. 1 BV zweifelhaft ist

Es gibt gerichtliche Maßnahmen, bei denen zweifelhaft ist, ob den Beteiligten ein Anspruch auf rechtliches Gehör zu gewähren ist. Bei diesen Gerichtsmaßnahmen ist eine differenzierte Betrachtungsweise nötig.

a) *Prozessleitende Maßnahmen*

Problematisch erscheinen bestimmte prozessleitende Entscheidungen. Zu folgenden Maßnahmen äußerte sich der *Bayerische Verfassungsgerichtshof*:

(1) Die Prozesstrennung gemäß § 145 ZPO

Es ist umstritten, ob die Prozesstrennung als prozessleitende Maßnahme nach § 145 ZPO eine, die Rechtssphäre der Prozessbeteiligten beeinträchtigende, Maßnahme darstellt und demzufolge das Gericht zwingt den Parteien rechtliches Gehör zu gewähren[218]. Insbesondere kann fraglich sein, ob nicht rechtliches Gehör zu gewähren ist, wenn das Gericht den Prozess unzulässigerweise trennt.[219]. Eine Pflicht zur Durchführung einer mündlichen Verhandlung über die Prozesstrennung sieht § 145 ZPO nicht vor. Allerdings bedeutet dies mit Blick auf den Grundsatz der Durchführung einer mündlichen Verhandlung nach § 128 Abs. 1 ZPO nicht, dass die Richter von einer solchen absehen können, wenn das Gesetz dazu schweigt. Die mündliche Verhandlung über die Trennung steht vielmehr im pflichtgemäßen und nachprüfbaren Ermessen des Gerichts und ist unabhängig von Parteianträgen[220]. Da das rechtliche Gehör nicht nur durch die Mündlichkeit gewahrt ist, muss man den Prozessbeteiligten zumindest eine schriftliche Äußerungsmöglichkeit zur bevorstehenden Prozesstrennung eingestehen.

(2) Die Anberaumung der Termine

Die Terminierung ist keine Entscheidung zu der das Gericht die Prozessparteien anhören muss, da sie in keine rechtlich geschützte Position eines Beteiligten eingreift[221]. Die *Anberaumung* des Termins nach § 216 ZPO erfolgt *ohne* vorherige *Anhörung* der Prozessbeteiligten, wird aber begrenzt durch Einlassungs- und Ladungsfristen. Die Prozessparteien haben die Möglichkeit, eine Verlegung des Termins zu beantragen; vgl. § 227 Abs. 1 ZPO[222]. Nach Ansicht des *Bayerischen Verfassungsgerichtshofs* kann eine Gehörsverletzung vorliegen, wenn das Fachgericht den *Antrag auf Terminsverlegung* ab-

---

[218] Dagegen *Waldner*, Rdnr. 371; wegen Unzulässigkeit der Verfassungsbeschwerde nicht entschieden in *BayVerfGH* Vf.102-VI-99, Urteil vom 22. September 2000; dafür *Leipold* in: *Stein/Jonas*, § 145 Rdnr. 16. Er hält sogar eine mündliche Verhandlung für grundsätzlich nötig.

[219] *BayVerfGH* a. a. O.

[220] *Reichold* in: *Thomas/Putzo* § 145 Rdnr. 3.

[221] *Waldner*, Rdnr. 372; *Leipold* in: *Stein/Jonas*, Vorb. § 128 Rdnr. 47.

[222] *BayVerfGH* Vf.11-VI-97, Urteil vom 21. November 1997; vgl. Vf.21-VI-01, Urteil vom 26. April 2002.

lehnt[223]. Demnach ist eine Unterscheidung zwischen der eigentlichen Terminierung und dem Verlangen der Beteiligten zu einer Terminsverlegung nötig. Gleiches gilt für den Verkündungstermin. Die Festlegung des Verkündungstermins nach § 310 Abs. 1 Satz 2 Var. 2 ZPO erfolgt *ohne Anhörung* der Parteien. Gleiches gilt für seine Verlegung[224]. Allerdings kann *die Vorverlegung an sich* das Recht auf Gehör unter bestimmten Voraussetzungen verletzen[225]. Die Terminierung ist zudem streng von der *Information* der Parteien *über den Zeitpunkt* der Termine zu unterscheiden[226].

b) Gerichtsinterne Vorgänge

Es existieren gerichtsinterne Vorgänge, die aufgrund fehlender Außenwirkung keinen Eingriff in das Recht auf Gehör bewirken. Die Ausarbeitung des Entwurfs eines Urteils ist ein solcher Fall. Die Erstellung eines Urteilsentwurfs ist ein gerichtsinterner Vorgang, der als bloße Vorbereitung der späteren Entscheidung auch dann verfassungsrechtlich unbedenklich ist, wenn ihn der Richter während einer noch laufenden Schriftsatzfrist vornimmt[227]. Der *Bayerische Verfassungsgerichtshof* führt aus: „Ein Verstoß käme allenfalls in Betracht, wenn sich das Gericht durch die Erstellung des Entwurfs endgültig festgelegt hätte und nicht mehr bereit wäre, neues Vorbringen zur Kenntnis zu nehmen und bei der Entscheidung zu berücksichtigen"[228]. Verkündet der Richter das Urteil, läge jedoch *kein Urteilsentwurf* mehr vor. Durch die Verkündung wird der Entwurf zum Urteil[229]. Im *Urteil* hätte der Richter den entscheidungserheblichen Parteivortrag nicht berücksichtigt.

c) Die Anordnung vorbereitender Maßnahmen gemäß § 273 Abs. 2 ZPO

Die *Anordnung* vorbereitender Maßnahmen zum Verfahren nach § 273 Abs. 2 ZPO kann das rechtliche Gehör nicht verletzen. Sie dient der Beschleunigung, Konzentration und Rationalisierung des Prozesses, insbesondere der Vorbereitung der mündlichen Verhandlung[230]. Demzufolge muss das Gericht vor der Anordnung des persönlichen Erscheinens zur mündlichen Verhandlung nach § 273 Abs. 2 Nr. 3 ZPO den Betroffenen nicht anhören[231]. Gleiches gilt in zivilgerichtlichen Verfahren, wenn die Richter Akten eines Strafverfahrens nach § 273 Abs. 2 Nr. 2 ZPO möglicherweise auch von Amts wegen beiziehen[232].

---

[223] *BayVerfGH* Vf.36-VI-02, Urteil vom 20. Mai 2003, S. 8. Siehe die einzelnen Rügen dazu unter § 7 II. A.
[224] Vgl. *BayVerfGH* Vf.66-VI-98, Urteil vom 26. Oktober 1999, S. 9; Vf.62-VI-93, Urteil vom 5. Juni 1996, S. 14.
[225] Vgl. *BayVerfGH* Vf.34-VI-89, Urteil vom 20. Juni 1990, S. 14 f.
[226] So muss selbstverständlich den Parteien der Termin der mündlichen Verhandlung mitgeteilt werden. Erfolgen dabei Fehler, insbesondere Ladungsfehler, ist Art. 91 Abs. 1 BV betroffen; vgl. Nichtzugang einer formlosen Umladung zum Termin in *BayVerfGH* Vf.46-VI-00, Urteil vom 30. März 2001, S. 5.
[227] *BayVerfGH* Vf.148-VI-92, Urteil vom 1. Juli 1994, S. 12.
[228] *BayVerfGH* a. a. O.
[229] *Vollkommer* in: *Zöller*, § 310 Rdnr. 1; Vgl. *Reichold* in: *Thomas/Putzo* § 310 Rdnr. 1.
[230] *BayVerfGH* Vf.34-VI-89, Urteil vom 20. Juni 1990, S. 14.
[231] Vgl. *BayVerfGH* a. a. O.
[232] *BayVerfGH* Vf.101-VI-93, Urteil vom 2. August 1994, S. 12.

Die eigentliche Veranlassung einer vorbereitenden Maßnahme ist streng von deren tatsächlicher Durchführung zu unterscheiden[233]. Die Anordnung selbst ist nicht mit der Verletzung des Art. 91 Abs. 1 BV anfechtbar.

2. Vom Anspruch auf rechtliches Gehör erfasste Verfahren und Verfahrensentscheidungen

Die Einräumung des Anspruchs auf rechtliches Gehör ist der Regelfall in den verschiedenen Verfahrensarten und Prozesssituationen. Demzufolge ist die Zahl der Verfahrensmaßnahmen, in denen das erkennende Gericht die Gehörsmaxime beachten muss, ungleich höher als die zuvor dargestellten „Ausnahmefälle".

a) Das Erkenntnisverfahren

Im zivilprozessrechtlichen Erkenntnisverfahren besitzt die Gehörsmaxime eine generelle und umfassende Funktion[234]. Dabei ist es unerheblich, ob die erkennenden Richter in den entsprechenden Verfahren schriftlich, mündlich, fakultativ mündlich oder nach billigem Ermessen schriftlich entscheiden[235]. Gerade bei letzterem müssen die Gerichte streng darauf achten, dass eine Schmälerung des rechtlichen Gehörs nicht eintritt. Hier zeigt die Auswertung der Urteilsverfassungsbeschwerden, wie häufig sie gegen Art. 91 Abs. 1 BV verstoßen, wenn sie „nur" im schriftlichen Wege gemäß § 495a Satz 1 ZPO verfahren. Diese Annahme bestätigt die Notwendigkeit und damit die Regel der Durchführung einer mündlichen Verhandlung gemäß § 128 Abs. 1 ZPO. Endlich ist die Qualität der Entscheidung, ob Beschluss- oder Urteilsverfahren, unerheblich für die Gewährung rechtlichen Gehörs[236].

b) Rechtsbehelfs- und Rechtsmittelverfahren

Der Anspruch aus Art. 91 Abs. 1 BV besteht im Beschwerde[237]-, Berufungs-[238] und Revisionsverfahren[239]. Art. 91 Abs. 1 BV eröffnet keine weitere Instanz; er wirkt sich nur

---

[233] Die Durchführung kann sehr wohl das rechtliche Gehör verletzen. Siehe dazu die Kapitel zu den Rügen, insbesondere zur fehlenden Akteneinsicht § 6 IV.
[234] *Leipold* in: *Stein/Jonas*, Vorb. § 128 Rdnr. 20.
[235] Siehe zum Bagatellverfahren nach § 495a ZPO bei *BayVerfGH* Vf.27-VI-01, Urteil vom 13. Februar 2002; Vf.34-VI-01, Urteil vom 22. Februar 2002; Vf.21-VI-01, Urteil vom 26. April 2002; Vf.96-VI-99, Urteil vom 10. November 2000.
[236] Mehrheitlich handelt es sich bei den angegriffenen Entscheidungen um Urteile. Doch gibt es Verfassungsbeschwerden, die sowohl gegen Urteile als auch gleichzeitig gegen Beschlüsse vorgehen, vgl. *BayVerfGH* Vf.31-VI-00, Urteil vom 12. Oktober 2001. Darüber hinaus aber auch nur gegen Beschlüsse vgl. *BayVerfGH* Vf.18-VI-90, Urteil vom 1. Februar 1990 für die Ablehnung der Prozesskostenhilfe oder *BayVerfGH* Vf.17-VI-00, Urteil vom 28. November 2000 für einen Kostenfestsetzungsbeschluss.
[237] *BayVerfGH* Vf.81-VI-00, Urteil vom 25. Januar 2002; Vf.25-VI-99, Urteil vom 1. Februar 2001.
[238] Siehe unter § 5 III. B. und C. die begründeten Verfassungsbeschwerden gegen Berufungsurteile der Landes- und Oberlandesgerichte.
[239] Hier bestehen kompetenzrechtliche Probleme. Eine Revisionsentscheidung des *Bundesgerichtshofs* kann der *Bayerische Verfassungsgerichtshof* nicht überprüfen. Anders, soweit es sich um eine Revisionsentscheidung *Bayerischen Obersten Landesgerichts* handelt; vgl. § 7 Abs. 1 EGZPO, § 8 EGGVG.

aus, soweit das Gesetz eine weitere Instanz vorsieht[240]. Nach Ansicht des *Bayerischen Verfassungsgerichtshofs* muss das Rechtsmittelgericht nicht darauf hinweisen, wenn es eine andere Ansicht als das Ausgangsgericht vertritt und demnach die Entscheidung abändert[241].

c) *Einzelprobleme*

Innerhalb des gesamten erstinstanzlichen Erkenntnisverfahrens oder auch im Rechtsbehelfs- und Rechtsmittelverfahren können gerichtliche Entscheidungen unter bestimmten Voraussetzungen zu einer gesonderten Anhörung der Prozessbeteiligten führen.

(1) Säumnisverfahren

Das Säumnisverfahren ist unter dem Aspekt des rechtlichen Gehörs besonders interessant. Es ergeht eine, (auch) wegen der vorläufigen Vollstreckbarkeit[242], beeinträchtigende Entscheidung ohne Anhörung des Betroffenen[243]. Dann können allenfalls noch die Voraussetzungen des § 335 Abs. 1 ZPO vorliegen, die zur Unzulässigkeit des Versäumnisurteils führen[244]. Ein solches verletzt den Anspruch auf rechtliches Gehör[245]. Andernfalls kann die unterliegende Partei fristgerecht Einspruch gemäß § 338 ZPO einlegen, um sich Gehör zu verschaffen[246].

Einige Besonderheiten bestehen im schriftlichen Verfahren gemäß § 331 Abs. 3 ZPO. Stellte der Kläger in der Annahme eines schlüssigen Klagevortrags zuvor einen Antrag auf Entscheidung ohne mündliche Verhandlung unter den Voraussetzungen des § 331 Abs. 3 ZPO, ist Art. 91 Abs. 1 BV nicht verletzt, wenn das Gericht im schriftlichen Verfahren entscheidet. Dies trifft auch zu, wenn es sich um ein für den antragstellenden Kläger ungünstiges, klageabweisendes Urteil handelt[247]. Diese Vorgehensweise stützt sich vor allem auf den Wortlaut des § 331 Abs. 3 ZPO und auf den systematischen Zusammenhang mit § 331 Abs. 2 ZPO. Der Beschwerdeführer kann damit nach Ansicht des *Bayerischen Verfassungsgerichtshofs* nicht geltend machen: „Art. 91 Abs. 1 lasse ein sog. unechtes Versäumnisurteil nur nach einer mündlichen Verhandlung zu“[248].

---

[240] *BayVerfGH* Vf.30-VI-94, Urteil vom 5. Mai 1995, S. 8.
[241] Vgl. *BayVerfGH* Vf.136-VI-93, Urteil vom 28. Juli 1995, S. 8; Vgl.147-VI-92, Urteil vom 7. Juli 1994, S. 15.
[242] *Waldner*, Rdnr. 426.
[243] Vgl. *BayVerfGH* Vf.25-VI-99, Urteil vom 1. Februar 2001.
[244] So die Rüge des Beschwerdeführers wegen „falscher Zustellung“ der Klageschrift in *BayVerfGH* Vf.25-VI-99, Urteil vom 1. Februar 2001, S. 5.
[245] *Waldner*, Rdnr. 426.
[246] Vgl. *BayVerfGH* Vf.25-VI-99, Urteil vom 1. Februar 2001. Der Beschwerdeführer hatte aber die Einspruchsfrist versäumt.
[247] *BayVerfGH* Vf.32-VI-90, Urteil vom 7. Dezember 1990, S. 12.
[248] *BayVerfGH* a. a. O. Unechtes Versäumnisurteil meint ein klageabweisendes Urteil.

(2) Prozesskostenhilfeverfahren

Der Antragsteller der Prozesskostenhilfe hat einen Anspruch auf rechtliches Gehör[249]. Er muss seine persönlichen und wirtschaftlichen Verhältnisse, sowie die Erfolgsaussichten der Rechtsverfolgung beziehungsweise der Rechtsverteidigung darlegen können; vgl. § 114 ZPO. Gegebenenfalls muss das Gericht, um Art. 91 Abs. 1 BV gerecht zu werden, auf Mängel dieser Darlegungen vor seiner Entscheidung hinweisen[250]. Einfachgesetzlich sieht § 118 Abs. 1 Satz 1 ZPO das Äußerungsrecht des Gegners vor. Der *Bayerische Verfassungsgerichtshof* hat in einer älteren Entscheidung[251] das Äußerungsrecht des Antragsgegners verfassungsrechtlich befürwortet. Sein Recht erschöpft sich in der Stellungnahme zu den objektiven Bewilligungsvoraussetzungen der Prozesskostenhilfe. Zu den subjektiven Merkmalen der persönlichen und wirtschaftlichen Verhältnisse des Antragstellers ist er nicht zu hören.

(3) Einstweiliger Rechtsschutz

Im Eilverfahren müssen die Gerichte den Beteiligten rechtliches Gehör *vor* Erlass der jeweiligen Entscheidung gewähren[252]. Bei den einstweiligen und vorläufigen Maßnahmen gibt es Unterschiede zum eigentlichen Hauptsacheverfahren. Soweit das Gericht eine einstweilige Verfügung ohne mündliche Verhandlung erlässt, ergibt sich kein Anspruch auf eine solche Verhandlung aus Art. 91 Abs. 1 BV[253].

(4) Wiedereinsetzungsverfahren

Das rechtliche Gehör gilt für alle Prozessbeteiligten im Wiedereinsetzungsverfahren[254]. Insbesondere müssen die Gerichte den Gegner der, die Wiedereinsetzung beantragenden, Partei anhören[255]. Dies ist mit Blick auf die Unanfechtbarkeit der Wiedereinsetzung nach § 238 Abs. 3 ZPO geboten.

(5) Zurückweisung verspäteten Vorbringens

Die Anwendung und Auslegung der Präklusionsvorschriften zählt zu der „gehörsträchtigsten" Materie. Fraglich ist, ob die Parteien zur gerichtlich geplanten Zurückweisung an sich anzuhören sind. Nach einer Ansicht besteht ein solcher Anspruch, Entschuldigungsgründe für die Verspätung vorzutragen oder die Annahme einer Verspätung zu widerle-

---

249 Vgl. *BayVerfGH* Vf.40-VI-98, Urteil vom 20. November 2000; Vf.18-VI-90, Urteil vom 1. Februar 1991.

250 Offen gelassen in *BayVerfGH* Vf.68-VI-01, Urteil vom 20. August 2003, S. 5.

251 *BayVerfGH* 15, 8 (10 ff.)

252 Vgl. *BayVerfGH* Vf.34-VI-89, Urteil vom 20. Juni 1990; *Schmidt-Aßmann* in. *Maunz/Dürig*, Art. 103 Rdnr. 92.

253 *BayVerfGH* a. a. O.

254 Vgl. *BayVerfGH* Vf.17-VI-93, Urteil vom 24. Juni 1994; Vf.150-VI-92, Urteil vom 10. Dezember 1993.

255 Vgl. *BayVerfGH* Vf.60-VI-91, Urteil vom 23. April 1993, S. 2 f.; *Leipold* in: *Stein/Jonas*, Vorb. § 128 Rdnr. 21c; vgl. *BVerfGE* 48, 206 (209).

gen[256]. Der *Bayerische Verfassungsgerichtshof* beurteilt diese Frage anders. Es ist nach Maßgabe des Art. 91 Abs. 1 BV nicht erforderlich, dass das Gericht auf die Absicht der Zurückweisung des Vortrags zuvor hinweist, damit der Betroffene seine Verspätung entschuldigt[257]. Dies ist erst recht anzunehmen, wenn die Gegenpartei die Zurückweisung bereits beantragte und dieser Gesichtspunkt Gegenstand der mündlichen Verhandlung war[258]. Dieser Ansicht ist unter den genannten Voraussetzungen beizupflichten. Es liegt hier kein unzulässiger Überraschungseffekt im Vordergrund. Dieser läge nur vor, wenn das Gericht einen zuvor überhaupt nicht erörterten, tatsächlichen oder rechtlichen Gesichtspunkt zugrunde legte, mit dem die Partei nach dem bisherigen Verlauf nicht rechnen und sich deshalb dazu auch nicht äußern konnte[259].

(6) Erledigung der Hauptsache

Erklärt der Kläger die Hauptsache für erledigt, hat der Beklagte den Anspruch dazu Stellung zu beziehen, bevor eine Entscheidung durch das Gericht ergeht[260]. Die Entscheidung ist vom Verhalten des Beklagten abhängig. Stimmt er der Erklärung zu, so liegt eine übereinstimmende Erledigterklärung vor[261]. In diesem Fall prüft das Gericht nur, ob die Erledigterklärungen als Prozesshandlungen wirksam waren. Daraufhin ergeht der Kostenbeschluss gemäß § 91a ZPO[262], zu dem die Parteien wiederum zu hören sind[263]. Denn sie müssen in der Lage sein, durch Sachvortrag eine für sie günstige Kostenentscheidung herbeizuführen.

Stimmt der Beklagte nicht zu[264], ergeht entweder ein Endurteil mit der Feststellung, dass die Hauptsache erledigt ist, oder, soweit keine Erledigung eingetreten ist, ein klageabweisendes Urteil. Die Klage muss bis zum Zeitpunkt ihrer Erledigung zulässig und begründet gewesen sein. Diese Rechtsbehauptung enthält der Erledigungsantrag des Klägers[265]. Soweit die fachgerichtliche Prüfung der Zulässigkeit und Begründetheit der Klage unterbleibt, stellt sich die Frage, ob darin ein Verstoß gegen Art. 91 Abs. 1 BV liegt[266]. Nach Ansicht des *Bayerischen Verfassungsgerichtshofs* liegt hierin kein Gehörsverstoß, soweit sich das Gericht mit dieser Frage auseinander setzte und die Zulässigkeit und Begründetheit für nicht entscheidungserheblich hielt. Auch wenn die Rechtsansicht des Fachgerichts unzutreffend wäre, ließe sich hieraus kein Verstoß gegen Art. 91 Abs. 1

---

256 *Waldner*, Rdnr. 387.
257 *BayVerfGH* Vf.22-VI-96, Urteil vom 22. Juni 1997, S. 9.
258 *BayVerfGH* a. a. O.; offen gelassen in *BayVerfGH* Vf.78-VI-99, Urteil vom 26. Mai 2000, S. 8.
259 Ständige Rechtsprechung zum Vorliegen einer Überraschungsentscheidung; ausführlich dargestellt in *BayVerfGH* Vf.5-VI-96, Urteil vom 14. August 1997, S. 6; vgl. *BVerfGE* 84, 188 (190).
260 Vgl. *BayVerfGH* Vf.91-VI-95, Urteil vom 20. Juni 1996.
261 Vgl. *BayVerfGH* Vf.101-VI-91, Urteil vom 19. November 1993.
262 Vgl. *BayVerfGH* Vf.114-VI-93, Urteil vom 17. März 1995.
263 Vgl. *BayVerfGH* a. a. O., S. 5 f.; *Waldner*, Rdnr. 407; *Leipold* in: *Stein/Jonas*, Vorb. § 128 Rdnr. 21c.
264 Vgl. *BayVerfGH* Vf.91-VI-95, Urteil vom 20. Juni 1996; Vf.13-VI-96, Urteil vom 24. Oktober 1996.
265 *BayVerfGH* Vf.91-VI-95, Urteil vom 20. Juni 1996, S. 12; *Putzo* in: *Thomas/Putzo*, § 91a Rdnr. 33.
266 So die Ansicht des Beschwerdeführers in BayVerfGH a. a. O., S. 4 f.

BV ableiten[267]. Dieser Auffassung ist zuzustimmen, da das Gericht die Möglichkeit der Prüfung in Erwägung zog. Dies entspricht dem Schutzbereich des rechtlichen Gehörs[268].

(7) Kostenrechtliche Verfahren

Im Kostenfestsetzungsverfahren ist der Anspruch auf rechtliches Gehör anzuerkennen. Bei *richterlichen* Kostenentscheidungen, so bei einer gemäß § 93 ZPO nach Anerkenntnis des Klageanspruchs durch die Beklagtenpartei[269], müssen die Richter die, für die Kostenentscheidung maßgeblichen, Schriftsätze beider Parteien berücksichtigen. Wird für die Kostenentscheidung möglicherweise erhebliches Vorbringen zur Veranlassung der Klageerhebung nicht berücksichtigt, liegt eine Verletzung des Art. 91 Abs. 1 BV vor[270]. Zur Erörterung der Kostenverteilung mit den Prozessparteien ist das Gericht aber nicht verpflichtet[271].

Bevor der *Rechtspfleger* den Kostenfestsetzungsbeschlusses erlässt, muss er die Parteien grundsätzlich nicht in dem Maße anhören, wie es bei richterlichen Kostenentscheidungen der Fall ist[272]. Allerdings muss das Gericht auf einen Kostenfestsetzungsantrag einer Partei nach § 103 Abs. 2 ZPO dem Gegner den Antrag zur Kenntnisnahme übermitteln und Gelegenheit zur Stellungnahme einräumen[273]. Gegen den danach vom zuständigen *Rechtspfleger* erlassenen Kostenfestsetzungsbeschluss war nach alter Rechtslage die Erinnerung nach § 11 Abs. 2 RPflG der zulässige Rechtsbehelf[274]. Ohne Instanzverlust kam es zu einer erneuten Überprüfung durch den Rechtspfleger. Half er der Erinnerung nicht ab, mündete das Verfahren kraft Gesetzes (§ 11 Abs. 2 Satz 4 RPflG) im Beschwerdeverfahren. Dieses sah gemäß § 573 Abs. 1 a. F. ZPO keine mündliche Verhandlung vor. Daher musste der Beschwerdeführer mit einer schriftlichen Entscheidung rechnen. Im Beschwerdeverfahren bedarf es erst recht nicht noch einer zusätzlichen Anhörung, wenn es keine weitere Äußerung des Gegners gibt[275]. Eine Rechtspflegererinnerung gemäß § 11 Abs. 2 RPflG ist nach heutiger Rechtslage nur noch dann statthaft, wenn die sofortige Beschwerde nach § 104 Abs. 3, § 567 Abs. 2 n. F. ZPO ausgeschlossen ist, insbesondere wegen einer zu niedrigen Beschwer.

(8) Urteilsberichtigung

Vor dem Beschluss zu einer Urteilsberichtigung gemäß § 319 Abs. 2 ZPO haben die Beteiligten die Gelegenheit zur Stellungnahme[276]. Dabei ist es unerheblich, ob die Berichti-

---

267 *BayVerfGH* a. a. O., S. 10.
268 Siehe dazu § 3 II. A.
269 Vgl. *BayVerfGH* Vf.69-VI-95, Urteil vom 14. August 1996, S. 5; Vf.73-VI-02, Urteil vom 19. August 2003, S. 7.
270 *BayVerfGH* a. a. O.
271 *BayVerfGH* Vf.63-VI-90, Urteil vom 27. November 1992, S. 15 f.
272 Vgl. *Leipold* in: *Stein/Jonas*, § 104 Rdnr. 2.
273 *BayVerfGH* Vf.6-VI-91, Urteil vom 19. März 1993, S. 3.
274 *BayVerfGH* a. a. O., S. 7; Vf.17-VI-00, Urteil vom 28. November 2000.
275 *BayVerfGH* a. a. O., S. 16.
276 Vgl. *BayVerfGH* Vf.31-VI-94, Urteil vom 14. November 1996, S. 14.

gung von Amts wegen oder auf Antrag erfolgt, es sei denn, es handelt sich dabei um Formalien, wie Schreib- oder Rechenfehler, die keine Auswirkungen auf die Rechtsstellung der Beteiligten haben[277]. Um eine solche Formalie dürfte es sich bei Auferlegung weiterer Kosten nicht handeln; dies betrifft die Rechtssphäre des Beteiligten[278].

(9) Zwangsvollstreckungsverfahren

Das Zwangsvollstreckungsverfahren nimmt unter dem Gesichtspunkt verfassungsrechtlicher Gehörsgewährung eine Sonderstellung ein. Entscheidend ist, ob der *Richter* oder, wie üblich gemäß § 20 Nr. 17 Satz 1 RPflG, der *Rechtspfleger* tätig wird. *Der Bayerische Verfassungsgerichtshof* wendet nach wie vor Art. 91 Abs. 1 BV nicht auf Verfahren vor dem Rechtspfleger an.

Insgesamt sei angemerkt, dass das Gericht den Vollstreckungsschuldner nicht mit jedem Vorbringen anhört, da es die Rechtskraft der Entscheidung in der Hauptsache beachten muss. Materielle Einwendungen, die durch die Rechtskraft präkludiert sind, werden vom Anspruch auf rechtliches Gehör nicht erfasst[279]. Anders ist es bei Entscheidungen, die das Gericht nach § 766 ZPO[280], § 793 Abs. 1 ZPO[281] und § 767 Abs. 1 ZPO[282] trifft. Diese Rechtsbehelfe dienen zum einen dem Vollstreckungsschuldner, damit der Zugriff auf sein Vermögen beendet wird. Zum anderen ist die Einstellung der Zwangsvollstreckung eine rechtsbeeinträchtigende Wirkung gegenüber dem Vollstreckungsgläubiger. Eine solche Rechtsbeeinträchtigung, die eine Anhörungspflicht auslöst, liegt vor, wenn das Gericht auf Antrag des Schuldners die Vorschrift des § 850c ZPO beim Pfändungs- und Überweisungsbeschluss per gerichtlichen Ergänzungsbeschluss anwendet[283].

(10) Zwangsversteigerung

Das rechtliche Gehör ist im Zwangsversteigerungsverfahren zu gewähren. Besonders, wenn die Beteiligten Rechtsbehelfe ergreifen. So, wenn sich der Schuldner im Eilverfahren gegen die Versteigerung mit einer einstweiligen Anordnung nach § 769 Abs. 2 ZPO wendet, einen Vollstreckungsschutzantrag nach § 765a ZPO stellt oder eine Beschwerde gegen gerichtliche Entscheidungen über den Zuschlag im Zwangsversteigerungsverfahren ergreift[284]. Da für den Gläubiger diese Anträge eine Beeinträchtigung seiner Rechtssphäre bedeuten oder bedeuten können[285], hört das Gericht ihn zu den anstehenden Entscheidungen an.

---

[277] *Leipold* in: *Stein/Jonas*, Vorb. § 128 Rdnr. 21c; *BVerfGE* 34, 1 (7 f.).
[278] Vgl. *BayVerfGH* Vf.31-VI-94, Urteil vom 14. November 1996.
[279] *Waldner*, Rdnr. 417.
[280] Vgl. *BayVerfGH* Vf.30-VI-02, Urteil vom 27. November 2002.
[281] Vgl. *BayVerfGH* Vf.74-VI-97, Urteil vom 28. September 1998.
[282] Vgl. *BayVerfGH* Vf.7-VI-92, Urteil vom 30. Oktober 1992.
[283] Vgl. *BayVerfGH* Vf.15-VI-03, Urteil vom 6. Oktober 2003.
[284] Vgl. *BayVerfGH* Vf.106-VI-99, Urteil vom 19. Oktober 2000; vgl. Vf.86-VI-98, Urteil vom 11. August 1999; vgl. Vf.7-VI-97, Urteil vom 10. Oktober 1997; vgl.
[285] So hat der Gläubiger auch beim Vollstreckungsschutzantrag des Schuldners ein schutzbedürftiges Interesse. Es steht dem des Schuldners entgegen, wenn er selbst darauf angewiesen ist, dass der voll-

Der Schuldner kann jedoch nicht mit materiellen Einwendungen gegen die zu vollstreckende Forderung im Vollstreckungsverfahren durchdringen. Hier bleibt nur die Vollstreckungsgegenklage nach § 767 ZPO gegen den entsprechenden Titel[286].

B. Verfahren im Strafprozess

Das rechtliche Gehör ist im Strafprozess wegen der wenigen Verfassungsbeschwerden weitaus einfacher zu überblicken, als dies beim Zivilprozess der Fall ist. Mit folgenden Verfahrenssituationen sah sich der *Bayerische Verfassungsgerichtshof* konfrontiert:

1. Die Einstellungsverfügung der Staatsanwaltschaft nach § 170 Abs. 2 StPO

Nach Ansicht des *Bayerischen Verfassungsgerichtshofs* ist eine Verfassungsbeschwerde gegen eine Einstellungsverfügung gemäß § 170 Abs. 2 StPO, in der neben der Rüge zur Verletzung des Willkürverbots auch die Rüge zur Verletzung des rechtlichen Gehörs enthalten ist, dann unzulässig, wenn das Ermittlungsverfahren eine Straftat betrifft, deren Verletzter nicht der Anzeigeerstatter (Beschwerdeführer) ist[287]. Ausdrücklich offen ließ der *Bayerische Verfassungsgerichtshof*, ob dieses auch gilt, wenn der Beschwerdeführer selbst Verletzter der eingestellten Straftat ist[288]. Allerdings hat der *Bayerische Verfassungsgerichtshof* Einstellungsverfügungen schon am Maßstab des Art. 118 Abs. 1 BV gemessen, in welchen der Beschwerdeführer zugleich Opfer der eingestellten Straftat war. Zur Prüfung der Gehörsverletzung kam es in diesem Verfahren nicht, weil die entsprechende Rüge verspätet war[289]. Der *Bayerische Verfassungsgerichtshof* ist damit durchaus geneigt, staatsanwaltliche Einstellungsverfügungen an Grundrechten der *Bayerischen Verfassung* zu messen, wenn die eingestellte Straftat den Beschwerdeführer verletzt.

2. Kostenentscheidung gemäß § 467 Abs. 1, Abs. 4 StPO nach einer Einstellungsverfügung im Sinne des § 154 Abs. 2 StPO

Bei einer Einstellung gemäß § 154 Abs. 2 StPO muss das Gericht, nachdem die Staatsanwaltschaft die Einstellung des Verfahrens beantragte, den Betroffenen anhören. Sodann ergeht seitens des Gerichts, hier mit Blick auf eine in einem anderen Verfahren ver-

---

streckbare Anspruch erfüllt wird, beispielsweise bei hohen Zahlungsrückständen im Rahmen der Zwangsräumung. Zu den widerstreitenden Interessen bei einer Räumung, insbesondere zu den Bedingungen nach § 57a ZVG ff., im Zwangsversteigerungsverfahren *BayVerfGH* Vf.94-VI-93, Urteil vom 4. August 1994.

[286] *BayVerfGH* Vf.106-99, Urteil vom 19. Oktober 2000, S. 13 und 4.

[287] *BayVerfGH* Vf.141-VI-92, Urteil vom 26. Januar 1995, S. 7; vgl. *BayVerfGH* 33, 127 (130), aber nur für die Rüge zur Verletzung des Art. 118 Abs. 1 BV.

[288] *BayVerfGH* Vf.141-VI-92, Urteil vom 26. Januar 1995, S. 7.

[289] *BayVerfGH* Vf.24-VI-97, Urteil vom 27. Februar 1998, S. 8, es handelte sich um einen Prozessbetrug zu Lasten des Beschwerdeführers.

hängte Geldstrafe, die vorläufige Einstellungsverfügung nach § 154 Abs. 2 StPO[290]. Stellt die Staatsanwaltschaft nicht innerhalb von drei Monaten einen Wiederaufnahmeantrag, ergeht die Kostenentscheidung[291]. Schwierig ist die Beurteilung, wie die Gewährung rechtlichen Gehörs in der Kostenentscheidung nach § 467 Abs. 1, Abs. 4 StPO zu sehen ist, soweit das Gericht dem Angeschuldigten nicht die notwendigen Auslagen erstattet. Grundsätzlich ist das rechtliche Gehör nicht verletzt, wenn ein Gericht seine Auslagenentscheidung nicht näher begründet. Verfolgt es aber das Verfahren nicht weiter und weist die Schuld des Angeklagten nicht nach, ist die Strafkammer gehalten darzulegen, weshalb sie dem Vorbringen des Beschwerdeführers nicht folgt und auf welchen Billigkeitserwägungen die Kostenentscheidung beruht[292]. Generell besteht für das Gericht eine *strengere Begründungspflicht*, wenn es bei der Einstellung des Verfahrens nach einer Ermessensvorschrift, wie § 154 Abs. 2 StPO, die notwendigen Auslagen des Angeklagten nach § 467 Abs. 4 StPO nicht der Staatskasse auferlegt, sondern nach § 467 Abs. 1. StPO den Angeklagten mit den Kosten belastet[293].

3. Das Hauptverfahren

Das Recht auf Gehör hat eine große Bedeutung im Hauptverfahren[294], welches das Kernstück des Strafprozesses darstellt. Hier bestehen zahlreiche einfachgesetzlich verankerte Anhörungsrechte. Besondere Konkretisierung erfährt das rechtliche Gehör durch § 33 StPO. Diese Norm fordert *zwingend* die Anhörung des Angeklagten vor jeder Entscheidung. Einschränkend sei angemerkt, dass nur solche Entscheidungen ein Anhörungsrecht des Betroffenen auslösen, die in die materielle oder verfahrensrechtliche Stellung des Angeklagten eingreifen[295].

4. Rechtsmittelverfahren

Im strafprozessualen Rechtsmittelverfahren sind die Garantien des Art. 91 Abs. 1 BV gewährleistet. Das Gericht darf eine Berufung nur ablehnen, wenn sie offensichtlich unbegründet ist; vgl. § 313 Abs. 2 StPO. An die Anforderungen des Sachvortrags und die Beweisangebote des Rechtsmittelführers sind nicht allzu strenge Maßstäbe anzulegen[296]. Ähnliches gilt, soweit die Staatsanwaltschaft eine Verwerfung der Revision nach § 349 Abs. 2 StPO beantragt und das Gericht nach der gleichen Vorschrift die Revision ein-

---

[290] Vgl. *BayVerfGH* Vf.110-VI-92, Urteil vom 26. November 1993.
[291] *BayVerfGH* a. a. O.
[292] Vgl. *BayVerfGH* Vf.110-VI-92, Urteil vom 26. November 1993, S. 12.
[293] Vgl. *Meyer-Goßner* in: *Kleinknecht/Meyer-Goßner*, § 467 Rdnr. 19 und § 154 Rdnr. 18: "Beim BGH werden i.d.R. bei einer dort erfolgten Einstellung die notwendigen Auslagen des Angeklagten nach § 467 I, IV der Staatskasse auferlegt."
[294] Vgl. *BayVerfGH* Vf.66-VI-00, Urteil vom 7. März 2001; Vf.123-VI-93, Urteil vom 27. Januar 1995; Vf.93-VI-92, Urteil vom 19. Juli 1996, S. 11 ff; Vf.57-VI-02, Urteil vom 26. August 2003.
[295] *Knemeyer* in: *Isensee/Kirchhof*, Staatsrecht, § 155 Rdnr. 43.
[296] *BayVerfGH* Vf.20-VI-98, Urteil vom 20. November 1998, S. 6 f.

stimmig für offensichtlich unbegründet erachtet. Dem Beschwerdeführer ist die Möglichkeit einer Gegenerklärung einzuräumen; vgl. § 349 Abs. 3 Satz 2 StPO[297].

5. Wiederaufnahmeverfahren nach § 359 StPO

Im Wiederaufnahmeverfahren nach § 359 StPO muss der Verurteilte die Wiederaufnahmegründe genau darlegen. Er muss die Beweismittel konkret bezeichnen, damit das Gericht diese beiziehen und benutzen kann[298]. Fraglich ist, inwieweit das Gericht die Stellungnahme der Staatsanwaltschaft zum Wiederaufnahmeantrag dem Verurteilten mitzuteilen hat, damit dieser die Möglichkeit besitzt, der Stellungnahme seinerseits zu entgegnen[299]. Das Recht auf Gehör erfordert, dass ihm die Einsicht in die Stellungnahme nicht verwehrt werden darf[300]. Er hat die Möglichkeit, sich durch den Bevollmächtigten Kenntnis von der staatsanwaltlichen Stellungnahme zu verschaffen. Dieser kann die Akten bei der Staatsanwaltschaft oder bei einem Gericht am Ort seiner Rechtsanwaltskanzlei einsehen, soweit nicht ohnehin eine Aktenversendung an ihn in Betracht kommt[301]. Der Verurteilte muss in diesem Fall selbst die tatsächlichen Möglichkeiten ausnutzen, um sich Gehör in Form von Information zu verschaffen. Mit Blick auf Art. 91 Abs. 1 BV ist meines Erachtens der Verurteilte zumindest über den Eingang der staatsanwaltschaftlichen Stellungnahmen zu unterrichten[302].

6. Verfahren über die Ordnungswidrigkeiten (OWiG)

Der Gehörgrundsatz gilt in gerichtlichen Verfahren nach §§ 67 ff. OWiG[303]. Unter diesem Gesichtpunkt bestehen vor Gericht keine Unterschiede zum sonstigen strafgerichtlichen Verfahren[304], vor allem, wenn das OWiG auf die StPO verweist. So muss der Beschuldigte gemäß § 46 Abs. 1 OWiG die Nachholung der Anhörung nach § 33a StPO auch im Ordnungswidrigkeitenverfahren beantragen[305]. Des Weiteren hat der Betroffene gemäß § 79 Abs. 3 Satz 1 OWiG in Verbindung mit § 345 Abs. 1 StPO fristgerecht seine Tatsachen vorzutragen, ansonsten sind sie nicht berücksichtigungsfähig[306].

---

[297] *BayVerfGH* Vf.11-VI-00, Urteil vom 15. Februar 2002, S. 7.

[298] Vgl. *BayVerfGH* Vf.41-VI-91, Urteil vom 17. Januar 1992; Vf.57-VI-88, Urteil vom 16. November 1990; Vf.14-VI-88, Urteil vom 8. November 1991.

[299] Vgl. *BayVerfGH* Vf.41-VI-91, Urteil vom 17. Januar 1992; Vf.57-VI-88, Urteil vom 16. November 1990.

[300] Vgl. *BayVerfGH* Vf.57-VI-88, Urteil vom 16. November 1990, S. 16.

[301] *BayVerfGH* a. a. O. Das Oberlandesgericht war der Auffassung, die Stellungnahme der Staatsanwaltschaft enthalte zum Beschwerdevorbringen in tatsächlicher oder rechtlicher Hinsicht keine neuen Gesichtspunkte, zu denen der Beschwerdeführer sich nicht bereits früher hätte äußern können. Es sei deshalb nicht veranlasst, die staatsanwaltschaftliche Stellungnahme dem Verteidiger des Beschwerdeführers mitzuteilen oder mit der Entscheidung über das Rechtsmittel der Beschwerde weiter zuzuwarten.

[302] Aus den untersuchten Entscheidungen ist nicht klar ersichtlich, ob überhaupt eine derartige Mitteilung des Eingangs einer staatsanwaltschaftlichen Stellungnahme bei Gericht an den Verurteilten erfolgte.

[303] Vgl. *BayVerfGH* Vf.58-VI-01, Urteil vom 21. Juni 2002.

[304] Vgl. *Schmidt-Aßmann* in: *Maunz/Dürig*, Art. 103 Rdnr.57.

[305] *BayVerfGH* Vf.116-VI-94 und Vf.117-VI-94, Urteile vom 5. Juli 1996, S. 5.

[306] Vgl. *BayVerfGH* Vf.69-VI-98, Urteil vom 13. August 1999, S. 11.

Das Gesetz über Ordnungswidrigkeiten enthält eigens Verfahrensbestimmungen, deren Handhabung das Recht auf Gehör des Betroffenen beeinträchtigen kann. So ist es dem Gericht möglich, ohne Verhandlung zur Sache einen Einspruch nach § 74 Abs. 2 OWiG zu verwerfen, wenn der Betroffene ohne genügende Entschuldigung im Termin ausbleibt[307].

C. Verfahren im Verwaltungsprozess

Ähnlich dem Strafprozess, spielt der Verwaltungsprozess in den Urteilsverfassungsbeschwerden zur Verletzung des rechtlichen Gehörs keine wesentliche Rolle. Mit folgenden Verfahrenssituationen beschäftigte sich der *Bayerische Verfassungsgerichtshof* in den letzten Jahren:

1. Art. 91 Abs. 1 BV und das Verwaltungsverfahren

Von Art. 91 Abs. 1 BV wird das rechtliche Gehör im Verwaltungsverfahren nicht erfasst. Daher kann der Beschwerdeführer in der Verfassungsbeschwerde eine Verletzung des rechtlichen Gehörs nicht damit geltend machen, dass ihm die Behörde einen Bescheid nicht zustellte[308]. Der *Bayerische Verfassungsgerichtshof* hält am klaren Wortlaut des Art. 91 Abs. 1 BV fest, wonach die Vorschrift nur rechtliches Gehör vor Gericht verbürgt.

2. Das Eilverfahren nach § 80 Abs. 5 VwGO

Im Verfahren des vorläufigen Rechtsschutzes findet *vor* Erlass einer Entscheidung die Anhörung der Antragsteller und Antragsgegner statt. Die Verwaltungsgerichte sind nicht verpflichtet über die Beschwerden der Antragsteller eine mündliche Verhandlungen durchzuführen (§ 101 Abs. 3 VwGO, § 150 VwGO). In Verfahren nach § 80 Abs. 5 VwGO findet wegen der Eilbedürftigkeit im Allgemeinen keine mündliche Verhandlung statt[309]. Es bedarf im Eilverfahren keines Hinweises darauf, dass das Gericht seine Entscheidung an der formellen und materiellen Rechtslage orientiert und keine Interessenabwägung im Einzelnen durchführt[310].

---

[307] *BayVerfGH* Vf.36-VI-02, Urteil vom 20. Mai 2003, S. 8; vgl. ähnliche Konstellation Vf.153-VI-92, Urteil vom 19. November 1993.
[308] *BayVerfGH* Vf.23-VI-94, Urteil vom 20. Juli 1995, S. 16.
[309] *BayVerfGH* Vf.45-VI-93 und Vf.47-VI-93, Urteile vom 10. Februar 1995, S. 25.
[310] Vgl. *BayVerfGH* a. a. O.

3. Das allgemeine Urteilsverfahren

Wie in den anderen Prozessordnungen, hat der Anspruch auf rechtliches Gehör Geltung im allgemeinen verwaltungsgerichtlichen Verfahren[311]. Im Gegensatz zum Zivilprozess, der vom Verhandlungs- und Beibringungsgrundsatz beherrscht wird, ist das Verwaltungsgerichtsverfahren vom Amtsermittlungsgrundsatz geprägt[312]. Daraus ergeben sich erhebliche Unterschiede für die Ausformung des rechtlichen Gehörs. So wie der Zivilprozess den Parteien im Wesentlichen die Sammlung und den Vortrag der, für die Entscheidung, erheblichen Tatsachen überlässt[313], gibt § 86 Abs. 1 VwGO dem Gericht die Klärung und Erforschung des Sachverhalts von Amts wegen auf. § 86 VwGO ist in mehrfacher Hinsicht für den Anspruch auf rechtliches Gehör von Bedeutung. So zwingt § 86 Abs. 2 VwGO das Gericht Beweisanträge zur Kenntnis zu nehmen und im Entscheidungsprozess zu berücksichtigen, da es die Anträge im Falle ihrer Ablehnung durch begründeten Beschluss verbescheiden muss. Schließlich normiert § 86 Abs. 3 VwGO die Hinweis- und Aufklärungspflicht des Gerichts.

4. Kostenentscheidung gemäß § 161 Abs. 2 VwGO nach Erledigung der Hauptsache

Das Gericht muss der Partei im Verwaltungsprozess zur Erledigungserklärung des Gegners die Möglichkeit der Stellungnahme gewähren[314]. Bei der übereinstimmenden Erledigterklärung begründen die Parteien vor der Kostenentscheidung nach § 161 Abs. 2 VwGO ihre Kostenanträge. Zudem müssen sie die Möglichkeit haben, auf gegnerisches Vorbringen zu erwidern, wenn dieses neuen Prozessstoff mit sich bringt[315]. Unter dem Blickwinkel des Art. 91 Abs. 1 BV muss über die Kostenentscheidung nicht mündlich verhandelt werden. Die Verwaltungsgerichtsordnung bestimmt die Einzelheiten der Ausgestaltung des Verfahrens und sieht ausdrücklich in § 101 Abs. 3, § 161 Abs. 2 VwGO die Möglichkeit vor, dass die Kostenentscheidung ohne mündliche Verhandlung ergehen kann[316]. Im Übrigen müssen die Gerichte bei der Kostenentscheidung nach übereinstimmender Erledigterklärung schwierige Rechtsfragen nicht abschließend klären. Eine, nach billigem Ermessen beiden Parteien zu gleichen Teilen, erfolgte Auferlegung der Kosten stellt keinen Verstoß gegen Art. 91 Abs. 1 BV dar[317].

---

[311] Vgl. *BayVerfGH* Vf.32-VI-02, Urteil vom 24. Juni 2003; Vf.54-VI-99, Urteil vom 23. November 2000; Vf.89-VI-97, Urteil vom 24. September 1999; Vf.93-VI-93, Urteil vom 20. August 1997.

[312] Vgl. *BayVerfGH* Vf.32-VI-02, Urteil vom 24. Juni 2003, S. 9.

[313] *Schenke* in: *Kopp/Schenke*, VwGO, § 86 Rdnr. 1.

[314] Vgl. *BayVerfGH* Vf.51-VI-99, Urteil vom 18. September 2001, Vf.57-VI-93, Urteil vom 10. Mai 1994

[315] Vgl. *BayVerfGH* Vf.75-VI-91, Urteil vom 4. Juni 1993, S. 7; Vf.57-VI-93, Urteil vom 10. Mai 1994, S. 4 f. und S. 13 ff.; Vf.51-VI-99, Urteil vom 18. September 2001, S. 3 und 8.

[316] *BayVerfGH* Vf.51-VI-99, Urteil vom 18. September 2001, S. 7.

[317] *BayVerfGH* Vf.38 bis 55-VI-89, Urteil vom 12. November 1992, S. 10.

5. Die Zulassung der Berufung nach §§ 124, 124a VwGO

Im Rechtsmittelverfahren hat das Grundrecht des Art. 91 Abs. 1 BV Bedeutung. Der Rechtsmittelführer ist verpflichtet, fristgerecht nach § 124a Abs. 1 Satz 1 VwGO seine Berufungsgründe gemäß § 124a Abs. 1 Satz 4 VwGO darzulegen[318]. Hierbei bedarf es der qualifizierten rechtskundigen Vertretung im Sinne des § 67 Abs. 1 VwGO. Diese Regelungen zielen in ihrer Kombination auf eine Gewährleistung konzentrierten und zeitnahen, effektiven und ökonomischen Rechtsschutzes durch *Inpflichtnahme* der Rechtsmittelführer ab[319]. Dem gegenüber obliegt dem Gericht die *Pflicht* im Sinne des Art. 91 Abs. 1 BV die Anforderungen an die Darlegung der Zulassungsgründe nach § 124a Abs. 1 Satz 4 VwGO „nicht zu überspannen"[320]. Dem Gegner des Ausgangsverfahrens muss das Gericht Gelegenheit geben darzulegen, dass die Zulassungsgründe für eine Berufung nicht vorliegen[321].

---

[318] Will der Berufungsführer die Berufung von der Bewilligung der Prozesskostenhilfe abhängig machen, muss dies *unmissverständlich* im Schriftsatz zum Ausdruck kommen. Geschieht das nicht und wird das Antragsverfahren auf Zulassung der Berufung kostenpflichtig abgelehnt, liegt darin kein Verstoß gegen Art. 91 Abs. 1 BV; vgl. *BayVerfGH* Vf.67-VI-01, Urteil vom 6. Dezember 2002, S. 7 f.

[319] *BayVerfGH* Vf.46-VI-99, Urteil vom 30. März 2001, S. 14.

[320] Vgl. *BayVerfGH* a. a. O.

[321] Vgl. *BayVerfGH* Vf.67-VI-01, Urteil vom 6. Dezember 2002, S. 3.

§ 6 DIE GERICHTLICHE INFORMATIONSPFLICHT NACH ART. 91 ABS. 1 BV

I. Einführung

Die effektive Wahrnehmung des Rechts auf Gehör setzt die Kenntnis über das Gerichtsverfahren und den Prozessstoff voraus. Der Anspruchsinhaber muss über den Gang und den Inhalt des Verfahrens informiert sein. Damit dies ordnungsgemäß verläuft, enthalten die einzelnen Prozessordnungen gesetzliche Vorschriften, die eine *Informationspflicht* des Gerichts begründen, wie die der Ladung, Terminsmitteilung, Zustellung und Bekanntmachungen.

II. Verletzung der Ladungsvorschriften

Die Ladung zur mündlichen Verhandlung ist in den Prozessordnungen in §§ 214 ff., § 497 ZPO, § 102 VwGO und §§ 214 ff. StPO verankert. Mit der Verletzung dieser Vorschriften hatte sich der *Bayerische Verfassungsgerichtshof* in folgendem Ausmaß zu beschäftigen:

Tabelle 10
Übersicht zur Rüge der fehlerhaften Ladung von 1990 bis 2003 und deren Ausgang

Jahr	Anzahl der Rüge	Unzulässig	Unbegründet	Begründet	Nicht entschieden
2003	*1*	*0*	*1*	*0*	*0*
2001	*1*	*0*	*0*	*1*	*0*
1999	*1*	*0*	*1*	*0*	*0*
1994	*1*	*1*	*0*	*0*	*0*
1993	*2*	*2*	*0*	*0*	*0*
Summe	***6***	***3***	***2***	***1***	***0***
Prozent	***100 %***	***50 %***	***33 %***	***17 %***	***0 %***

Legende: Spalte 1 enthält die Jahrgänge im Untersuchungszeitraum, in denen die Rüge enthalten war. Spalte 2 zeigt die Gesamtzahl der Rügen und Spalten 3 bis 6 verdeutlichen deren Ausgang mit einer zahlenmäßigen und prozentualen Verteilung.

Von den insgesamt *sechs* erhobenen Rügen waren *drei* (50 %) unzulässig, *zwei* (33 %) unbegründet und in *einem* Fall (17 %) war die Beanstandung begründet. In *allen* Verfassungsbeschwerden entschied der *Bayerische Verfassungsgerichtshof* über die erhobenen Rügen.

A. Die vom Bayerischer Verfassungsgerichtshof verwendeten Grundsätze zur Überprüfung der fehlerhaften Ladung

Nach Ansicht des *Bayerischen Verfassungsgerichtshofs* „gibt Art. 91 Abs. 1 BV den Beteiligten eines gerichtlichen Verfahrens unter anderem ein Recht darauf, dass sie Gelegenheit erhalten, sich zu dem einer gerichtlichen Entscheidung zugrunde liegenden Sachverhalt zu äußern, vor Gericht Anträge zu stellen und Ausführungen zu machen. Das Grundrecht gebietet es deshalb auch, die Beteiligten zur mündlichen Verhandlung zu laden, soweit eine solche stattfindet"[322].

1. Die erfolgreiche Rüge zur fehlerhaften Ladung

Die einzig begründete Verfassungsbeschwerde hat ihre Wurzeln im Verfahren nach § 495a ff. ZPO. Wählt das Amtsgericht die formlose Ladung gemäß § 497 Abs. 1 ZPO, ist es zur Wahrung des rechtlichen Gehörs des Geladenen gehalten sich über den Zugang der formlosen Ladung hinreichende Gewissheit zu verschaffen. Der in der amtsgerichtlichen Akte enthaltene Kanzleivermerk beweist den Zugang nicht. Unterlässt das Gericht weitere Ermittlungen über den Zugang, lässt sich nicht aus § 497 Abs. 1 Satz 2 in Verbindung mit § 270 Abs. 2 Satz 2 ZPO eine Zugangsvermutung ableiten. Vor Erlass einer Entscheidung ist das Gericht verpflichtet sich über den Zugang der formlosen Ladung zu vergewissern[323]. Erscheint der vermeintlich Geladene nicht zum Termin, liegt dieser Fehler im Verantwortungsbereich des Gerichts.

2. Die erfolglosen Rügen zur fehlerhaften Ladung

Teilt der gerichtliche Beschluss in Anwesenheit der Betroffenen einen Verkündungstermin der Entscheidung mit, unterbleibt nach einfachem Prozessrecht (§ 218 ZPO) eine Ladung zum Verkündungstermin. Wenn das Gericht den Termin nochmals verschiebt, ändert sich nichts, da die Entscheidungsgrundlage die in Anwesenheit der Beteiligten durchgeführte mündliche Verhandlung war[324].

Den Beteiligten muss eine Mindestfrist von einer Woche zwischen der Ladung und dem Tag der Hauptverhandlung gewährt werden; vgl. § 217 StPO. Ob bei einer unzureichenden Gelegenheit zur Vorbereitung der Verteidigung ein Verstoß gegen Art. 91 Abs. 1 BV möglich ist, konnte der *Bayerische Verfassungsgerichtshof* offen lassen[325].

Ein neuer Termin, zu dem der Richter neu laden muss, liegt nicht vor, wenn sich die mündliche Verhandlung um 20 Minuten verspätet. Ein Zuwarten der Beteiligten ist in

---

[322] *BayVerfGH* Vf.66-VI-98, Urteil vom 26. Oktober 1999, S. 8 f.

[323] *BayVerfGH* Vf.46-VI-00, Urteil vom 30. März 2001, S. 5.

[324] Vgl. *BayVerfGH* Vf.66-VI-98, Urteil vom 26. Oktober 1999, S. 9.

[325] Vgl. *BayVerfGH* Vf.71-VI-92, Urteil vom 6. Mai 1993. Mangels Substantiierung der Rüge, blieb die Frage letztlich offen. In diesem Sinn *Leipold* in: *Stein/Jonas*, Vorb. § 128 Rdnr. 32b.

diesem Fall mit dem Recht auf Gehör vereinbar. Bei kurzfristiger Verhinderung können sie zudem ein Terminsverlegungsantrag stellen[326].
Ein Ladungsfehler ist ausgeschlossen, wenn das Fachgericht einen Prozessbeteiligten gemäß der Postzustellungsurkunde ordnungsgemäß geladen hat und der Betroffene den, durch diese Urkunde erbrachten, Beweis der ordnungsgemäßen Niederlegung nicht durch seinen Vortrag im Sinne des § 418 Abs. 2 ZPO widerlegte[327].

B. Bewertung der Judikate

Erfolgt *keine* Ladung zum Termin zu der einfach gesetzlich eine erfolgen muss, ist grundsätzlich Art. 91 Abs. 1 BV betroffen. Einzelheiten und die Form der Ladung regeln die entsprechenden Normen der Prozessordnungen. Wann und wie eine fehlerhafter Ladung eine Verletzung des Art. 91 Abs. 1 BV nach sich zieht, bleibt eine Frage des Einzelfalls, ist aber immer anzunehmen, wenn sie dem Anspruchsinhaber die Möglichkeit der Stellungnahme abschneidet. Die Ladungsvorschriften dienen der Verwirklichung des rechtlichen Gehörs und sind damit eng mit der verfassungsrechtlich gewährleisteten Minimalgarantie des Art. 91 Abs. 1 BV verknüpft.

III. Die fehlerhafte Zustellung

Die Zustellungsvorschriften sind mit der Ladung verbunden. Auch die Ladung muss das Gericht in aller Regel zustellen; vgl. §§ 214, 208 ff. ZPO. Aus der *Tabelle 11* (siehe Abbildung auf der folgenden Seite) wird deutlich, wie häufig sich der *Bayerische Verfassungsgerichtshof* mit der Rüge zur fehlerhaften Zustellung auseinandersetzen musste.

---

[326] Vgl. *BayVerfGH* Vf.153-VI-92, Urteil vom 19. November 1993, S. 7 f.

[327] Vgl. *BayVerfGH* Vf.57-VI-02, Urteil vom 26. August 2003, S. 7, der *Bayerische Verfassungsgerichtshof* zieht hier als Prüfungsmaßstab Art. 118 Abs. 1 BV heran, weil das Fachgericht den Vortrag nach § 418 Abs. 2 ZPO zur Unrichtigkeit der ordnungsgemäßen Niederlegung für nicht ausreichend substantiert hielt.

Tabelle 11
Übersicht zur Rüge der fehlerhaften Zustellung von 1990 bis 2003 und deren Ausgang

Jahr	Anzahl der Rüge	Unzulässig	Unbegründet	Begründet	Nicht entschieden
2003	*1*	*0*	*1*	*0*	*0*
2002	*1*	*0*	*1*	*0*	*0*
2001	*2*	*0*	*2*	*0*	*0*
2000	*1*	*0*	*1*	*0*	*0*
1999	*0*	*0*	*0*	*0*	*0*
1998	*3*	*0*	*2*	*1*	*0*
1997	*2*	*0*	*0*	*2*	*0*
1996	*2*	*0*	*2*	*0*	*0*
1995	*4*	*0*	*1*	*3*	*0*
1994	*1*	*0*	*1*	*0*	*0*
1993	*3*	*0*	*1*	*1*	*1*
1992	*2*	*1*	*1*	*0*	*0*
1991	*0*	*0*	*0*	*0*	*0*
1990	*4*	*3*	*1*	*0*	*0*
Summe	***26***	***4***	***14***	***7***	***1***
Prozent	***100 %***	***15 %***	***54 %***	***27 %***	***4 %***

Legende: Spalte 1 enthält den Untersuchungszeitraum. Spalte 2 zeigt die Gesamtzahl der Rügen und Spalten 3 bis 6 deren Ausgang mit einer zahlenmäßigen und prozentualen Verteilung.

Die Rüge zur fehlerhaften Zustellung erhoben die Beschwerdeführer im Untersuchungszeitraum in 26 Fällen. Sie ist sehr effektiv, da *sieben* Rügen (27 %) erfolgreich waren. *Vier* (15 %) der Beanstandungen waren unzulässig und 14 (54 %) unbegründet. In *einem* Fall hat der *Bayerische Verfassungsgerichtshof* nicht über die Rüge entschieden.

A. Die vom Bayerischen Verfassungsgerichtshof angewandten Grundsätze zur Überprüfung der fehlerhaften Zustellung

„Art. 91 Abs. 1 BV untersagt dem Gericht, seiner Entscheidung Tatsachen zugrunde zu legen, zu denen Stellung zu nehmen den Beteiligten keine Gelegenheit gegeben war. Er gewährt eine Mindestgarantie des Inhalts, dass eine Entscheidung nicht getroffen werden darf, ohne dass die Parteien vorher gehört worden sind“[328]. „Die Beteiligten müssen vor allem Gelegenheit haben, auf das Vorbringen ihrer Gegner, durch welches Tatsachenstoff in den Prozess eingeführt wird, zu erwidern“[329]. „Wie dies im Einzelnen zu geschehen hat, ist grundsätzlich den Verfahrensordnungen überlassen. Eine solche Ausgestaltung trifft auch die Regelung über die Zustellung von Schriftstücken im Zivilprozess. Die Zustellung soll gewährleisten, dass der Adressat Kenntnis von dem zuzustellenden Schriftstück nehmen und seine Rechtsverteidigung oder Rechtsverfolgung darauf einrichten kann. Insoweit dienen die Vorschriften über die Zustellung der Verwirklichung des rechtlichen Gehörs.“[330]

1. Die erfolgreichen Rügen zur fehlerhaften Zustellung

Mehrfach lag der Fall vor, dass ein Gericht wegen eines gerichtsinternen Versehens eine falsche Frist zur Klageerwiderung setzte und vor deren Eingang bereits in der Sache entschied. Hier konnte der Beklagte nicht auf die zur Klagebegründung vorgetragenen Tatsachen erwidern.[331] Offensichtlicher ist der Fall, wenn das Gericht weder die Aufforderung zur Verteidigungsanzeige noch die Klageschrift dem Beklagten zustellt und anschließend der Klage mit der Begründung stattgibt, es liege keine Verteidigungsanzeige oder Erwiderung auf die Klage vor[332]. Ein ähnlicher Sachverhalt ist gegeben, wenn ein Urteil Tatsachen aus einem gegnerischen Schriftsatz verwertet, den das Gericht dem Prozessbeteiligten nicht zustellte[333].

Das rechtliche Gehör ist verletzt, wenn das Gericht im Übergang vom Mahnverfahren in das streitige Verfahren dem Kläger eine falsche Beschlussausfertigung zustellt und darin den Kläger nicht zur Begründung seines Anspruchs, sondern die beklagte Partei zur Klageerwiderung auffordert. Daraufhin wies das Amtsgericht wegen fehlender Klagebegründung die Klage ab.[334]

Schriftliche Zeugenaussagen hat das Gericht den Beteiligten zuzuleiten, zumindest muss es das Ergebnis der schriftlichen Anhörung mit den Beteiligten erörtern. Geschieht

---

[328] Ständige Rechtsprechung vgl. *BayVerfGH* Vf.10-VI-98, Urteil vom 16. Oktober 1998, S. 5; Vf.125-VI-96, Urteil vom 21. Februar 1997, S. 4.
[329] *BayVerfGH* Vf.8-VI-1994, Urteil vom 24. März 1995, S. 6.
[330] *BayVerfGH* Vf.128-VI-92, Urteil vom 29. Oktober 1993, S. 9.
[331] *BayVerfGH* Vf.10-VI-98, Urteil vom 16. Oktober 1998, S. 5; Vf.5-VI-97, Urteil vom 19. Dezember 1997, S. 4.
[332] *BayVerfGH* Vf.25-VI-95, Urteil vom 11. Juli 1995, S. 4.
[333] *BayVerfGH* Vf.8-VI-94, Urteil vom 24. März 1995, S. 6 f.
[334] *BayVerfGH* Vf.125-VI-96, Urteil vom 21. Februar 1997, S. 4.

dies ausweislich des Verhandlungsprotokolls nicht und verwertet das Urteil dennoch die Aussage, ist Art. 91 Abs. 1 BV verletzt[335].
Zustellungen sind nach § 172 Abs. 1 Satz 1 n. F. ZPO (§ 176 a. F. ZPO) an den, für den Rechtszug bestellten, Prozessbevollmächtigten zu richten. Diese Bestellung geschieht in der Weise, dass die vertretene Partei oder ihr Vertreter das Gericht oder den Gegner vom Vertretungsverhältnis in Kenntnis setzt. Die Benennung durch den Prozessgegner löst die Wirkung des § 172 Abs. 1 Satz 1 ZPO nicht aus, wenn weder die vertretene Partei noch der Vertreter selbst den Gegner von der Prozessvollmacht benachrichtigt. Stellt das Gericht an den durch den Gegner „bestellten" Anwalt zu, ist die Klageschrift nicht dem eigentlichen Prozessbevollmächtigten oder der Partei zugegangen, so dass diese keine Gelegenheit hatten auf die Klage zu erwidern.[336]

2. Die erfolglosen Rügen zur fehlerhaften Zustellung

Wenn der Richter gegnerische Schriftsätze nicht zustellt und diese trotzdem im Urteil verwertet, bedeutet dies nicht regelmäßig eine Gehörsverletzung. Kein Verstoß liegt vor, wenn die im nicht zugestellten Schriftsatz und im Urteil verwerteten Tatsachen dem Beschwerdeführer eigens bekannt sind und er sie selbst zu seinem Vortrag machte.[337] Eine erst nachträgliche Zustellung eines Schriftsatzes ist nicht als Gehörsverletzung zu qualifizieren, wenn bis zur Entscheidung genügend Zeit zur Stellungnahme bleibt oder dem Prozessbeteiligten die Bitte um Fristverlängerung möglich ist, er dennoch von keiner dieser Möglichkeiten Gebrauch macht[338]. Gleiches gilt, wenn fälschlicherweise in einer Klageschrift das Rubrum den Namen der Ehefrau aufweist, das Gericht nachträglich durch Beschluss das Rubrum auf den Namen des Ehemannes ändert. Macht dieser eine Klageerwiderung von einer erneuten Klagezustellung abhängig, ist Art. 91 Abs. 1 BV nicht verletzt, da die Klageschrift bei seiner Ehefrau zugegen war.[339]
Der *Bayerische Verfassungsgerichtshof* musste nicht entscheiden, ob ein Verstoß gegen Art. 91 Abs. 1 BV vorliegt, wenn das Gericht die Klageschrift durch Ersatzzustellung in der Wohnung gemäß § 178 Abs. 1 Nr. 1 in Verbindung mit § 180 Satz 1 ZPO (§ 181 Abs. 1 a. F. i. V. m. § 182 a. F. ZPO) zustellt, der Beklagte dort aber nicht seinen Lebensmittelpunkt hat. Eine Postzustellungsurkunde erbringt im Fall der Niederlegung nicht gemäß § 418 ZPO den Beweis, dass der Empfänger auch tatsächlich an dem Ort der Zustellung wohnt.[340]

---

[335] *BayVerfGH* Vf.63-VI-95, Urteil vom 8. Dezember 1995, S. 7 f. Anders verhält es sich, wenn sich aus der zugestellten Beschlussanordnung ergibt, dass das Gericht Zeugen zur Aussage aufforderte. Dann hat die Partei nachzufragen, ob eine schriftliche Äußerung des Zeugen vorliegt; vgl. *BayVerfGH* a. a. O.
[336] *BayVerfGH* Vf.128-VI-92, Urteil vom 29. Oktober 1993, S. 9 f. Der nicht ordnungsgemäß bestellte Bevollmächtigte machte zudem das Gericht auf diesen Mangel aufmerksam. Zur Aufklärung des Sachverhalts hätte, nach Ansicht des *Bayerischen Verfassungsgerichtshofs*, das Gericht der Beschwerdeführerin daraufhin Gelegenheit zur Stellungnahme geben müssen.
[337] *BayVerfGH* Vf.15-VI-03, Urteil vom 6. Oktober 2003, S. 6.
[338] *BayVerfGH* Vf.67-VI-01, Urteil vom 6. Dezember 2002, S. 11; Vf.57-VI-93, Urteil vom 10. Mai 1994, S. 14 f.
[339] *BayVerfGH* Vf.73-VI-94, Urteil vom 19. Januar 1996, S. 6 f.
[340] *BayVerfGH* Vf.25-VI-99, Urteil vom 1. Februar 2001, S. 8.

Der Prozessbeteiligte, der im Beschwerdeverfahren Einsicht in die Unterlagen erlangt und dort Kenntnis von Schriftsätzen erhält, deren Zustellung im Ausgangsverfahren unterblieben ist, wird nicht in seinem Anspruch nach Art. 91 Abs. 1 BV verletzt, wenn er im Beschwerdeverfahren auf diese Schriftsätze erwidert[341]. Ähnlich ist zu entscheiden, wenn das Gericht der Partei zwar erst nach der Entscheidung einen Beschluss förmlich zustellt, in dem die Mitteilung der Heranziehung und Verwertung eines aus einem älteren Verfahren stammenden Gutachtens erfolgte, der Beschwerdeführer dann aber die Möglichkeit hatte, das Gutachten im Beschwerdeverfahren anzufordern[342].
Ein Gehörsverstoß ist ausgeschlossen, wenn es die Partei nach Beendigung des Vollmachtsvertrages unterlassen hat, die Bestellung eines neuen Anwalts dem Gericht anzuzeigen und das Gericht an den alten Bevollmächtigten die Schriftsätze zustellt. Es muss die Zustellung in einem anhängigen Verfahren an den bisherigen Prozessbevollmächtigten bewirken; vgl. § 172 Abs. 1 n. F. ZPO, § 87 ZPO (§§ 176, 178 a. F. ZPO)[343].

B. Bewertung der Judikate

Die Auswertung der Urteile bringt folgende Erkenntnisse:

1. Der Bayerischer Verfassungsgerichtshof als „Pannenhelfer“

Die begründeten Rügen zeigen sehr deutlich, dass der *Bayerische Verfassungsgerichtshof* ganz überwiegend in der Funktion eines „Pannenhelfers“[344] agiert. Die zu korrigierenden Fehlentscheidungen warfen überwiegend keine grundrechtsdogmatischen Fragen auf. Es handelte sich um gerichtliche Alltagsfehler, die teilweise den Kern des Art. 91 Abs. 1 BV treffen, zu deren Feststellung oder Korrektur es jedoch nicht des *Bayerischen Verfassungsgerichtshofs* bedarf.

2. Die Mitwirkungspflicht des Adressaten für den Zustellungserfolg

Bemerkenswerterweise liegt die Verantwortung bei der Kenntnisnahme von Schriftstücken im Rahmen der Zustellung nicht allein bei den Gerichten. Mit Blick auf Art. 91 Abs. 1 BV haben die Adressaten einer Zustellung eine gewisse *Mitwirkungspflicht*, um den Zustellungserfolg sicherzustellen. Wie die unbegründeten Verfassungsbeschwerden zeigen, müssen die Parteien einen Wechsel der Prozessbevollmächtigten anzeigen[345] oder Einsicht in Unterlagen fordern, soweit sie von deren Existenz Kenntnis erlangen[346]. Darüber hinaus wird die Mitwirkungspflicht im Wiedereinsetzungsrecht deutlich. Zustellun-

---

341 *BayVerfGH* Vf.67-VI-96, Urteil vom 13. März 1998, S. 12. Hier ist ein Fall der Heilung gegeben; vgl. § 11 III. A. 2.
342 *BayVerfGH* Vf.28-VI-99, Urteil vom 19. Oktober 2000, S. 10.
343 *BayVerfGH* Vf.74-VI-97, Urteil vom 28. September 1998, S. 5.
344 Zu dieser Ausdrucksweise *Schumann*, NJW 1985, S. 1134.
345 Vgl. *BayVerfGH* Vf.74-VI-97, Urteil vom 28. September 1998.
346 Vgl. *BayVerfGH* Vf.28-VI-99, Urteil vom 19. Oktober 2000.

gen sind häufig mit Fristen gekoppelt, was mit dem rechtlichen Gehör vereinbar ist[347]. Bei *unverschuldeter* Fristversäumung ist eine Wiedereinsetzung nach § 233 ZPO oder § 44 StPO möglich. Ist jedoch eine Zustellung an der Mitwirkungspflicht der Partei gescheitert, weil sie beispielsweise ein, bei der Post niedergelegtes, Schriftstück (§ 182 Abs. 1 Nr. 2 ZPO[348]) nicht oder nicht rechtzeitig abholte, obwohl sie von der Niederlegung Kenntnis hat oder bei verständigen Vorkehrungen hätte haben können, ist eine Wiedereinsetzung nicht möglich. Die nicht erfolgte Zustellung hat ihren Grund in der Verletzung der Mitwirkungspflicht des Zustellungsadressaten, was dazu führt, dass der Betroffene eine Verletzung des Art. 91 Abs. 1 BV nicht mehr geltend machen kann.[349]

IV. Das Recht zur Akteneinsicht

Verweigert das Gericht den Prozessbeteiligten die Akteneinsicht ist der Schutzbereich des Art. 91 Abs. 1 BV betroffen. Mit folgender Anzahl von Rügen setzte sich der *Bayerische Verfassungsgerichtshof* auseinander:

Tabelle 12
Übersicht zur Rüge wegen Nichtgewährung der Akteneinsicht von 1990 bis 2003 und deren Ausgang

Jahr	Anzahl der Rügen	Unzulässig	Unbegründet	Begründet	Nicht entschieden
2003	1	0	1	0	0
2002	1	0	1	0	0
2001	1	0	1	0	0
1996	1	1	0	0	0
1995	2	1	1	0	0
1992	1	1	0	0	0
1990	1	0	1	0	0
Summe	**8**	**3**	**5**	**0**	**0**
Prozent	**100 %**	**38 %**	**62 %**	**0 %**	**0 %**

Legende: Spalte 1 enthält die Jahrgänge im Untersuchungszeitraum, in denen die Rüge enthalten war. Spalte 2 zeigt die Gesamtzahl der Rügen und Spalten 3 bis 6 verdeutlichen deren Ausgang mit einer zahlenmäßigen und prozentualen Verteilung.

---

[347] *Schmidt-Aßmann* in: *Maunz/Dürig*, Art. 103 Rdnr. 72.
[348] Die Vorschriften der ZPO über die Zustellung finden nach § 37 StPO auch im Strafprozess Anwendung.
[349] Vgl. *BayVerfGH* Vf.17-VI-93, Urteil vom 24. Juni 1994; Vf.9-VI-91, Urteil vom 14. Februar 1992.

Von den insgesamt *acht* erhobenen Rügen, war *keine* erfolgreich. Es waren *drei* Beanstandungen (38 %) unzulässig und *fünf* (62 %) unbegründet. In *allen* Verfassungsbeschwerden hat der *Bayerische Verfassungsgerichtshof* über die Rüge entschieden.

A. Die vom Bayerischen Verfassungsgerichtshof aufgestellten Grundsätze zur Überprüfung der nicht gewährten Akteneinsicht

Der *Bayerischer Verfassungsgerichtshof* führt aus: „Das Verbot, einer gerichtlichen Entscheidung Tatsachen und Beweisergebnisse zugrunde zulegen, wenn den Beteiligten vorher keine Gelegenheit zur Äußerung gegeben worden ist, umfasst nach der Natur der Sache alle Tatsachen und Beweisergebnisse ohne Rücksicht auf ihre Quelle. Es bezieht sich auf den Inhalt beigezogener Verwaltungs- oder Gerichtsakten. Sofern eine Stellungnahme zu entscheidungserheblichen Tatsachen ansonsten verhindert würde, können auch gerichtliche Hinweise und Mitteilungen über die Beiziehung von Akten erforderlich sein."[350]

B. Die erfolglosen Rügen wegen fehlender Akteneinsicht

Für die Rüge wegen einer fehlenden Möglichkeit zur Stellungnahme über Akteninhalte muss man zwei Sachverhalte auseinander halten. Der erste ist die *Verweigerung* der Akteneinsicht *trotz* eines *Antrags*; ein Vorgang, über den der *Bayerische Verfassungsgerichtshof* in drei Fällen entschied[351]. Der zweite und häufigere Fall, ist die *mangelnde Information über die Verwertung* von Akten, Gutachten und Stellungnahmen[352].

1. Die Ablehnung der Akteneinsicht

Gemäß § 100 Abs. 1 VwGO ist den Beteiligten nur die Einsicht in die Gerichtsakten und in die, dem Gericht vorgelegten, Akten — d. h. in die, für das Gericht verwertbaren, Akten — möglich. Ein Einsichtsrecht in die Akten des Landratsamtes besteht nicht, wenn diese dem Gericht bei der Entscheidung gar nicht vorlagen.[353] Folglich ist die Ablehnung eines dahingehenden Antrags nicht als Verletzung des rechtlichen Gehörs zu qualifizieren.

---

[350] *BayVerfGH* Vf.52-VI-94, Urteil vom 28. April 1995, S. 9 f.

[351] Vgl. *BayVerfGH* Vf.116 bis 117-VI-94, Urteil vom 5. Juli 1996; Vf.51-VI-99, Urteil vom 18. September 2001; Vf.121-VI-93, Urteil vom 2. Juni 1995.

[352] *BayVerfGH* Vf.32-VI-02, Urteil vom 24. Juni 2003; Vf.16-VI-02, Urteil vom 21. November 2002; Vf.52-VI-94, Urteil vom 28. April 1995; Vf.9-VI-91, Urteil vom 14. Februar 1992; Vf.57-VI-88, Urteil vom 16. November 1990.

[353] *BayVerfGH* Vf.51-VI-99, Urteil vom 18. September 2001, S. 8.

Im Strafverfahren beziehungsweise in Verfahren über Ordnungswidrigkeiten ist nur dem bevollmächtigten Anwalt nach § 46 Abs. 1 OWiG, § 147 StPO Einsicht in die Akten zu gewähren. Dem Beschwerdeführer selbst steht kein solches Recht zu.[354]
Wie sich aus § 68 Abs. 3 Satz 2 FGG ergibt, ist die Anordnung einer Untersuchung für ein psychiatrisches Gutachten, das feststellen soll, ob eine Betreuung nötig ist, unanfechtbar. Gestattet das Gericht dem Betroffenen nach dieser Anordnung nicht die Einsicht in die Akten vor der Untersuchung, sondern stellt sie nur in Aussicht, liegt darin keine mit Art. 91 Abs. 1 BV anfechtbare Verweigerung der Akteneinsicht.[355]

2. Die mangelnde Information über verwendete Akten

Soweit eine gerichtliche Entscheidung auf ein Gutachten Bezug nimmt und der Prozessbeteiligte von diesem Beschluss in irgendeiner Form Kenntnis erlangt, muss er vor Ende des Verhandlungstermins Ablichtungen verlangen, dazu Stellung nehmen oder Schriftsatzfrist beantragen. Nutzt er diese Möglichkeiten nicht, kann die Rüge zur Verletzung des Art. 91 Abs. 1 BV keinen Erfolg haben[356]. Ebenso liegt der Sachverhalt, wenn die Partei Kenntnis von einer staatsanwaltlichen Stellungnahme hat. In diesem Fall muss sie über ihren Prozessbevollmächtigten Akteneinsicht beantragen. Fehlt ein Antrag, kann der Beschwerdeführer nachträglich die Verletzung des Art. 91 Abs. 1 BV nicht rügen.[357]
Gleiches gilt, soweit das Gericht Akten aus einem Vorprozess heranzieht und die Inhalte sogar in der mündlichen Verhandlung erörtert[358]. Ebenso ist zu entscheiden, wenn der Beteiligte bekannt gibt, er werde erst nach der Entscheidung über den Wiedereinsetzungsantrag und die Zulässigkeit des Einspruchs gegen den Strafbefehl Akteneinsicht nehmen, das Gericht dem Wiedereinsetzungsgesuch jedoch nicht stattgibt. Legt der Betroffene dagegen eine Beschwerde ein, muss er in diesem Verfahren die Akteneinsicht beantragen, andernfalls liegt keine Verletzung des Art. 91 Abs. 1 BV vor.
Zieht ein Gericht für die Entscheidung Akten aus anderen Verfahren nach § 273 Abs. 2 Nr. 2 ZPO heran und verwertet diese, so muss es die Beteiligten darüber gemäß § 273 Abs. 4 Satz 1 ZPO benachrichtigen[359]. Nur dann haben die Prozessbeteiligten Kenntnis von der Verwertung und können dazu Stellung nehmen. Ist für die Betroffenen durch den Schriftsatzwechsel und Bezugnahmen ersichtlich gewesen, dass die Richter die Akten verarbeiteten, müssen sie die Nachholung der für sie erkennbar unterbliebenen Übermittlung der Unterlagen verlangen oder sich durch Akteneinsicht Kenntnis verschaffen[360].

---

[354] *BayVerfGH* Vf.116 und 117-VI-94, Urteil vom 5. Juli 1996, S. 8 f. mit der Besonderheit des Art. 118 Abs. 1 BV als Prüfungsmaßstab.
[355] *BayVerfGH* Vf.121-VI-93, Urteil vom 2. Juni 1995, S. 7. Es handelte sich um eine nichtanfechtbare Zwischenentscheidung.
[356] *BayVerfGH* Vf.32-VI-02, Urteil vom 24. Juni 2003, S. 8.
[357] *BayVerfGH* Vf.57-VI-88, Urteil vom 16. November 1990, S. 16.
[358] *BayVerfGH* Vf.16-VI-02, Urteil vom 21. November 2002, S. 10 f.
[359] *BayVerfGH* Vf.52-VI-94, Urteil vom 28. April 1995, S. 10.
[360] *BayVerfGH* a. a. O., S. 11.

C. Bewertung der Judikate

Dass die Rügen zur fehlerhaften Akteneinsicht selten Erfolg haben, liegt auch in ihrem Verhältnis zur Rüge der fehlerhaften Zustellung. Wie erläutert, teilen die Gerichte die Beiziehung der Akten und die Verwertung der Inhalte den Prozessbeteiligten mit. Liegen in der Mitteilung bereits Fehler, so ist die Rüge der Verletzung der Zustellungsvorschriften betroffen. Ist die Mitteilung erfolgreich verlaufen, wissen die Beteiligten um die Aktenbeiziehung und deren Verwertung. Nun liegt es bei ihnen, von den Inhalten ausreichend informiert zu sein, um die Gelegenheit der Stellungnahme wahrzunehmen. Ansonsten sind spätere Gehörsrügen erfolglos.

V. Die Verletzung der Hinweis- und Aufklärungspflicht und das Verbot der sogenannten Überraschungsentscheidung

Tabelle 13
Übersicht zur Rüge des Verbots überraschender Entscheidungen von 1990 bis 2003 und deren Ausgang

Jahr	Anzahl aller Rügen	Unzulässig	Unbegründet	Begründet	Nicht entschieden
2003	6	0	6	0	0
2002	5	1	4	0	0
2001	4	1	2	0	1
2000	4	0	2	0	2
1999	4	0	4	0	0
1998	5	0	5	0	0
1997	6	1	5	0	0
1996	8	1	4	3	0
1995	8	1	7	0	0
1994	12	2	7	1	2
1993	9	2	7	0	0
1992	10	0	9	1	0
1991	2	0	1	1	0
1990	4	0	3	1	0
Summe	**87**	**9**	**66**	**7**	**5**
Prozent	**100 %**	**10 %**	**76 %**	**8 %**	**6 %**

Legende: Spalte 1 enthält den Untersuchungszeitraum. Spalte 2 zeigt die Gesamtzahl der Rügen und Spalten 3 bis 6 deren Ausgang in Zahlen und Prozent.

Die Rüge zur Verletzung der gerichtlichen Hinweis- und Aufklärungspflicht erhoben die Beschwerdeführer in 87 Fällen. Sie ist damit die zweithäufigste Beanstandung[361], nimmt aber mit *sieben* (8 %) erfolgreichen Verfassungsbeschwerden „nur" den Dritten Platz ein[362]. Hoch ist sowohl die Anzahl von *neun* unzulässigen Beanstandungen (10 %) als auch der *fünf*, über die der *Bayerische Verfassungsgerichtshof* nicht entschied (6 %). Bei letzteren waren in der Mehrzahl andere Rügen zur Verletzung des Art. 91 Abs. 1 BV erfolgreich[363]. Die unbegründeten Beanstandungen nehmen mit einer Zahl von 66 (76 %) den größten Anteil ein.

A. Die vom Bayerischen Verfassungsgerichtshof aufgestellten Grundsätze zur Überprüfung des Vorliegens einer unzulässigen Überraschungsentscheidung

Der *Bayerische Verfassungsgerichtshof* äußert sich zur Prüfung einer unzulässigen Überraschungsentscheidung folgendermaßen: „Art. 91 Abs. 1 BV untersagt dem Gericht, seiner Entscheidung Tatsachen oder Beweisergebnisse zugrunde zu legen, zu denen sich die Beteiligten nicht äußern konnten. Daraus folgt jedoch keine unbegrenzte und allgemeine Aufklärungs- und Hinweispflicht. Das Gericht ist verfassungsrechtlich nicht verpflichtet, die Rechtslage mit den Parteien zu erörtern, sie auf alle maßgeblichen Entscheidungen hinzuweisen oder vor Erlass seiner Entscheidung darzutun, welchen Sachverhalt oder welche Rechtsmeinung es seiner Entscheidung zugrunde legen wird. Unter dem Aspekt des Verbots von Überraschungsentscheidungen ist Art. 91 Abs. 1 BV vielmehr nur dann verletzt, wenn das Gericht einen von seiner Entscheidung überhaupt nicht erörterten tatsächlichen oder rechtlichen Gesichtspunkt zur Grundlage seiner Entscheidung macht und dadurch dem Rechtsstreit eine Wendung gibt, mit der die Parteien nach dem bisherigen Verlauf des Verfahrens nicht rechnen konnten."[364] „Unter diesem Gesichtspunkt kann es in besonderen Fällen verfassungsrechtlich geboten sein, die Verfahrensbeteiligten auf die Rechtsauffassung des Gerichts hinzuweisen."[365] Ansonsten „legt das Ge-

---

[361] Die häufigste Rüge ist die, das Gericht habe den Sachvortrag nicht zur Kenntnis genommen oder nicht in Erwägung gezogen; vgl. § 8.

[362] Davor liegen die mangelnde Berücksichtigung von Vorbringen (Tabelle 19 unter § 8) und die falsche Anwendung und Auslegung von Präklusionsvorschriften; vgl. Tabelle 22 unter § 9 III.

[363] *BayVerfGH* Vf.46-VI-00, Urteil vom 30. März 2001 (fehlerhafte Ladung); Vf.78-VI-99, Urteil vom 26. Mai 2000 (falsche Anwendung der Präklusionsvorschriften); Vf.96-VI-99, Urteil vom 10. November 2000 (Nichtberücksichtigung des § 128 Abs. 3 Satz 3 a. F. ZPO). In *BayVerfGH* Vf.57-VI-93, Urteil vom 10. Mai 1994 und Vf.92-VI-93, Urteil vom 17. Juni 1994 wird die erhobene Rüge trotz unbegründeter Verfassungsbeschwerden nicht behandelt.

[364] Ständige Rechtsprechung vgl. *BayVerfGH* Vf.10-VI-02, Urteil vom 28. April 2003, S. 7.

[365] Ständige Rechtsprechung vgl. *BayVerfGH* Vf.148-VI-93, Urteil vom 9. Februar 1995, S. 12.

richt seiner Entscheidung letztlich einen Sachverhalt zugrunde, zu dem sich die Parteien nicht äußern konnten."[366]

1. Die begründeten Rügen zur unzulässigen Überraschungsentscheidung

Stellt das Gericht ohne vorherigen Hinweis auf Umstände ab, mit denen auch gewissenhafte und kundige Prozessbeteiligte – selbst unter Berücksichtigung der Vielfalt der vertretbaren Rechtsauffassungen – nicht zu rechnen brauchen, liegt eine Verletzung des Art. 91 Abs. 1 BV vor. So, wenn der Inhalt eines gegnerischen Schriftsatzes, der nach dem Schluss der mündlichen Verhandlung eingeht, neue tatsächliche Ausführungen enthält und zur maßgeblichen Stütze der gerichtlichen Entscheidung wird, obwohl das Gericht bei Zustellung an den Beschwerdeführer nicht zu erkennen gab, dass es dem Schriftsatz entscheidungserhebliche Bedeutung beimisst; vgl. § 523, § 278 Abs. 3 a. F. ZPO (§ 525, § 139 Abs. 2 Satz 1 n. F. ZPO).[367] In gleicher Weise ist zu entscheiden, falls ein Gericht Tatsachen als gerichtskundig bezeichnet, die die Prozessparteien nicht vortrugen. Das Gericht hätte sie erst nach Einführung in der mündlichen Verhandlung oder nach einem schriftlichen Hinweis verwerten dürfen.[368]

Aus Art. 91 Abs. 1 BV erwächst eine Hinweispflicht, soweit das Gericht so hohe Anforderungen an die Substantiierung von Beweisangeboten stellt, mit denen die betroffene Partei aus objektiver Sicht und dem Prozessverlauf nicht rechnen musste[369]. Ähnlich liegt der Fall, wenn das Gericht ohne vorherigen Hinweis von der Partei verlangt, sie soll zu den schlüssig dargelegten äußeren Tatsachen vortragen, aufgrund welcher Umstände sie von den Tatsachen Kenntnisse erlangte[370].

Deutet das Gericht ohne Hinweis eine Beschwerde von einem Dritten gegen eine Gerichtsentscheidung zu einem Rechtsmittel einer Partei um, obwohl beide Parteien im Ausgangsverfahren auf Rechtsmittel verzichteten, traf das Gericht eine unzulässige Überraschungsentscheidung[371].

Stützt das Gericht das Klagebegehren auf einen zwischen den Parteien überhaupt nicht streitigen Sachverhalt, so verstößt es gegen Art. 91 Abs. 1 BV[372]. Gleiches liegt vor,

---

[366] Ständige Rechtsprechung vgl. *BayVerfGH* Vf.35-VI-95, Urteil vom 15. Februar 1996, S. 7.
[367] *BayVerfGH* a. a. O., S. 8 ff.
[368] *BayVerfGH* Vf.78-VI-94, Urteil vom 13. März 1996, S. 16 f.
[369] Das OLG bewertete ein Beweisangebot in der zweiten Instanz als unbeheflich, obwohl es die erste Instanz mit weniger Substantiierung als genügend betrachtete. Zudem eine weitergehende Substantiierung wegen der relativ unbestimmten Angaben der Gegner nicht nötig war; vgl. *BayVerfGH* Vf.87-VI-95, Urteil vom 24. Juli 1996, S. 6 f.
[370] *BayVerfGH* Vf.2-VI-91, Urteil vom 23. Januar 1992, S. 12 f. Anders liegt der Sachverhalt, wenn es um Kenntnisse eines Zeugen von inneren Tatsachen geht, die nicht in seiner Person eingetreten sind. Hier muss er schlüssig darlegen, auf Grund welcher Umstände er von der inneren Tatsachen Kenntnis erlangt hat; vgl. *BayVerfGH* a. a. O.
[371] *BayVerfGH* Vf.117-VI-89, Urteil vom 26. Oktober 1990, S. 4 f. Die Architektenversorgung (Dritter) erhob gegen ein, zwischen den Parteien erfolgtes, Urteil über den Versorgungsausgleich Beschwerde. Die Parteien verzichteten zuvor auf Rechtsmittel. Das *Oberlandesgericht* deutete diese Beschwerde der Versorgungskammer in ein Rechtsmittel der Ehefrau um und durchbrach damit die Rechtskraft des Ausgangsurteils.
[372] *BayVerfGH* Vf.142-VI-92, Urteil vom 22. Juli 1994, S. 7.

wenn den die Entscheidung tragenden Sachverhalt, weder eine Partei in den Prozess einführte noch ein Zeuge vortrug.[373].

2. Die erfolglosen Rügen zur unzulässigen Überraschungsentscheidung

Folgende Kategorien an erfolglosen Rügen zur unzulässigen Überraschungsentscheidung brachte die Urteilsauswertung:

a) Der fehlende Hinweis auf die Rechtsansicht des Gerichts

Es ist keine Überraschung, wenn kurz vor Ende der mündlichen Verhandlung das Gericht für einen, seit der ersten Instanz unveränderten, Sachverhalt eine neue rechtliche Beurteilung für möglich hält[374]. Art. 91 Abs. 1 BV gibt kein Recht auf eine längere Zeit zurückliegende Änderung der eigenen oberlandesgerichtlichen Rechtsprechung hinzuweisen[375]. Das Gericht kann sich ohne Verstoß gegen Art. 91 Abs. 1 BV für eine von mehreren gängigen Auslegungsvarianten einer Erklärung entscheiden. Es ist weder verpflichtet dem Betroffenen die Bedeutung seiner Erklärung[376] noch einer anwaltlich vertretenen Partei die Behauptungen der Gegenseite zu erläutern, die entscheidungserheblich sein könnten[377]. Die Beteiligten haben keinen Anspruch auf Hinweise des Gerichts, wie es den ihm unterbreiteten Sachverhalt rechtlich beurteilen, welche Rechtsfolgen es erwägen und auf welche rechtlichen Gesichtspunkte es sich bei seiner Entscheidung stützen werde[378]. Ein Anspruch auf ein Rechtsgespräch über die Bewertung des Sachverhalts nach erfolgter Beweisaufnahme ergibt sich nicht aus Art. 91 Abs. 1 BV[379]. Das Gericht braucht seine Rechtsansicht nicht einmal anzudeuten[380]. Das Berufungsgericht kann die Bitte um ein Rechtsgespräch vor Antragstellung ausdrücklich ablehnen[381]. Wenn es daher seiner nach § 139, § 278 Abs. 3 a. F. ZPO (§ 139 n. F. ZPO) obliegenden Rechtsbelehrungspflicht nicht nachkommt, bedeutet dies keine Überraschungsentscheidung[382]. Der *Bayerische Verfassungsgerichtshof* leitet aus Art. 91 Abs. 1 BV keine gerichtliche Pflicht auf Wahrnehmung einfachgesetzlicher Vorschriften der § 139, § 278 Abs. 3 a. F. ZPO (§ 139 n.F. ZPO) her. Kann schon § 139 a. F. ZPO (§ 139 n. F. ZPO) eine rechtliche Erörterung

---

[373] *BayVerfGH* Vf.91-VI-90, Urteil vom 22. Mai 1991, S. 7. Anders, wenn das Gericht nur etwas zu Unrecht als streitig ansieht; vgl. *BayVerfGH* Vf.95-VI-91, Urteil vom 30. Juni 1993, S. 10.
[374] *BayVerfGH* Vf.9-VI-02, Urteil vom 31. Januar 2003, S. 12 f.
[375] *BayVerfGH* Vf.5-VI-03, Urteil vom 22. September 2003, S. 9.
[376] *BayVerfGH* Vf.67-VI-01, Urteil vom 6. Dezember 2002, S. 8; vgl. Vf.14-VI-95, Urteil vom 10. September 1996, S. 9.
[377] *BayVerfGH* Vf.62-VI-93, Urteil vom 5. Juni 1996, S. 14.
[378] *BayVerfGH* Vf.89-VI-97 und Vf.90-VI-97, Urteile vom 24. September 1999, 24
[379] Vgl. *BayVerfGH* Vf.34-VI-95, Urteil vom 10. September 1996, S. 8 f.; Vf.111-VI-95, Urteil vom 15. Oktober 1996, S. 37; Vf.151-VI-93, Urteil vom 16. Februar 1995, S. 13; Vf.154-VI-92, Urteil vom 29. April 1994, S. 9; Vf.94-VI-93, Urteil vom 4. August 1994, S. 13.
[380] *BayVerfGH* Vf.15-VI-92, Urteil vom 12. Februar 1993, S. 12.
[381] *BayVerfGH* Vf.13-VI-91, Urteil vom 7. Februar 1992, S. 15 f.
[382] *BayVerfGH* Vf.18-VI-97, Urteil vom 25. Mai 1998, S. 16; Vf.86-VI-96, Urteil vom 21. Februar 1997, S. 10; Vf.53-VI-92, Urteil vom 22. Januar 1993, S. 8 f.

nicht veranlassen, gibt Art. 91 Abs. 1 BV keinen weitergehender Anspruch[383]. Es liegt keine Überraschungsentscheidung vor, wenn das Gericht neue entscheidungserhebliche Schlüsse nach erfolgter Beweisaufnahme zieht, die keine Partei folgerte[384]. Entscheidet das Gericht im frühen ersten Termin ohne weitere Anordnungen nach § 275 Abs. 2 und Abs. 3 ZPO durch Urteil, liegt möglicherweise ein einfachrechtlicher Verstoß gegen § 139 a.F., § 275 Abs. 3 ZPO (§ 139 n.F., § 275 Abs. 3 ZPO) wegen fehlender Fristsetzung vor. Dies bedeutet jedoch keinen Gehörsverstoß im Sinne des Art. 91 Abs. 1 BV[385]. Im Übrigen müssen die Prozessbeteiligten, bei der ihnen obliegenden Sorgfalt, nach Äußerung des Tatsachenstoffes selbst in der Lage sein und auch erkennen, welche Fragen der rechtlichen Beurteilung wichtig sind[386].

b) Zur Verwertung von Prozessstoff, der bereits in das Verfahren eingeführt wurde

Soweit die Prozessbeteiligten Tatsachen durch schriftsätzliches Vorbringen vor dem Termin aufwarfen, gibt Art. 91 Abs. 1 BV keinen Anspruch auf einen Hinweis in der mündlichen Verhandlung darauf, ob diese Tatsachen für die Entscheidung des Gerichts maßgeblich seien oder sein könnten[387]. Auch muss kein Hinweis darauf erfolgen, ob es auf einen bestimmten Tatsachenvortrag besonders ankommt[388]. Eine Überraschungsentscheidung ist ausgeschlossen, wenn die Entscheidung auf Tatsachen, Gutachten oder Aussagen beruht, die die Beteiligten im Laufe des Verfahrens[389] anführten. Die Verwertung ist nicht unvorhersehbar[390].

c) Der fehlende Hinweis zur nötigen (Nach)Substantiierung des Vortrags

Ob das Gericht aus verfassungsrechtlicher Sicht darauf hinweisen muss, dass der, die Klage stützende, Vortrag nicht genügend substantiiert ist, blieb in einigen Entscheidungen offen[391]. In der Regel gibt Art. 91 Abs. 1 BV jedoch keinen Anspruch auf einen solchen gerichtlichen Hinweis[392], selbst wenn darin ein Verstoß gegen § 139 a.F. ZPO

---

[383] *BayVerfGH* Vf.81-VI-91, Urteil vom 28. Januar 1993, S. 17.
[384] *BayVerfGH* Vf.154-VI-92, Urteil vom 29. April 1994, S. 10.
[385] *BayVerfGH* Vf.11-VI-97, Urteil vom 21. November 1997, S. 6.
[386] Vgl. *BayVerfGH* Vf.5-VI-96, Urteil vom 14. August 1997, S. 6 und 8.
[387] Vgl. *BayVerfGH* Vf.77-VI-00, Urteil vom 18. Oktober 2002, S. 7; Vf.51-VI-99, Urteil vom 18. September 2001, S. 9.
[388] *BayVerfGH* Vf.34-VI-97, Urteil vom 14. Juli 1998, S. 6.
[389] Das gilt auch für den Vortrag aus erster Instanz; vgl. *BayVerfGH* Vf.73-VI-95, Urteil vom 30. August 1996, S. 10; vgl. *BayVerfGH* Vf. 53-VI-92, Urteil vom 22. Januar 1992, S. 9; vgl. *BayVerfGH* Vf.68-VI-92, Urteil vom 18. Februar 1993, S. 15 f.
[390] Vgl. *BayVerfGH* Vf.59-VI-00, Urteil vom 27. September 2001, S. 6; Vf.76-VI-98, Urteil vom 28. Januar 2000, S. 10 f.; Vf.40-VI-98, Urteil vom 20. November 2000, S. 4 f.; Vf.93-VI-97, Urteil vom 14. August 1998, S. 7.
[391] *BayVerfGH* Vf.46-VI-00, Urteil vom 30. März 2001; Vf.148-VI-93, Urteil vom 9. Februar 1995, S. 13.
[392] Vgl. *BayVerfGH* Vf.27-VI-91, Urteil vom 3. April 1992, S. 11; Vf.67-VI-96, Urteil vom 13. März 1998, S. 11.

(§ 139 n.F. ZPO) zu sehen ist[393]. Erst recht besteht darauf kein Anspruch, wenn das Gericht bereits Zweifel an der Darlegung äußerte[394] oder die Partei seinerseits nicht die mangelnde Substantiierung der Klage angriff[395]. Eine Hinweispflicht aus § 139 a.F. ZPO (§ 139 n.F. ZPO) erstreckt sich zudem darauf, dass Beweise nicht erbracht sind. Macht der Gegner schon darauf aufmerksam, die Beweise seien nicht ausreichend, trifft das Gericht keine unzulässige Überraschungsentscheidung, falls es der anwaltlich vertretenen Partei keinen Hinweis auf den mangelnden Beweis gibt[396].

d) Die Abänderung der erstinstanzlichen Entscheidung durch das Rechtsmittelgericht

Eine Überraschungsentscheidung ist ausgeschlossen, wenn das Rechtsmittelgericht ohne einen Hinweis den Sachverhalt anders beurteilt als das Ausgangsgericht[397] und infolge dessen das Urteil erster Instanz aufhebt[398]. Es liegt in der Natur des Rechtsmittelverfahrens, dass das Rechtsmittelgericht anders entscheiden kann als die Vorinstanz, so dass es eines entsprechenden Hinweises nicht bedarf[399]. Demnach ist das Gericht nicht verpflichtet einen weiteren Termin oder eine Schriftsatzfrist einzuräumen, um der Partei Gelegenheit zu geben, sich auf die mögliche Abänderung einzustellen. Eines vorbereitenden Hinweises nach § 523, § 278 Abs. 3 a. F. ZPO (§ 525 Abs. 1 Satz 1 n. F.; § 139 Abs. 2 n. F. ZPO) bedarf es nicht.[400] Verfassungsrechtlich ergibt sich selbst dann keine Hinweispflicht, wenn die Partei um einen Hinweis bittet[401]. Es liegt keine Überraschungsentscheidung vor, wenn das Berufungsgericht eine, erst im Berufungsverfahren nachgeschobene, fristlose Kündigung mit Hilfe einer Klageänderung zur Grundlage seiner Entscheidung macht, falls sich die Kündigung auf dasselbe schon in der ersten Instanz eingeführte Mietverhältnis bezieht; selbst wenn der Betroffene dadurch faktisch eine Instanz verliert[402]. Allerdings ist fraglich, ob nicht doch eine unzulässige Überraschungsentscheidung vorliegt, wenn das Rechtsmittelgericht seine Rechtsauffassung in der Form mitteilt,

---

[393] *BayVerfGH* a. a. O.; vgl. *BayVerfGH* Vf.117-VI-90, Urteil vom 9. August 1991, S. 15 f.
[394] Vgl. *BayVerfGH* Vf.67-VI-96, Urteil vom 13. März 1998, S. 11.
[395] *BayVerfGH* Vf.11-VI-97, Urteil vom 21. November 1997, S. 7 f.
[396] *BayVerfGH* Vf.36-VI-93, Urteil vom 4. Februar 1994, S. 10; Vf.147-VI-92, Urteil vom 7. Juli 1994, S. 15. Der *Bayerische Verfassungsgerichtshof* hält in beiden Verfahren schon eine Verletzung des § 139 ZPO für nicht gegeben; vgl. *BayVerfGH* Vf.117-VI-90, Urteil vom 9. August 1991, S. 15 f.
[397] Vgl. *BayVerfGH* Vf.136-VI-93, Urteil vom 28. Juli 1995, S. 8; Vf.147-VI-92, Urteil vom 7. Juli 1994, S. 15; Vf.94-VI-93, Urteil vom 4. August 1994, S. 13; Vf.116-VI-90, Urteil vom 6. März 1992, S. 14.
[398] *BayVerfGH* Vf.10-VI-02, Urteil vom 28. April 2003, S. 8.
[399] Vgl. *BayVerfGH* Vf.6-VI-91, Urteil vom 19. März 1993, S. 16.
[400] *BayVerfGH* Vf.10-VI-02, Urteil vom 28. April 2003, S. 8.
[401] *BayVerfGH* Vf.99-VI-94, Urteil vom 2. Juni 1995, S. 10 f.
[402] *BayVerfGH* Vf.93-VI-97, Urteil vom 14. August 1998, S. 7.

es wolle die Ausgangsentscheidung aufrechterhalten, ändert aber dann ohne Hinweis die Ausgangsentscheidung im Urteil ab[403].

e) Zum Hinweises auf eine mögliche Präklusion verspäteten Vorbringens

Es ist verfassungsrechtlich nicht zu beanstanden, wenn das Gericht nicht auf die Absicht hinweist, es wolle das Vorbringen des Beschwerdeführers als verspätet zurückweisen. Dies ist jedenfalls anzunehmen, wenn die Prozessbeteiligten eine mögliche Präklusion bereits im gerichtlichen Verfahren besprachen[404].

f) Zu den allgemeinen Erwägungen in Gerichtsentscheidungen

Solange das Gericht in der Entscheidung nur allgemeine Erwägungen anstellt oder Erfahrungssätze zitiert, denen eine gewisse Indizwirkung, aber keine ausschlaggebende Bedeutung zukommt, liegt in deren Verwertung ohne Anhörung der Parteien keine Überraschungsentscheidung. Diese allgemeinen Erwägungen runden das gefundene Ergebnis ab.[405]

g) Zum Unterlassen einer angekündigten Beweisaufnahme

Erachtet es ein Gericht nur für möglich zu einem bestimmten Thema eine Beweisaufnahme durchzuführen, kündigt es jedoch nicht einmal einen Beweisbeschluss an, darf sich eine Partei noch nicht darauf verlassen, dass das Gericht auch eine Beweisaufnahme durchführen werde[406].

h) Zur gerichtlichen Belehrung

Von vornherein ausgeschlossen ist eine unzulässige Überraschungsentscheidung, sofern der Richter über die Folgen von Handlungen, wie das Fernbleiben von einer Gerichtsverhandlung im Sinne von § 74 Abs. 2 OWiG, zuvor belehrte[407]. Ob eine Verletzung des Art. 91 Abs. 1 BV anzunehmen ist, falls das Gericht über die Konsequenzen des unentschuldigten Wegbleibens nicht ermahnte, ist wohl zu verneinen. Denn es ist Aufgabe des Betroffenen sämtliche prozessualen und tatsächlichen Möglichkeiten auszunutzen, um eine Schmälerung seines Rechts zu verhindern.

---

[403] *BayVerfGH* Vf.55-VI-93, Urteil vom 16. März 1994, S. 10. Das Urteil beruhte nicht auf diesem möglichen Verstoß. Grundsätzlich für einen Verstoß gegen Art. 103 Abs. 1 GG in einem solchen Fall *Degenhart* in: *Sachs*, Art. 103 Rdnr. 15.
[404] *BayVerfGH* Vf.22-VI-96, Urteil vom 22. Juli 1997, S. 9.
[405] Vgl. *BayVerfGH* Vf.106-VI-96, Urteil vom 30. April 1999, S. 7 f.
[406] *BayVerfGH* Vf.34-VI-97, Urteil vom 14. Juli 1998, S. 7.
[407] *BayVerfGH* Vf.36-VI-02, Urteil vom 20. Mai 2003, S. 7.

B. Bewertung der Judikate

Die begründeten Verfassungsbeschwerden zeigen, dass der *Bayerische Verfassungsgerichtshof* nicht, wie im Recht der Zustellungsvorschriften, überwiegend als „Pannenhelfer“ fungiert. Im Rahmen der Überraschungsentscheidungen sind mehr verfassungsrelevante Fragen zu klären, da zwischen der einfachgesetzlichen Hinweispflicht nach § 139 ZPO, § 86 VwGO oder § 265 StPO und der verfassungsrechtlichen Minimalgarantie des Art. 91 Abs. 1 BV ein auszufüllender und auslegungsbedürftiger Bereich liegt. Nachdem Art. 91 Abs. 1 BV nur ein Mindestmaß an effektivem Rechtsschutz gewähren soll[408], bleibt es regelmäßig eine Frage des Einzelfalls, in welcher prozessualen Situation der Kern des rechtlichen Gehörs betroffen ist. Naheliegend ist ein Verstoß gegen das rechtliche Gehör immer bei der Gefahr des Verlustes der Gehörsgarantien und der Verfolgung materieller Rechte. Diese Situation liegt allen begründeten Verfassungsbeschwerden zugrunde.

I. Kontroverse Diskussion zur Hinweispflicht des Rechtsmittelgerichts bei Abänderung der Ausgangsentscheidung

Dass die Fachgerichte nach Ansicht des *Bayerischen Verfassungsgerichtshofs* auf die geplante Abänderung der Ausgangsentscheidung durch das Rechtsmittelgericht nicht hinweisen müssen, befürworten Ansichten in der Literatur[409] und wohl auch das *Bundesverfassungsgericht*[410] nicht in der Form. Vor der Änderung einer Entscheidung zu Lasten einer Partei sei dieser *stets Gehör zu gewähren*, unabhängig davon, ob neue Tatsachen oder Beweisergebnisse vorliegen[411]. Hierbei ist jedoch nicht ganz eindeutig, was unter der Gehörsgewährung zu verstehen ist. Bedeutet Gehörsgewährung möglicherweise exakt einen Hinweis auf die vorzunehmende Abänderung (Information), damit sich die Partei genau zu diesem Punkt äußern kann, oder garantiert das rechtliche Gehör nur eine allgemeine Möglichkeit zur Äußerung im Rechtsmittelverfahren. Trifft diese letztgenannte Möglichkeit zu, ergeben sich zwischen den Ansichten keine Unterschiede, da auch der *Bayerische Verfassungsgerichtshof* im Rechtsbehelfs- und Rechtsmittelverfahren die Garantien des Art. 91 Abs. 1 BV anwendet. Ist mit Gehörsgewährung die Information, also der Hinweis auf die geplante Abänderung gemeint, so ist dem *Bayerischen Verfassungsgerichtshof* beizupflichten. Wenn der Prozessstoff im Rechtsmittelverfahren vollständig „auf dem Tisch“ liegt, vom Rechtsmittelgericht erörtert wurde und sich die Prozessbeteiligten äußerten, beziehungsweise ihnen die Möglichkeit zur Äußerung gegeben war, hörte sie das Gericht an. Der entsprechende Hinweis auf die Abänderung wäre nur eine Folge aus dem vorgetragenen Prozessstoff und beträfe allein die tatsächliche und rechtliche Würdigung, die der Schutzbereich des Art. 91 Abs. 1 BV nicht erfasst.

---

[408] Ständige Rechtsprechung vgl. *BayVerfGH* Vf.99-VI-94, Urteil vom 2. Juni 1995, S. 8.
[409] *Leipold* in: *Stein/Jonas*, Vorb. § 128 Rdnr. 21a.
[410] *BVerfGE* 7, 53 (57) allerdings nur mit der Bemerkung „vor einer Entscheidung“.
[411] *Leipold* in: *Stein/Jonas*, Vorb. § 128 Rdnr. 21a.

2. Kontroverse Diskussion um den Anspruch auf ein Rechtsgespräch

Es gibt einige Stimmen in der Literatur[412], die, entgegen der Rechtsprechung des *Bayerischen Verfassungsgerichtshofes*, einen Anspruch auf ein Rechtsgespräch aus der Verfassung ableiten. Nach den Autoren müsse das Gericht die Beteiligten in die eigenen Überlegungen einbeziehen und mitteilen, welche rechtlichen Erwägungen für die Entscheidung maßgeblich sein könnten. Auch wenn diese Durchführungsmodalität einer Verhandlung wünschenswert[413] oder sinnvoll[414] wäre und die Richter nach Maßgabe des einfachen Prozessrechts vielfältig die Verhandlung mit einem Rechtsgespräch leiten[415], lässt sich der Anspruch darauf verfassungsrechtlich nicht stützen. Wann Hinweise oder Rechtsansichten zu äußern sind, wird nach Maßgabe der Prozessordnungen an bestimmten Verfahrenssituationen festgemacht und unterschiedlich beurteilt. Hingegen muss das Recht auf Gehör als Verfassungsgebot im Gesamtbereich der, von ihm erfassten, Verfahren in den verschiedenen Gerichtsbarkeiten Gültigkeit beanspruchen. Demnach kann Art. 91 Abs. 1 BV keine Konturen für ein solches Rechtsgespräch im Einzelfall aufstellen. Die Inhalte wären vollkommen verwischt.[416] Darüber hinaus müsste das Gericht vor seiner entscheidungsfreffenden Beratung, seine Rechtsansichten kundtun, was unter Vertrauensschutzgesichtspunkten einer gewissen Vorabbindung gleich kommt[417] und der nötigen Neutralität widerspricht[418].

---

[412] *Arndt*, NJW 1959,S. 6 (8); *Arndt*, NJW 1959, S. 1297 (1300); *Schäfer*, BayVBl. 1978, S. 454 (455 f.); *Frohn*, GA 1984, S. 554 (556).
[413] *Rüping* in: Bonner Kommentar, Art. 103 Rdnr. 45.
[414] *Schmidt-Aßmann* in: *Maunz/Dürig*, Art. 103 Rdnr. 78.
[415] Vgl. *Schmidt-Aßmann* a. a. O. Im Übrigen ist seit dem ZPO-RG vom 27. Juli 2001, zumindest im Zivilprozess, mit der Neufassung und daher nun strengeren Hinweispflichten gemäß § 139 ZPO davon noch eher auszugehen.
[416] Vgl. *Schmidt-Aßmann* a. a. O.
[417] *Waldner*, Rdnr. 213.
[418] *Rüping* in: Bonner Kommentar, Art. 103 Rdnr. 45.

§ 7 Das Äußerungsrecht nach Art. 91 Abs. 1 BV

I. Einführung

Art. 91 Abs. 1 BV gibt das Recht zur Stellungnahme[419]. Der Anspruch geht dahin, dass der Richter den Beteiligten Gelegenheit geben muss sich zu dem, einer gerichtlichen Entscheidung zu Grunde liegenden, Sachverhalt vor Erlass der Entscheidung zu äußern[420]. Um auf die gerichtliche Entscheidung Einfluss nehmen zu können, sind einige Konkretisierungen bezüglich der Form, des Umfangs, der Inhalte und zeitlichen Schranken der Äußerungsmöglichkeit erforderlich. Es handelt sich dabei um einen Anspruch, somit um ein Recht, dem verfassungsrechtlich keine Pflicht zur Äußerung gegenüber steht[421].

II. Die Wahrnehmung des Rechts auf Gehör

Will die Partei von ihrem Recht auf Gehör Gebrauch machen, muss sie für dessen Verwirklichung Sorge tragen. Wer es *zurechenbar versäumt*[422] sich im Verfahren Gehör zu verschaffen, kann einen Verstoß gegen Art. 91 Abs. 1 BV nicht mehr geltend machen. Unternimmt die Partei hingegen alle notwendigen Schritte, um sich Gehör zu verschaffen, darf das Gericht dieses Ansinnen nicht unzumutbar erschweren. Der *Bayerische Verfassungsgerichtshof* befasste sich mit folgenden Fällen:

A. Die Ablehnung des Antrags auf Terminsverlegung

Die Terminsänderung ist in seinen Einzelheiten in § 227 ZPO geregelt. Anders als die eigentliche Anberaumung eines Termins[423], kann die trotz Antrag nicht erfolgte Verlegung eines Termins das Recht auf Gehör beeinträchtigen; vgl. *Tabelle 14* (siehe die Abbildung auf der folgenden Seite).

---

[419] Vgl. Nachweise unter § 6 I.
[420] Vgl. *BayVerfGH* Vf.31-VI-95, Urteil vom 9. August 1996, S. 9; *BVerfGE* 7, 53 (57).
[421] Vgl. *Schmidt-Aßmann* in: *Maunz/Dürig*, Art. 103 Rdnr. 81.
[422] Vgl. *Schmidt-Aßmann* in: *Maunz/Dürig*, Art. 103 Rdnr. 81.
[423] Siehe dazu bereits die Ausführungen zu den prozesstechnischen Maßnahmen § 5 IV. A. 1. a) (2).

Tabelle 14
Übersicht über die Rüge wegen der Ablehnung von Anträgen zur Terminsänderung von 1990 bis 2003 und deren Ausgang

Jahr	Anzahl der Rügen	Unzulässig	Unbegründet	Begründet	Nicht entschieden
2003	2	0	1	0	1
2002	1	1	0	0	0
1997	1	0	1	0	0
1990	1	0	1	0	0
Summe	**5**	**1**	**3**	**0**	**1**
Prozent	**100 %**	**20 %**	**60 %**	**0 %**	**20 %**

Legende: Spalte 1 enthält die Jahrgänge im Untersuchungszeitraum, in denen die Rüge enthalten war. Spalte 2 zeigt die Gesamtzahl der Rügen und Spalten 3 bis 6 verdeutlichen deren Ausgang mit einer Verteilung in Zahlen und Prozent.

Der *Bayerischer Verfassungsgerichtshof* war in den 13 Jahren des Untersuchungszeitraums mit dieser Rüge nicht häufig befasst. Von den *fünf* erhobenen Rügen war *keine* erfolgreich und *drei* (60 %) waren unbegründet. In *einer* Verfassungsbeschwerde war die Rüge unzulässig, in *einer* weiteren musste der *Bayerische Verfassungsgerichtshof* nicht über sie entscheiden.

1. Die vom Bayerischen Verfassungsgerichtshof aufgestellten Grundsätze zur Überprüfung der Ablehnung von Terminsverlegungsanträgen

Der Betroffene hat keinen Anspruch auf Verlegung des Termins. Über einen solchen entscheidet der Richter nach pflichtgemäßem Ermessen unter Berücksichtigung der Interessen der Beteiligten, des Gebots der Verfahrensbeschleunigung und der Terminsplanung des Gerichts. Nur in besonderen Fällen, wenn berufliche oder private Angelegenheiten unaufschiebbar und von besonderer Bedeutung sind, können sie bei einer Gesamtbetrachtung die Wahrnehmung eines gerichtlichen Termins unzumutbar machen. Liegen solche Gründe vor, wird das Ermessen des Gerichts auf Null reduziert. Es muss den Termin verlegen. Andernfalls verletzt es das rechtliche Gehör, weil die Ablehnung auf sachfremden und nicht mehr nachvollziehbaren Gründen beruht und sie dem Betroffenen dadurch den ersten Zugang zum Gericht nimmt[424].

---

[424] *BayVerfGH* Vf.36-VI-02, Urteil vom 20. Mai 2003, S. 7 f.

2. Die erfolglosen Rügen wegen abgelehnter Anträge auf Terminsverlegung

Die Zurückweisung eines, am letzten Werktag vor der Hauptverhandlung gestellten, Terminsverlegungsantrags, den die Partei mit einem nicht näher ausgeführten unaufschiebbaren Termin begründete, ist verfassungsrechtlich unbedenklich. Der Vortrag der Partei muss die Gründe der Unaufschiebbarkeit eines Termins darlegen, damit der Richter die Unzumutbarkeit des persönlichen Erscheinens beurteilen kann[425]. Art. 91 Abs. 1 BV ist nicht verletzt, wenn das Gericht den, vom Prozessbeteiligten einen Tag vor dem Termin gestellten, Verlegungsantrag ablehnt, weil es den Termin lange vorher mitteilte und schon mehrfach wegen Erkrankung der Partei verschob[426].
Ist ein Rechtsanwalt beauftragt, ist die Ablehnung eines Terminsverlegungsantrags trotz Krankenhausaufenthalts und Anordnung des persönlichen Erscheinens nach § 273 Abs. 2 Nr. 3, § 141 Abs. 1 Satz 1 ZPO der Partei kein Verstoß gegen Art. 91 Abs. 1 BV. Der Fall tritt insbesondere ein, wenn das Gericht den Prozessbevollmächtigten der Partei hört und keine Gründe, die eine persönliche Anhörung des Betroffenen erforderlich machen, ersichtlich sind.[427] Hingegen entschied der *Bayerische Verfassungsgerichtshof* nicht, ob eine Verletzung des Art. 91 Abs. 1 BV vorliegt, sofern der Richter dem Terminsverlegungsantrag des Prozessbevollmächtigten im eigentlichen Termin nicht stattgibt, obwohl die Partei akut erkrankte und das persönliche Erscheinen angeordnet war.[428]
Die Zurückweisung eines Terminsverlegungsantrags ist verfassungsrechtlich unbedenklich, falls zwischen der Zurückweisung und dem eigentlichen Termin für den Prozessbeteiligten genügend Zeit bleibt seinen Vortrag zu ergänzen (14 Tage).[429]

3. Bewertung der Judikate

Den Fall einer Ablehnung des Terminsverlegungsantrags wegen plötzlicher Erkrankung einer Partei, die aber anwaltlich vertreten ist, erachten die übrige Rechtsprechung[430] und Literatur[431] *grundsätzlich* für verfassungsrechtlich nicht relevant. Der Anwalt vermittelt in diesem Fall das rechtliche Gehör der Partei[432]. Anders ist zu entscheiden, wenn die Partei ein besonderes Interesse an der Teilnahme besitzt und dieses substantiiert darlegt[433]. Etwas enger sollte meines Erachtens der Ermessensspielraum des Gerichts sein,

---

[425] Vgl. *BayVerfGH* a. a. O., S. 8 f.
[426] Vgl. *BayVerfGH* Vf.21-VI-01, Urteil vom 26. April 2002, S. 4 ff. Mit Blick auf die lange Verfahrensdauer war es der Partei möglich, einen Bevollmächtigten zu bestellen.
[427] *BayVerfGH* Vf.34-VI-89, Urteil vom 20. Juni 1990, S. 13.
[428] *BayVerfGH* Vf.19-VI-03, Urteil vom 28. August 2003, S. 4 und 9. Die Verfassungsbeschwerde war wegen einer unzulässigen Überraschungsentscheidung erfolgreich.
[429] Vgl. *BayVerfGH* Vf.11-VI-97, Urteil vom 21. November 1997, S. 5 f.
[430] *BFH* NJW 1991, 2104; *BVerwG* NJW 1991, 2097; *BVerwG* NJW 2001, 2735 f.; *OVG Münster* NJW 1996, 334 (335).
[431] *Waldner*, Rdnr. 257; vgl. *Hartmann* in: *Baumbach/Lauterbach/Albers/Hartmann*, § 227 Rdnr. 16 und 25; vgl. *Schneider*, MDR 1999, 58. vgl. *Roth* in: *Stein/Jonas*, § 227 Rdnr. 7.
[432] Siehe ausführlich dazu unten § 6 III. B. 2.
[433] *BFH* NJW 1991, 2104; *BVerwG* NJW 1991, 2097; *OVG Münster* NJW 19996, 334 (335); *Stadler* in: Musielak, § 227 Rdnr. 4.

wenn es das persönliche Erscheinen der Partei anordnet und diese trotz anwaltlicher Vertretung krankheitsbedingt zum Termin nicht erscheinen kann[434]. Das persönliche Erscheinen dient regelmäßig der Sachaufklärung (§ 141 Abs. 1 Satz 1 ZPO), welche die Partei aufgrund persönlicher Wahrnehmung am ehesten fördern kann.

B. Die Verlegung von Verkündungsterminen

Die Verlegung von Verkündungsterminen rügten die Beschwerdeführer insgesamt dreimal vor dem *Bayerischen Verfassungsgerichtshof*[435]. Dass diese Rüge nicht erfolgreich sein kann, selbst bei einer viermaligen aufeinanderfolgenden Verlegung des Termins[436], untersuchte die Arbeit bereits[437].

C. Verzicht auf die Äußerungsmöglichkeit

Relevant ist der Verzicht auf den Gehörsanspruch in erster Linie in Form des *Rechtsmittelverzichts*[438]. Da die Parteien die Konsequenzen eines solchen Verzichts übersehen müssen[439], können sie ihn erst nach Verkündung der Entscheidung erklären[440]. Danach ist die Entscheidung rechtskräftig. Entschließt sich ein Prozessbeteiligter unzulässigerweise zur Einlegung eines Rechtsmittels, kann sogar das Recht auf Gehör des Gegners verletzt sein, sofern das Gericht den protokollierten Rechtsmittelverzicht übersieht[441].

D. Missbrauch der Äußerungsmöglichkeit

Rechtsmissbräuchliches Prozessverhalten kann das Äußerungsrecht beschneiden. Erhebt eine Partei die Widerklage nur um die Folgen der Versäumung der Klageerwiderungsfrist zu umgehen, ist dieses Verhalten rechtsmissbräuchlich. In diesem Fall kann nach Ansicht des *Bayerischen Verfassungsgerichtshofs*[442] mit Blick auf Art. 91 Abs. 1 BV das Fachgericht die Widerklage unberücksichtigt lassen. Ein Prozessbeteiligter handelt ferner rechtsmissbräuchlich, soweit er Befangenheitsanträge nur zum Zweck der Verfahrensverschleppung stellt. Durften die Gerichte ein solches Ablehnungsgesuch für rechtsmissbräuchlich und damit unzulässig halten, waren sie nicht verpflichtet, zu dessen materieller Begründetheit Zeugen zu vernehmen.[443]

---

[434] So wohl auch *Roth* in: *Stein/Jonas*, § 227 Rdnr. 7; vgl. *Putzo* in: *Thomas/Putzo*, § 227 Rdnr. 7.
[435] *BayVerfGH* Vf.34-VI-89, Urteil vom 20. Juni 1990, S. 14; Vf.66-VI-98, Urteil vom 26. Oktober 1999, S. 9; *BayVerfGH* Vf.62-VI-93, Urteil vom 5. Juni 1996.
[436] *BayVerfGH* Vf.62-VI-93, Urteil vom 5. Juni 1996, S. 14.
[437] Siehe § 5 IV. A. 1. a) (2).
[438] Vgl. *BayVerfGH* Vf.117-VI-89, Urteil vom 26. Oktober 1990.
[439] *Schmidt-Aßmann* in: *Maunz/Dürig*, Art. 103 Rdnr. 82.
[440] Vgl. *BayVerfGH* Vf.117-VI-89, Urteil vom 26. Oktober 1990, S. 3.
[441] *BayVerfGH* a. a. O., S. 12 f.
[442] Vgl. *BayVerfGH* Vf.22-VI-96, Urteil vom 22. Juli 1997, S. 9.
[443] *BayVerfGH* Vf.86-VI-90, Urteil vom 10. Oktober 1990, S. 6.

E. Das Ermöglichen der Gelegenheit zur Äußerung

Will die Partei von ihrem Äußerungsrecht Gebrauch machen, so dürfen ihr keine „unüberwindbaren Steine in den Weg gelegt werden". Der *Bayerische Verfassungsgerichtshof* konkretisiert dies auf die allgemeingültige Formel: „Die Anforderungen an die Parteien, sich Gehör zu verschaffen, dürfen nicht überspannt werden."[444] Dabei kommt das „Nichtüberspannen von Anforderungen" in den verschiedensten Bereichen zum Ausdruck, die im *Rahmen des Äußerungsrechts* jedoch eines gemeinsam haben: den Zugang zum Gericht. Namentlich handelt es sich hierbei um das Prozesskostenhilfeverfahren, Klageerzwingungsverfahren und dem Zugang zu den Rechtsmittelinstanzen.

1. Die Verweigerung der Prozesskostenhilfe

Die Verweigerung der Prozesskostenhilfe führt regelmäßig zum Verlust der Äußerungsmöglichkeit. Demzufolge ist sie Gegenstand der Rüge zur Verletzung des Art. 91 Abs. 1 BV.

Tabelle 15
Übersicht über die Rüge wegen Ablehnung der Prozesskostenhilfe von 1990 bis 2003 und deren Ausgang

Jahr	Anzahl der Rügen	Unzulässig	Unbegründet	Begründet	Nicht entschieden
2003	1	0	1	0	0
2001	1	0	1	0	0
2000	2	0	1	1	0
1995	1	0	1	0	0
1993	1	0	0	0	1
1991	1	0	1	0	0
Summe	**7**	**0**	**5**	**1**	**1**
Prozent	**100 %**	**0 %**	**72 %**	**14 %**	**14 %**

Legende: Spalte 1 enthält die Jahrgänge im Untersuchungszeitraum, in denen die Rüge enthalten war. Spalte 2 zeigt die Gesamtzahl der Rügen und Spalten 3 bis 6 verdeutlichen deren Ausgang mit einer Verteilung in Zahlen und Prozent.

---

[444] Vgl. *BayVerfGH* Vf.51-VI-00, Urteil vom 18. Juli 2001, S. 5; Vf.18-VI-90, Urteil vom 1. Februar 1991, S. 17; Vf.68-VI-01, Urteil vom 20. August 2003, S. 6.

Von insgesamt *sieben* Rügen war *keine* unzulässig, *fünf* (72 %) unbegründet und *eine* hatte Erfolg (14 %). In *einem* Fall (14 %) musste der *Bayerische Verfassungsgerichtshof* nicht über die Beanstandung entscheiden.

a) Die vom Bayerischen Verfassungsgerichtshof aufgestellten Grundsätze zur Überprüfung der Ablehnung von Prozesskostenhilfe

Der *Bayerische Verfassungsgerichtshof* führt aus: „Der Anspruch auf rechtliches Gehör kann verletzt sein, wenn Verfahrensvorschriften in nicht mehr vertretbarer Weise ausgelegt werden und dadurch der Zugang zu den Gerichten in unzumutbarer, aus Sachgründen nicht mehr zu rechtfertigender Weise erschwert wird. Eine Verletzung des rechtlichen Gehörs durch die Verweigerung der Prozesskostenhilfe ist möglich, wenn ein Gericht aus sachfremden Erwägungen oder ohne gewissenhafte Prüfung der Erfolgsaussichten der beabsichtigten Rechtsverfolgung die Gewährung von Prozesskostenhilfe verweigert."[445]

b) Die erfolgreiche Rüge wegen der abgelehnten Prozesskostenhilfe

Eine Verletzung des Art. 91 Abs. 1 BV liegt vor, wenn das Berufungsgericht fälschlicherweise von einer Bindungswirkung des Tatbestandes des erstinstanzlichen Urteils nach § 314 ZPO dergestalt ausgeht, dass es neuen Parteivortrag nebst Beweisangebote nicht berücksichtigt. Dann prüfte es die für die Prozesskostenhilfe im Berufungsverfahren notwendigen Erfolgsaussichten nicht hinreichend.[446]

c) Die erfolglosen Rügen wegen der abgelehnten Prozesskostenhilfe

Soweit der die Prozesskostenhilfe versagende Beschluss mit der Rechtsprechung des *Bundesgerichtshofs* die mangelnden Erfolgsaussichten des Anspruchs begründet, kann unter verfassungsrechtlichen Gesichtspunkten keine unverhältnismäßige Überspannung der Anforderungen an die gerichtliche Prüfung der Erfolgsaussichten vorliegen[447]. Lehnt ein Gericht die Erfolgsaussichten der Rechtsverfolgung mit einer nachvollziehbaren Begründung ab, ist sie nicht „schlechthin unhaltbar, offensichtlich sachwidrig, unter keinem Gesichtspunkt vertretbar und eindeutig unangemessen"[448]. Das Gericht verletzt Art. 91 Abs. 1 BV nicht, sofern es den Prozesskostenhilfeantrag für die Berufung mit der Begründung ablehnt, der Betroffene habe keine gegenüber der Ausgangsentscheidung neuen relevanten Tatsachen vorgetragen, die eine abändernde Entscheidung rechtfertigen könnten[449]. Ob ein Fachgericht gegen Art. 91 Abs. 1 BV verstößt, wenn es ohne Hinweis den Prozesskostenhilfeantrags ablehnt, weil der Antrag, die nach § 172 Abs. 3 Satz 2

---

[445] *BayVerfGH* Vf.18-VI-90, Urteil vom 1. Februar 1990, S. 6 f.; Vf.121-VI-93, Urteil vom 2. Juni 1995, S. 7.
[446] Vgl. *BayVerfGH* Vf.52-VI-98, Urteil vom 27. Januar 2000, S. 7 f.
[447] Vgl. *BayVerfGH* a. a. O., S. 17 f.
[448] *BayVerfGH* Vf.121-VI-93, Urteil vom 2. Juni 1995, S. 7.
[449] *BayVerfGH* Vf.40-VI-98, Urteil vom 20. November 2000, S. 4.

Halbsatz 2 StPO, § 117 Abs. 2 Satz 1 ZPO erforderlichen, Angaben zu den wirtschaftlichen und persönlichen Verhältnissen nicht enthält, kann dahinstehen, wenn es die Ablehnung zusätzlich mit den mangelnden Erfolgsaussichten des Klageerzwingungsantrags begründet[450]. Offen blieb die Verletzung des Art. 91 Abs. 1 BV in einem Fall, weil das Gericht einen mit der Prozesskostenhilfe verbundenen Antrag auf Wiedereinsetzung wegen Verstoß gegen die Prozessförderungspflicht ablehnen konnte[451].

d) *Bewertung der Judikate*

Die erfolgreiche Verfassungsbeschwerde gegen den, die Prozesskostenhilfe ablehnenden, Beschluss erging nach der Rechtslage vor Änderung der ZPO durch das ZPO-RG vom 27. Juli 2001. Damals war die Berufung noch eine zweite Tatsacheninstanz und die Berufungsgerichte konnten neu vorgetragene Tatsachen nebst Beweisangebote nur nach den Vorschriften der §§ 527 a.F., 528 Abs. 1 a. F. ZPO zurückweisen. Die berufungsgerichtliche Entscheidung beruhte auf der falschen Anwendung des § 314 ZPO, wobei ein Fall der Präklusion nicht vorlag. Nach geltendem Verfahrensrecht dürfen die Berufungsgerichte neu vorgetragene Tatsachen und Beweisangebote eingeschränkt nach Maßgabe des § 529 Abs. 1 n. F., § 531 Abs. 2 Satz 1 n. F. ZPO berücksichtigen. Die Berufungsinstanz ist *keine* weitere Tatsacheninstanz. Der *Bayerische Verfassungsgerichtshof* hätte nach neuem Recht untersuchen müssen, ob die Entscheidung auf dem Fehler der falschen Bindungswirkung des § 314 ZPO beruht oder ob die Vorschriften der § 529 Abs. 1 n. F., § 531 Abs. 2 Satz 1 n. F. ZPO einen neuen Tatsachenvortrag zulassen. Da das entsprechende Berufungsverfahren keine Anhaltspunkte für die Zulassung erneuten Vortrags enthält, wäre die Verfassungsbeschwerde nach geltendem Recht trotz einer falschen Auslegung des § 314 ZPO unbegründet.

2. Die Ablehnung des Klageerzwingungsantrags nach §§ 172 ff. StPO

Die Rüge zur fehlerhaften Ablehnung eines Klageerzwingungsantrags kam nur *dreimal* im Untersuchungszeitraum vor. Deshalb ist eine eigenständige Tabelle nicht erforderlich. Besonders im Hinblick darauf, dass sämtliche Rügen erfolglos waren[452].

a) *Die vom Bayerischen Verfassungsgerichtshof aufgestellten Grundsätze zur Überprüfung des abgelehnten Klageerzwingungsantrags*

Der *Bayerische Verfassungsgerichtshof* führt aus: „Das Recht auf Gehör kann verletzt sein, wenn der Zugang zum Gericht oder den gesetzlich vorgesehenen Instanzen versperrt oder in unzumutbarer, aus Sachgründen nicht mehr zu rechtfertigender Weise er-

---

[450] *BayVerfGH* Vf.68-VI-01, Urteil vom 20. August 2003, S. 5.
[451] Vgl. *BayVerfGH* Vf.60-VI-91, Urteil vom 23. April 1993, S. 10.
[452] *BayVerfGH* Vf.68-VI-01, Urteil vom 20. August 2003; Vf.51-VI-00, Urteil vom 18. Juli 2001; Vf.103-VI-94, Urteil vom 17. März 1994.

schwert wird. Dies ist der Fall, wenn die Formerfordernisse an einen Klageerzwingungsantrag weitergehen, als es durch ihren Zweck geboten ist."[453]

b) Die erfolglosen Rügen wegen des abgelehnten Klageerzwingungsantrags

Der Klageerzwingungsantrag muss zweckentsprechend sämtliche Tatsachen, welche die Erhebung einer öffentlichen Klage begründen sollen, und die sie belegenden Beweismittel enthalten; vgl. § 172 Abs. 3 Satz 1 StPO. Hierzu soll der Antragsteller den zugrunde liegende Sachverhalt in sich geschlossen und aus sich heraus verständlich darstellen, so dass sich daraus der einem Beschuldigten zur Last gelegte Straftatbestand ergibt, der bei Annahme eines hinreichenden Tatverdachts die Erhebung der öffentlichen Klage in materieller und formeller Hinsicht rechtfertigt. Diese Schlüssigkeitsprüfung der Erfolgsaussichten muss das Gericht anhand der Antragsschrift ohne Rückgriff auf die Ermittlungsakten der Staatsanwaltschaft durchführen.[454] Die Anforderungen an den Antrag sind nicht unverhältnismäßig, wenn er eigens nähere Hinweise auf die konkrete Rolle der Beschuldigten und keine Bezugnahme auf Teile von Unterlagen[455] sowie Ausführungen zum subjektiven Tatbestand enthalten soll[456].

c) Bewertung der Judikate

Ob im Klageerzwingungsverfahren nach § 172 StPO dem Antragsteller *uneingeschränkt* rechtliches Gehör gemäß Art. 91 Abs. 1 BV zu gewähren ist, ließ der *Bayerische Verfassungsgerichtshof* offen[457]. § 172 Abs. 3 Satz 1 StPO stellt sehr strenge[458] Anforderungen an den Inhalt eines Klageerzwingungsantrags. Eine solche Auslegung ist mit Art. 91 Abs. 1 BV vereinbar. Die maßgebliche Erwägung hierbei ist der Schutz der Gerichte vor nicht hinreichend substantiierten Anträgen[459]. Überwindet der Antragsteller diese Hürde und ist sein Antrag zulässig, kann die Ablehnung seines Antrags nach § 174 StPO unter den Voraussetzungen einer unzulässigen Überraschungsentscheidung in Betracht kommen, wenn die Ablehnung wegen Tatsachen erfolgt, die dem Antragsteller unbekannt waren[460].

---

[453] *BayVerfGH* Vf.51-VI-00, Urteil vom 18. Juli 2001, S. 5; Vf.86-VI-01, Urteil vom 20. August 2003, S. 6.
[454] *BayVerfGH* a. a. O.
[455] Vgl. *BayVerfGH* a. a. O.
[456] Vgl. *BayVerfGH* Vf.68-VI-01, Urteil vom 20. August 2003, S. 6 f.
[457] *BayVerfGH* Vf.103-VI-94, Urteil vom 17. März 1997, S. 9.
[458] So *BayVerfGH* Vf.51-VI-00, Urteil vom 18. Juli 2001, S. 6.
[459] *BayVerfGH* a. a. O. Aus der Antragsschrift muss sich eine Prognoseentscheidung über die Erfolgsaussichten ergeben.
[460] Vgl. *BayVerfGH* Vf.103-VI-94, Urteil vom 17. März 1997, S. 10.

3. Die Vereitelung des Zugangs zur nächsten Instanz

Soweit ein Gericht einer Partei die Möglichkeit nimmt eine gerichtliche Entscheidung einer weiteren Überprüfung zuzuführen, besteht die Möglichkeit eines Verstoßes gegen Art. 91 Abs. 1 BV.

Tabelle 16
Übersicht zur Rüge der Vereitelung des Zugangs zur Rechtsmittelinstanz von 1990 bis 2003 und deren Ausgang

Jahr	Anzahl der Rügen	Unzulässig	Unbegründet	Begründet	Nicht entschieden
2002	3	0	3	0	0
2000	2	1	1	0	0
1998	1	0	1	0	0
1995	2	0	1	0	1
1992	1	1	0	0	0
Summe	9	2	6	0	1
Prozent	100 %	22 %	66 %	0 %	11 %

Legende: Spalte 1 enthält die Jahrgänge im Untersuchungszeitraum, in denen die Rüge enthalten war. Spalte 2 zeigt die Gesamtzahl der Rügen und Spalten 3 bis 6 verdeutlichen deren Ausgang mit einer Verteilung in Zahlen und Prozent.

Von den *neun* Rügen waren *sechs* (66 %) unbegründet und *zwei* (22 %) unzulässig. Über *eine* Rüge (11 %) brauchte der *Bayerische Verfassungsgerichtshof* nicht entscheiden.

a) Die vom Bayerischen Verfassungsgerichtshof aufgestellten Grundsätze zur Überprüfung der Ablehnung von Rechtsmittelgesuchen

Ein Recht auf den Instanzenzug ist verfassungsrechtlich nicht gewährleistet[461]. Art. 91 Abs. 1 BV verlangt nicht, dass gegen eine gerichtliche Entscheidung ein Rechtsmittel gegeben sein muss. Die Vorschrift wirkt sich als Grundrecht nur aus, wenn das Verfahrensrecht eine weitere Instanz eröffnet[462]. Das Recht auf Gehör ist verletzt, wenn das Gericht den Zugang zu den gesetzlich vorgesehenen Instanzen versperrt oder in unzumutbarer, aus Sachgründen nicht mehr zu rechtfertigender Weise erschwert[463].

[461] *BayVerfGH* Vf.31-VI-01, Urteil vom 15. März 2002, S. 13.
[462] *BayVerfGH* Vf.30-VI-94, Urteil vom 5. Mai 1995, S. 8.
[463] Ständige Rechtsprechung *BayVerfGH* Vf.1-VI-91, Urteil vom 23. Oktober 1992, S. 35.

b) Die getroffenen Entscheidungen

Die fehlende Möglichkeit der Überprüfung einer gerichtlichen Entscheidung ergibt sich durch folgende Maßnahmen:

(1) Entscheidungen betreffend den Streitwert

Das Prozessgericht setzt den Streitwert für jede Instanz gesondert fest. Bezieht sich der Streitwertbeschluss somit nur auf die Instanz, die das vor seinem Erlass verkündete Urteil abschloss, erschwert der gerichtliche Beschluss nicht den Zugang zur nächsten Instanz[464]. Setzt das Berufungsgericht den Streitwert unterhalb der erforderlichen Berufungssumme für ein Berufungsverfahren, verstößt es nicht gegen Art. 91 Abs. 1 BV, wenn der Betroffene vor Erlass der belastenden Entscheidung Gelegenheit zur Stellungnahme hatte. Dies trifft ferner zu, wenn die Begründung zur Herabsetzung erst später, etwa in einer Nichtabhilfeentscheidung, erfolgt.[465]

(2) Die Prozesstrennung

Trennt ein Gericht gemäß § 145 ZPO das Verfahren, entstehen selbstständige Prozesse. Für jeden der Prozesse beurteilt das Gericht die Rechtsmittelsumme getrennt, mit der Folge, dass diese möglicherweise nicht mehr die erforderliche Höhe erreichen. Eine *unzulässige* Trennung berührt die Rechtsmittelfähigkeit der Entscheidung nicht[466]. Es ist vielmehr gemäß § 5 ZPO der zusammenzurechnende Gesamtstreitwert maßgebend. Nimmt das Gericht eine unzulässige Prozesstrennung mit der Folge vor, dass kein Verfahren die Berufungssumme erreicht, muss die Partei dennoch Berufung einlegen[467].

(3) Verlust einer Instanz durch Zulassung einer Klageänderung im Berufungsverfahren

Eine erst im Berufungsverfahren nachgeschobene fristlose Kündigung konnte das Berufungsgericht als Klageänderung unter dem Gesichtspunkt der Sachdienlichkeit nach § 523 a. F i. V. m § 263 ZPO zulassen. Das Gericht musste die Klageänderung in der Berufungsinstanz unter den Voraussetzungen der Prozesswirtschaftlichkeit beurteilen und konnte die Klageänderung folglich nicht deshalb verneinen, weil sich die Zulassung für den Betroffenen als Verlust einer Instanz darstellte. Bei dem Verlust einer Instanz handelte sich um eine prozessuale Folge, die das Gesetz in Kauf nahm, so dass darin kein Verstoß gegen Art. 91 Abs. 1 BV lag[468]. Ein derartiger „Instanzenverlust" ist nach geltendem Berufungsrecht nicht mehr möglich. Für eine Klageänderung im Berufungsverfahren ist § 533 n.F. ZPO einschlägig. Nach § 533 Nr. 1 n.F. ZPO kann das Berufungs-

---

[464] *BayVerfGH* a. a. O., S. 36.
[465] *BayVerfGH* Vf.98-VI-99, Urteil vom 14. Juli 2000, S. 11. Siehe auch § 5 IV. A. 2. c) (10).
[466] *BGH* NJW 1995, 3120; *BayVerfGH* Vf.102-VI-99, Urteil vom 22. September 2000, S. 5 f.
[467] *BayVerfGH* a. a. O. Die Verfassungsbeschwerde war wegen mangelnder Rechtswegerschöpfung unzulässig.
[468] *BayVerfGH* Vf.93-VI-97, Urteil vom 14. August 1998, S. 7 ff.

gericht zwar die Sachdienlichkeit der Klageänderung prüfen und annehmen, soweit der Gegner nicht einwilligt, ist zusätzlich jedoch an die Maßgabe der § 533 Nr. 2 n. F. i.V.m. § 529 n.F. ZPO gebunden. Danach darf das Gericht eine Klageänderung nicht für sachdienlich erachten, die der Berufungskläger auf neue Tatsachen stützt, die er in der ersten Instanz noch nicht vortrug.

(4) Die Nichtverbescheidung zulässiger Rechtsbehelfe

Art. 91 Abs. 1 BV kann verletzt sein, wenn das Gericht einen zulässigen und rechtzeitig eingegangenen Rechtsbehelf nicht sachlich verbescheidet, sondern als unzulässig verwirft. So, wenn das Gericht eine ohne Prozessbevollmächtigten eingelegte sofortige Beschwerde gegen einen, den Befangenheitsantrag ablehnenden, Beschluss mit der Begründung als unzulässig zurückweist, dass für den Antrag ein Anwaltszwang bestünde. Gemäß § 569 Abs. 2 Satz 2 Var. 2 a. F. ZPO (§ 569 Abs. 3 Ziff. 1 n. F. ZPO) besteht dieser Zwang in Wahrheit nicht. Anders liegt der Fall, wenn „die Verwerfung eines – neuerlichen – Befangenheitsantrags“…„vom Ergebnis her nicht zu beanstanden ist“.[469]

(5) Zurückweisung von Rechtsmitteln, die der Rechtsmittelführer mit der Verletzung des rechtlichen Gehörs durch die Ausgangsentscheidung begründet

Geht das Berufungsgericht in einer nicht zu beanstandenden Weise von der Unzulässigkeit eines Rechtsmittels aus, darf es die Erörterung des Rechtsmittels in der Sache selbst unterlassen, ohne gegen Art. 91 Abs. 1 BV zu verstoßen. Das Grundrecht verlangt nicht, dass gegen eine gerichtliche Entscheidung ein Rechtsmittel zu einem Gericht höherer Instanz gegeben sein muss, damit ein Prozessbeteiligter eine Verletzung seines Anspruchs auf rechtliches Gehör geltend machen kann.[470] Ist ein Rechtsmittel nicht statthaft, wird es nicht dadurch zulässig, dass der Rechtsmittelführer es auf die Behauptung einer Verletzung des rechtlichen Gehörs stützt[471]. Demnach liegt kein Verstoß vor, wenn sich aufgrund der Auslegung des einfachen Verfahrensrechts ergibt, dass das Rechtsmittel gegen die Ausgangsentscheidung gesetzlich nicht vorgesehen ist[472].

---

[469] *BayVerfGH* Vf.81-VI-00, Urteil vom 25. Januar 2002, S. 14. Die Entscheidung beruhte letztlich nicht auf einem möglichen Verstoß.

[470] *BayVerfGH* Vf. 30-VI-02, Urteil vom 27. November 2002, S. 11; Vf.31-VI-01, Urteil vom 15. März 2002, S. 13. Offen gelassen in Vf.63-VI-95, Urteil vom 8. Dezember 1995, S. 9.

[471] *BayVerfGH* Vf.101-VI-92, Urteil vom 17. Juni 1994, S. 7.

[472] *BayVerfGH* Vf.30-VI-94, Urteil vom 5. Mai 1995, S. 8, für eine unstatthafte weitere Beschwerde; *BayVerfGH* Vf.30-VI-02, Urteil vom 27. November 2002, S. 11, für eine, mit einer Gehörsrüge begründete, sofortige Beschwerde gegen eine amtsgerichtliche einstweilige Anordnung, die eine Zwangsvollstreckungsmaßnahme aufhob; *BayVerfGH* Vf.31-VI-01, Urteil vom 15. März 2002, S. 13, für eine, mit einer Gehörsrüge begründeten, Berufung unterhalb der notwendigen Berufungssumme im Sinne des § 511a Abs. 1 a. F. ZPO; vgl. *BayVerfGH* Vf.63-VI-95, Urteil vom 8. Dezember 1995, S. 9.

(a) Der Unterschied zur Rechtsprechung des Bundesverfassungsgerichts seit 2003

In seiner Plenarentscheidung vom April 2003 änderte das *Bundesverfassungsgericht*[473] seine, bis dato dem *Bayerischen Verfassungsgerichtshof* gleichlautende, Rechtsprechung und sah in der Zurückweisung von gesetzlich nicht eröffneten Rechtsbehelfen beziehungsweise Rechtsmitteln, die der Rechtsmittelführer mit der Verletzung des rechtlichen Gehörs begründete, einen Verstoß gegen den allgemeinen Justizgewährungsanspruch i.V.m. Art. 103 Abs. 1 GG. Danach erfordere die Verfassung bei der Unanfechtbarkeit einer Entscheidung die einmalige gerichtliche Abhilfemöglichkeit in jeder Instanz, um entscheidungserhebliche Gehörverstöße zu beheben[474]. Die Begrenzung der Gehörsrüge nach § 321a ZPO auf erstinstanzliche, unanfechtbare Urteile sei unzureichend.

(b) Änderung der Verfahrensordnungen durch das Anhörungsrügengesetz

Aufgrund der vorgenannten Entscheidung des Plenums des *Bundesverfassungsgerichts,* vervollständigte der Gesetzgeber mit dem, am 1. Januar 2005 in Kraft getretenen, Anhörungsrügengesetz[475] das Rechtsschutzsystem. Es führte für alle Verfahrensordnungen eine fachgerichtliche Abhilfemöglichkeit zur Behebung von Gehörsverstößen ein. Bei der Ausgestaltung der Anhörungsrüge orientierte sich der Gesetzgeber an § 321a ZPO[476]. Über die Anhörungsrüge befindet dasjenige Gericht, das die angegriffene Entscheidung erlassen hat. Hat die Rüge Erfolg, wird das Verfahren in seiner früheren Lage fortgesetzt. Ist sie unzulässig oder unbegründet, verwirft das Gericht die Rüge oder weist sie zurück[477].

(c) Auswirkungen des Anhörungsrügengesetzes für Verfassungsbeschwerden wegen der Verletzung des rechtlichen Gehörs zum Bayerischen Verfassungsgerichtshof

Durch den außerordentlichen Rechtsbehelf[478] der Anhörungsrüge wird die Rüge der Verletzung des Art. 91 Abs. 1 BV, die in 42 % aller Urteilsverfassungsbeschwerden zu finden ist[479], deutlich sinken, was zu einer erheblichen Entlastung des *Bayerischen Verfassungsgerichtshofs* führen wird. Viele instanzgerichtliche „Alltagsfehler", die in der Regel wenig grundrechtsdogmatische Fragen aufwerfen, beheben in Zukunft die Fachgerichte intern. Angesichts der Rechtswegerschöpfung kann der Einzelne eine Verfassungsbeschwerde zulässigerweise erst nach erfolgloser Durchführung eines Anhörungsverfahrens

---

473 *BVerfGE* 107, 395 ff.
474 *BVerfGE* 107, 395 (407)
475 BGBl I 2004, 3220 ff.
476 BGBl I 2001, 1887 (1892 f.).
477 BT-Dr 15/3706, S. 13.
478 Vgl. BT-Dr 15/3966, S. 8 f.
479 Siehe dazu die Tabelle 1 unter § 3 I.

erheben. Versäumt er es von diesem Rechtsbehelf Gebrauch zu machen, bleibt eine Verfassungsbeschwerde wegen einer etwaigen Gehörsverletzung ohne Erfolg[480].

III. Form der Äußerungsmöglichkeit

Sofern das Gericht den Prozessbeteiligten die mündliche Verhandlung oder eine persönliche Stellungnahme untersagt, kann es dadurch den Anspruch auf rechtliches Gehör verletzen.

A. Rüge der fehlenden Möglichkeit zur mündlichen Stellungnahme

Soweit die Fachgerichte den Prozessbeteiligten eine mündliche Verhandlung verweigerten, sah sich der *Bayerische Verfassungsgerichtshof* in folgendem Ausmaß mit einer entsprechenden Rüge konfrontiert:

Tabelle 17
Übersicht über die Rüge zur fehlenden mündlichen Verhandlung von 1990 bis 2003 und deren Ausgang

Jahr	Anzahl aller Rügen	Unzulässig	Unbegründet	Begründet	Nicht entschieden
2001	*1*	*0*	*1*	*0*	*0*
2000	*1*	*1*	*0*	*0*	*0*
1994	*1*	*0*	*0*	*0*	*1*
1991	*1*	*0*	*1*	*0*	*0*
1990	*2*	*0*	*2*	*0*	*0*
Summe	***6***	***1***	***4***	***0***	***1***
Prozent	***100 %***	***17 %***	***66 %***	***0 %***	***17 %***

Legende: Spalte 1 enthält die Jahrgänge im Untersuchungszeitraum, in denen die Rüge enthalten war. Spalte 2 zeigt die Gesamtzahl der Rügen und Spalten 3 bis 6 verdeutlichen deren Ausgang mit einer Verteilung in Zahlen und Prozent.

Die Rüge wegen der fachgerichtlichen Verweigerung einer mündlichen Verhandlung kam selten vor. Von den *sechs* Beanstandungen waren *vier* (66 %) unbegründet. Über *eine* Rüge musste der *Bayerische Verfassungsgerichtshof* nicht entscheiden (17 %) und *eine* weitere war bereits unzulässig (17 %).

---

[480] So der *BayVerfGH* im Jahr 2003 für § 321a ZPO; vgl. *BayVerfGH* Vf.70-VI-02, Urteil vom 7. Mai 2003, S. 4 f.

1. Die vom Bayerischen Verfassungsgerichtshof aufgestellten Grundsätze zur Überprüfung der Rüge zur fehlenden mündlichen Äußerungsmöglichkeit

Nach ständiger Rechtsprechung des *Bayerischen Verfassungsgerichtshofs* ergibt sich aus Art. 91 Abs. 1 BV keine bestimmte Form der Stellungnahme oder Anspruch auf eine bestimmte Verfahrensart. Art. 91 Abs. 1 BV ermöglicht eigens keine mündliche Verhandlung. Die nähere Ausgestaltung des Verfahrens ist vielmehr den einzelnen Prozessordnungen vorbehalten.[481]

2. Die Rügen wegen der fehlenden mündlichen Äußerungsmöglichkeit

Nach § 101 Abs. 3 VwGO können Kostenentscheidungen gemäß § 162 Abs. 2 VwGO ohne mündliche Verhandlungen ergehen. Das Gericht ist berechtigt nach pflichtgemäßem Ermessen eine solche Verhandlung anzuberaumen, wenn dies sachdienlich erscheint. Soweit keine gewichtigen Gründe vorgetragen oder ersichtlich sind, die eine mögliche Verhandlung erforderlich machen, scheidet eine Verletzung des Art. 91 Abs. 1 BV aus.[482] Ebenso ist im Verfahren über den Erlass einer einstweiligen Verfügung zu verfahren. Nach § 937 Abs. 2 ZPO entscheidet ein Gericht ohne mündliche Verhandlung, sofern es das Vorliegen eines dringenden Falles im Sinne des § 937 Abs. 2 ZPO nicht in einer gegen die *Bayerische Verfassung* verstoßenden Weise beurteilt.[483]

Der *Bayerische Verfassungsgerichtshof* ließ offen, ob eine Verletzung des Art. 91 Abs. 1 BV vorliegt, wenn der Betroffene nach einfachrechtlichen Regeln auf eine mündliche Anhörung vertrauen konnte. Art. 17 Abs. 3 Satz 3 a. F. BayPAG (Art. 18 Abs. 3 Satz 3 n. F. BayPAG) verweist, für das Verfahren einer richterlichen Entscheidung, auf das Gesetz über das Verfahren bei Freiheitsentziehung. Nach § 5 Abs. 1 des Freiheitsentziehungsgesetzes hat das Gericht die Person mündlich zu hören. Dies gilt auch für die nachträgliche Feststellung, dass eine bereits beendete Freiheitsentziehung rechtwidrig gewesen sei.[484]

Fraglich kann eine Verletzung des rechtlichen Gehörs sein, wenn, trotz eines ausdrücklichen Antrags auf eine mündliche Verhandlung nach § 495a Abs. 1 Satz 2 ZPO, das Gericht nach billigem Ermessen im Sinne von § 495a Abs. 1 Satz 1 ZPO im schriftlichen Verfahren entscheidet[485].

---

[481] Vgl. *BayVerfGH* Vf.51-VI-99, Urteil vom 18. September 2001, S. 7; Vf.32-VI-90, Urteil vom 7. Dezember 1990, S. 11.
[482] *BayVerfGH* a. a. O.
[483] *BayVerfGH* Vf.34-VI-89, Urteil vom 20. Juni 1990, S. 16.
[484] *BayVerfGH* Vf.46-VI-90, Urteil vom 24. Juli 1991, S. 9. Die Rüge war erfolglos, weil das Urteil auf einem etwaigen Verstoß nicht beruhte.
[485] Vgl. *BayVerfGH* Vf.142-VI-92, Urteil vom 22. Juli 1994. Hier lag bereits eine unzulässige Überraschungsentscheidung vor, so dass die Rüge zur fehlenden mündlichen Verhandlung offen bleiben konnte.

3. Bewertung der Judikate

Wenn es auch keine begründeten Rügen gab, sind allein drei der Rügen im Grenzbereich zur Gehörsverletzung anzusiedeln. Wie die Auswertung zeigt, lag ihre Erfolglosigkeit in der fehlenden Rechtswegerschöpfung[486], in der mangelnden Kausalität[487] und in dem Erfolg einer anderen Rüge[488].

Die Auswertung wirft zwei Fragen auf: Erstens, ob Art. 91 Abs. 1 BV einen Anspruch auf mündliche Stellungnahme gibt, wenn das einfache Prozessrecht den Gerichten die Verfahrensgestaltung offen lässt. Zweitens, ob Art. 91 Abs. 1 BV verletzt ist, wenn, trotz der Pflicht auf mündliche Anhörung nach einfachem Prozessrecht, diese unterbleibt.

a) Kein Anspruch auf mündliche Verhandlung, wenn schon einfaches Prozessrecht keine solche vorsieht

Soweit die einzelnen Verfahrensordnungen die Möglichkeit einräumen oder es dem Gericht freistellen eine Entscheidung auch ohne mündliche Verhandlung zu fällen, ergibt sich aus Art. 91 Abs. 1 BV kein Anspruch auf eine mündliche Anhörung. Aus dem Anspruch auf rechtliches Gehör lässt sich daher kein Mündlichkeitsprinzip ableiten[489]. Dieses ist vielmehr eine einfachrechtliche Prozessmaxime ohne Verfassungsrang[490]. Mag die Mündlichkeit in der Regel das wichtigste Mittel zur Gehörsgewährung darstellen, so kann eine Anhörung ebenso schriftlich erfolgen[491].

b) Verletzung des Art. 91 Abs. 1 BV, wenn entgegen den Prozessvorschriften nicht mündlich verhandelt wird?

Schwieriger zu beurteilen ist es, wenn das Gericht entgegen einer, den Prozessvorschriften vorgeschriebenen, Verfahrensform entscheidet. Dann liegt ein Verstoß gegen einfaches Verfahrensrecht vor. Der *Bayerische Verfassungsgerichtshof*[492] entschied nicht, ob darin ein Verstoß gegen Art. 91 Abs. 1 BV zu sehen ist. Das rechtliche Gehör ist meines Erachtens, wenn das Gesetz eine mündliche Verhandlung vorschreibt, nur mündlich ausreichend gewährt[493]. Gleiches muss gelten, wenn das Gericht im Bagatellverfahren schriftliche gemäß § 495a Abs. 1 Satz 1 ZPO verfährt, obwohl die Partei einen Antrag auf mündliche Verhandlung nach § 495a Abs. 1 Satz 2 ZPO stellte. Die Auswertung der Verfassungsbeschwerden bestätigt diese Ansicht. Die Mehrzahl der verfassungsrelevan-

---

486 Vgl. *BayVerfGH* Vf.102-VI-99, Urteil vom 22. September 2000.

487 *BayVerfGH* Vf.46-VI-90, Urteil vom 24. Juli 1991, S. 9.

488 Vgl. *BayVerfGH* Vf.142-VI-92, Urteil vom 22. Juli 1994.

489 *BayVerfGH* Vf.51-VI-99, Urteil vom 18. September 2001, S. 7; *Leipold* in: *Stein/Jonas*, § 128 Rdnr. 2; *Schmidt-Aßmann* in: *Maunz/Dürig*, Art. 103 Rdnr. 84; vgl. *BVerfGE* 60, 175 (210 f.).

490 Vgl. *BVerfGE* 57, 250 (273 f.); *Schmidt-Aßmann* in: *Maunz/Dürig*, Art. 103 Rdnr. 84.

491 Vgl. *Leipold* in: *Stein/Jonas*, § 128 Rdnr. 2 und Vorb. § 128 Rdnr. 31.

492 *BayVerfGH* Vf.46-VI-90, Urteil vom 24. Juli 1991, S. 9, es fehlte an der nötigen Kausalität zwischen Gehörsverstoß und der Entscheidung.

493 Eine andere Frage ist, ob der Verstoß auch kausal für das Urteil ist. Wenn die Parteien schriftlich bereits alles vortrugen, liegt zwar grundsätzlich eine verfassungsrelevante Gehörsverletzung vor, das Urteil beruht jedoch nicht auf dem Verstoß.

ten Gehörsverstößen geschehen, soweit das Gericht nach billigem Ermessen schriftlich gemäß § 495a Abs. 1 Satz 1 ZPO entscheidet[494]. Gehörsverstöße lassen sich demnach am ehesten durch eine mit Frage und Antwort versehene mündliche Verhandlung vermeiden.

B. Die Wahrung des Gehörsanspruchs gegenüber der Partei bei der Stellungnahme des Prozessbevollmächtigten

Die Rüge, der Prozessbeteiligte habe nicht die Möglichkeit zur persönlichen Äußerung gehabt, hat keine Aussicht auf Erfolg, wenn die Partei einen Rechtsanwalt ordnungsgemäß bestellte[495] und dieser die Partei vertrat[496]. Art. 91 Abs. 1 BV gibt der Partei selbst, nach Ansicht des *Bayerischen Verfassungsgerichtshofs*, kein Äußerungsrecht. Dies gilt sogar, wenn die Partei einen Antrag stellte und das Gericht ihr persönliches Erscheinen anordnete[497]. Hört ein Gericht den Rechtsanwalt eines Beteiligten, so wahrt es dadurch den Grundsatz des rechtlichen Gehörs. Ein Verstoß gegen die Bestimmung des § 137 Abs. 4 ZPO, die jeder Partei im Anwaltsprozess das Recht einräumt, auf Antrag selbst Ausführungen zu machen, mag nur in Ausnahmefällen dazu führen, dass die Entscheidung unter Verstoß gegen Art. 91 Abs. 1 BV zustande kommt.[498] Der *Bayerische Verfassungsgerichtshof* findet Zustimmung, soweit es um die Vermittlung des rechtlichen Gehörs durch den Prozessbevollmächtigten für die Partei geht[499]. Kritik wird jedoch laut, wenn er eine Verletzung des Art. 91 Abs. 1 BV nur auf Ausnahmefälle bei Nichtgewährung des Wortes einer Partei im Sinne des § 137 Abs. 4 ZPO beschränken will[500]. Die Kritiker sehen in einer gesetzeswidrigen Versagung der Stellungnahme im Sinne des § 137 Abs. 4 ZPO zugleich einen Verstoß gegen das rechtliche Gehör. Selbst der *Bayerische Verfassungsgerichtshof* beschränkte früher eine Verletzung des Art. 91 Abs. 1 BV nicht auf Ausnahmefälle, sondern nahm einen Verstoß gegen das Grundrecht an, wenn die Partei den Vortrag des Prozessbevollmächtigten in tatsächlicher Hinsicht ergänzen wollte. Eine Grundrechtsverletzung lag in einem solchen Fall besonders nahe, wenn sich der Anwalt außer Stande sah, zu bestimmten Tatsachenkomplexen eine Äußerung abzugeben[501]. Aus dieser alten Rechtsprechung folgernd, liegt meines Erachtens in der Ver-

---

[494] Siehe dazu im Einzelnen die Auswertung unter § 5 III. A.

[495] Der Prozessbevollmächtigte muss ordnungsgemäß bestellt sein; vgl. *BayVerfGH* Vf.128-VI-92, Urteil vom 29. Oktober 1993, S. 9 f. Für eine fehlerhafte Zustellung von Schriftstücken, da der Rechtsanwalt für das Verfahren keine Vollmacht hatte.

[496] Diese Rüge kam in der Form nur einmal vor, so dass es keiner eigenen Tabelle bedarf.

[497] Vgl. *BayVerfGH* Vf.34-VI-89, Urteil vom 20. Juni 1990.

[498] *BayVerfGH* a. a. O. S. 13. Der *Bayerische Verfassungsgerichtshof* verzichtet auf eine Darstellung, wann ein solcher Ausnahmefall vorliegt.

[499] *Degenhart* in: *Sachs*, Art. 103 Rdnr. 24; *Schmidt-Aßmann* in: *Maunz/Dürig*, Art. 103 Rdnr. 108 ff; *Zierlein* in: *Umbach/Clemens*, Art. 103 Rdnr. 81; *BVerfGE* 81, 123 (126); 54, 100 (116 f.).

[500] *Waldner*, Rdnr. 148; *Hartmann* in: *Baumbach/Lauterbach/Albers/Hartmann*, § 137 Rdnr. 48; *Leipold* in: *Stein/Jonas*, Vorb. § 128 Rdnr. 23a; etwas enger *Peters* in: Münchener Kommentar zur ZPO, § 137 Rdnr. 13; dem *Bayerischen Verfassungsgerichtshof* zustimmend: *Schmidt-Aßmann* in: *Maunz/Dürig*, Art. 103 Rdnr. 109.

[501] *BayVerfGHE* 14, 47 (48).

sagung des persönlichen Äußerungsrechts nach § 137 Abs. 4 ZPO auch ohne Herbeiführung einer Entscheidung gemäß § 140 ZPO ein Verstoß gegen Art. 91 Abs. 1 BV, da der Lebenssachverhalt der Partei besser bekannt ist als dem Prozessvertreter.

C. Das Recht auf Beiordnung eines Rechtsanwalts

Die fehlende Beiordnung eines Prozessbevollmächtigten war in den 13 Jahren des Untersuchungszeitraums nur einmal Gegenstand einer Gehörsrüge vor dem *Bayerischen Verfassungsgerichtshof*[502]. Wenn eine Partei sich ohne Anwalt vor Gericht äußern darf, verstößt die Versagung der Beiordnung eines Rechtsanwalts nicht gegen das Recht auf Gehör. Die Entscheidung des Gerichts, auf einen Anwalt zu verzichten, kann nur im Anwaltsprozess das Recht auf Gehör verletzen[503].

IV. Umfang der Äußerungsmöglichkeit

Das Äußerungsrecht bezieht sich auf sämtliche, für die Entscheidung erheblichen, Tatsachen[504], Beweisergebnisse[505] und umfasst Ausführungen zur Rechtslage[506]. Ein *einfaches Unterbinden* der Äußerungsmöglichkeit durch das Gericht kam nur vereinzelt in den Verfassungsbeschwerden vor, wie durch Formulierungen in den Beschwerdeschriftsätzen, der Richter habe „rücksichtslos und in grober Weise das Wort entzogen“[507] oder „den Mund verboten.“[508]. Ein Verlust der Äußerungsmöglichkeit von und zu Tatsachen, Beweisen oder Rechtsausführungen ist vorwiegend auf die Verletzung der gerichtlichen *Berücksichtigungspflicht*[509], aber auch auf die mangelnde *gerichtliche Information*[510] zurückzuführen.

A. Das Recht auf Rechtsausführungen

Jeder Prozessbeteiligte muss die Möglichkeit haben seine Rechtsauffassung mitzuteilen[511]. Der *Bayerische Verfassungsgerichtshof* lehnte es in einer früheren Entscheidung ab aus Art. 91 Abs. 1 BV ein Recht zur Stellungnahme auf *gegnerische* Rechtsausführungen abzuleiten[512], was ihm sowohl Kritik[513] als auch Zustimmung[514] einbrachte. Ob er

---

502 *BayVerfGH* Vf.18-VI-90, Urteil vom 1. Februar 1991.
503 *BayVerfGH* a. a. O. S. 17. Hier handelte es sich um ein arbeitsgerichtliches Verfahren ohne Anwaltszwang.
504 *BayVerfGH* Vf.73-VI-02, Urteil vom 19. August 2003, S. 7.
505 Ständige Rechtsprechung vgl. *BayVerfGH* Vf.10-VI-02, Urteil vom 28. April 2003, S. 7.
506 Vgl. *BayVerfGH* Vf.73-VI-02, Urteil vom 19. August 2003, S. 7.
507 *BayVerfGH* Vf.9-VI-90, Urteil vom 22. März 1991, S. 6; die Rüge war bereist unzulässig.
508 *BayVerfGH* Vf.31-VI-95, Urteil vom 9. August 1996, S. 6
509 Im Einzelnen zur Berücksichtigungspflicht § 8 II.
510 Im Einzelnen zur Informationspflicht § 6 II.
511 *Meder*, Art. 91 Rdnr. 4.
512 *BayVerfGHE* 15, 38 (41).
513 *Waldner*, Rdnr. 84.

diese Ansicht konsequent weiter verfolgt, ist meiner Ansicht nach fragwürdig. In einer neueren Entscheidung befand er die fehlende Übermittlung eines Schriftsatzes für verfassungsrechtlich unbedenklich, weil der gegnerische Schriftsatz weder neuen Tatsachenstoff noch *Ergänzungen in rechtlicher Hinsicht* enthielt, zu denen die Partei [Beschwerdeführer] nicht schon Stellung genommen hätte[515]. Indes blieb offen, ob Art. 91 Abs. 1 BV das Recht auf Nachreichung eines Schriftsatzes gewährleisten kann, der sich ausschließlich mit der angedeuteten Rechtsauffassung des Gerichts und nicht (auch) mit dem, der Entscheidung zugrundeliegenden, Sachverhalt auseinandersetzt[516]. Andererseits entschied der *Bayerische Verfassungsgerichtshof*, dass das rechtliche Gehör keine erneute Schriftsatzfrist erfordere, wenn der Kläger in der Berufungserwiderung und Anschlussberufung keine neuen Tatsachen vorträgt, sondern nur neue Rechtsfragen erörtert, zu denen sich die Beklagte [Beschwerdeführerin] bis zur mündlichen Verhandlung noch hätte einlassen können[517].

B. Die Erheblichkeit des Vortrags

Das Gericht hat die Pflicht nur wesentliche Tatsachen[518] zu berücksichtigen oder erheblichen Beweisangeboten nachzugehen[519]. Der Richter muss die Erheblichkeit nach einem objektiven, nicht zu engen Maßstab bestimmen. Andererseits ist ein denkbarer Zusammenhang mit dem Streitgegenstand des konkreten Verfahrens nötig.[520] Allerdings ergibt sich die Bedeutung bestimmter Tatsachen und der zu ihrer Unterstützung angebotenen Beweise erst im Laufe des Verfahrens, so dass das Gericht zu Beginn des Verfahrens den Parteivortrag nicht wegen *Unerheblichkeit* zurückweisen wird. Dieser Fall lag allen Urteilsverfassungsbeschwerden zugrunde.

V. Die zeitliche Beschränkung der Äußerungsmöglichkeit

Das Äußerungsrecht erfordert ausreichende Fristen für eine vom Beteiligten beabsichtigte Stellungnahme[521]. In der Regel ist die Einräumung einer zweiwöchigen Frist (§ 274 Abs. 3, § 276 Abs. 1, § 277 Abs. 3 ZPO) angemessen.[522] Stellt sich heraus, dass die Frist zu knapp bemessen war, kann das rechtliche Gehör eine Verlängerung erfordern[523]. Ebenso ist die Gewährung einer erneuten Frist zu erwägen; maßgeblich nach § 275 Abs. 4

---

[514] *Meder*, Art. 91 Rdnr. 4.
[515] *BayVerfGH* Vf.57-VI-93, Urteil vom 10. Mai 1994, S. 13.
[516] *BayVerfGH* Vf.13-VI-91, Urteil vom 7. Februar 1992, S. 17.
[517] *BayVerfGH* Vf.13-VI-91, Urteil vom 7. Februar 1992, S. 14.
[518] *BayVerfGH* Vf.73-VI-02, Urteil vom 19. August 2003, S. 7.
[519] *BayVerfGH* Vf.10-VI-02, Urteil vom 28. April 2003, S. 9.
[520] *Schmidt-Aßmann* in: *Maunz/Dürig*, Art. 103 Rdnr. 86.
[521] *Waldner*, Rdnr. 95; *Nolte* in: *v. Mangoldt/Klein/Starck*, Art. 103 Rndr. 46.
[522] Vgl. *BayVerfGH* Vf.57-VI-93, Urteil vom 10. Mai 1994, S. 14 f.
[523] Vgl. *BayVerfGH* a. a. O., S. 15, zu umfangreichen Sachverhaltsermittlungen, die mit der Anforderung von weiteren Unterlagen verbunden sind.

a. F. ZPO (§ 275 Abs. 4 Satz 1 n.F. ZPO), § 278 Abs. 3 a. F. ZPO (§ 139 Abs. 2 n.F. ZPO), § 283 ZPO.

A. Die Nichtgewährung erneuter Schriftsatzfristen

Fristgewährungsgesuche waren folgendermaßen Gegenstand einer Rüge zur Verletzung des Art. 91 Abs. 1 BV:

Tabelle 18
Übersicht zur Rüge wegen Ablehnung erneuter Schriftsatzfristgewährung von 1990 bis 2003 und deren Ausgang

Jahr	Anzahl aller Rügen	Unzulässig	Unbegründet	Begründet	Nicht entschieden
2002	2	0	0	1	1
1997	2	0	2	0	0
1994	2	0	2	0	0
1992	1	0	1	0	0
1990	1	0	1	0	0
Summe	**8**	**0**	**6**	**1**	**1**
Prozent	**100 %**	**0 %**	**75 %**	**12,5 %**	**12,5 %**

Legende: Spalte 1 enthält die Jahrgänge im Untersuchungszeitraum, in denen die Rüge enthalten war. Spalte 2 zeigt die Gesamtzahl der Rügen und Spalten 3 bis 6 verdeutlichen deren Ausgang mit einer Verteilung in Zahlen und Prozent.

Von den *acht* erhobenen Rügen waren *sechs* (75 %) unbegründet, *eine* hatte Erfolg (12,5 %), *keine* war unzulässig und in *einem* Fall musste der *Bayerische Verfassungsgerichtshof* nicht über die Beanstandung entscheiden.

1. Die vom Bayerischen Verfassungsgerichtshof aufgestellten Grundsätze zur Überprüfung der Nichtgewährung erneuter Schriftsatzfristen

Die, vom *Bayerischen Verfassungsgerichtshof* zu diesen Rügen verwendeten, Voraussetzungen wiederholen die Grundsätze der Gelegenheit zur Stellungnahme. Danach untersagt Art. 91 Abs. 1 BV dem Gericht seiner Entscheidung Tatsachen und Beweisergebnisse zugrunde zu legen, zu denen das Gericht den Beteiligten keine Gelegenheit zur Stellungnahme gab[524].

2. Die erfolgreiche Rüge wegen nicht gewährter Schriftsatzfrist

Wollen die Prozessbeteiligten auf die vom Gegner vorgetragenen Tatsachen rechtzeitig erwidern, müssen sie gegebenenfalls einen Antrag auf Verlegung des Termins oder Schriftsatzfristverlängerung bei Gericht stellen[525]. Für einen solchen Antrag besteht kein Anlass, wenn das Gericht schriftlich gemäß § 495a Satz 1 ZPO nach Eingang der Klageerwiderung entscheidet, ohne dass es dem Kläger einräumt, auf die Einwendungen des Beklagten zu antworten. Das Gericht muss hier selbst nach Fristablauf prüfen, ob es ausreichend Gelegenheit zur Stellungnahme gewährte.[526]

3. Die erfolglosen Rügen zur nicht gewährten Schriftsatzfrist

Die erfolglosen Rügen lassen sich in verschiedene Konstellationen einteilen:

a) Fallgestaltungen des § 283 ZPO

Hatte der Kläger [Beschwerdeführer] etwa *vier* Wochen bis zum Verhandlungstermin Gelegenheit zur Klageerwiderung des Beklagten Stellung zu nehmen, so liegen schon einfachrechtlich nach § 495, § 283 ZPO keine Voraussetzungen für eine Bewilligung erneuter Schriftsatzfrist vor[527]. Ein Verfassungsverstoß liegt nicht in der Versagung eines Antrags auf Schriftsatzfristverlängerung, wenn das fachgerichtliche Urteil den Schriftsatz der Beklagten, auf den der Kläger hätte antworten wollen, nicht berücksichtigt[528]. Gleiches gilt, falls sich aus der Niederschrift zur Verhandlung nicht ergibt, ob der Beschwerdeführer einen Antrag auf Fristgewährung stellte[529].

b) Fallgestaltungen des § 275 ZPO

Sofern das Berufungsgericht nach § 275 Abs. 4 a. F. i.V.m. § 523 a. F.; § 520 Abs. 2 Satz 1 a. F. ZPO (§ 275 Abs. 4 Satz 1 n.F. i.V.m. § 525 Satz 1 n.F.; § 521 Abs. 2 Satz 1 n.F. ZPO) dem Prozessgegner längere (Nach)Fristen zur Stellungnahme auf eine Berufungserwiderung und eine Anschlussberufung gewährt, gebietet Art. 91 Abs. 1 BV nicht, für eine Auseinandersetzung mit der vom Kläger vorgetragenen Rechtsansicht eine Frist einzuräumen, die über den Zeitraum von *zehn* Tagen zwischen Zustellung des Schriftsat-

---

[524] *BayVerfGH* Vf.13-VI-91, Urteil vom 7. Februar 1992, S. 14; Vf.27-VI-01, Urteil vom 13. Februar 2002, S. 5.
[525] Vgl. *BayVerfGH* Vf.51-VI-93, Urteil vom 17. März 1997, S. 5; Vf.76-VI-91, Urteil vom 22. Mai 1992, S. 10; Vf.67-VI-01, Urteil vom 6. Dezember 2002, S. 11.
[526] Vgl. *BayVerfGH* Vf.27-VI-01, Urteil vom 13. Februar 2002, S. 5 f.
[527] Vgl. *BayVerfGH* Vf.37-VI-89, Urteil vom 16. Februar 1990, S. 13.
[528] *BayVerfGH* Vf.51-VI-93, Urteil vom 17. März 1997, S. 6.
[529] *BayVerfGH* a. a. O., S. 5.

zes und dem Termin zur mündlichen Verhandlung hinausgeht[530]. Der Umstand, dass ein Gericht im frühen ersten Termin ohne weitere Anordnungen nach § 275 Abs. 2 und 3 ZPO entscheidet, demnach ohne eine Frist gemäß § 275 Abs. 1 Satz 1, Abs. 3 ZPO zu gewähren, kann für sich keinen Verstoß gegen Art. 91 Abs. 1 BV begründen[531].

c) *Sonstige Fristverlängerungen*

Weist das Gericht in der mündlichen Verhandlung auf rechtliche Bedenken gegen den Anspruch hin, kann es verfassungsrechtlich verpflichtet sein, gemäß § 278 Abs. 3 a. F. ZPO (§ 139 Abs. 2 n. F. ZPO) eine Frist zur Stellungnahme zu gewähren. Ob diese Verpflichtung im Einzelfall besteht, kann offen bleiben, wenn sich der Kläger nachträglich äußert und das Gericht dieses Vorbringen berücksichtigt.[532]
Die Ablehnung einer erneuten Schriftsatzfrist ist verfassungsrechtlich unbedenklich, sofern der Kläger den Antrag erst *drei* Wochen nach Zustellung des zu beantwortenden Beklagtenschriftsatzes stellt. Der Kläger muss sich frühzeitig erkundigen, ob ihm das Gericht eine Verlängerung gewährt[533]. In der Regel wird es einem erstmals gestellten, mit erheblichen Gründen versehenen Verlänngerungsantrag folgen[534].

B. Bewertung

Die Nichtgewährung einer erneuten Schriftsatzfrist liegt im Spannungsverhältnis zwischen dem *Äußerungsrecht* und der prozessualen *Mitwirkungspflicht* der Prozessbeteiligten. Das Gericht kann entweder durch eine zulässige Nichtgewährung das Äußerungsrecht unterbinden, oder selbst ohne Antrag des Betroffenen zu einer erneuten Fristgewährung oder deren Verlängerung verfassungsrechtlich verpflichtet sein. Daneben liegt es in der Verantwortung der Prozessbeteiligten, mithin in der ihnen obliegenden Prozessförderungspflicht, sich innerhalb der ihnen gegebenen (angemessenen) Fristen zu äußern. Gegebenenfalls müssen sie eine Verlängerung beantragen, um sich Gehör zu verschaffen.

---

[530] *BayVerfGH* Vf.13-VI-91, Urteil vom 7. Februar 1992, S. 14 f.
[531] *BayVerfGH* Vf.11-VI-97, Urteil vom 21. November 1997, S. 6.
[532] *BayVerfGH* Vf.37-VI-89, Urteil vom 16. Februar 1990, S. 13.
[533] *BayVerfGH* Vf.57-VI-93, Urteil vom 10. Mai 1994, S. 16. Gegebenenfalls muss der Kläger seinen Antrag mit weiteren Gründen versehen, falls das Gericht eine Ablehnung erwägt.
[534] Vgl. *BGH* NJW 1991, 2080 f. 1992, 2426 f.; 1993, 134 f.; vgl. BayVerfGH Vf.1-VI-96, Urteil vom 21. Juni 1996, S. 7, für die Frage der Erkundigungspflicht des Rechtsanwalts über die Entscheidung seines Verlängerungsantrags.

§ 8 Die Berücksichtigungspflicht nach Art. 91 Abs. 1 BV

I. Einführung

Machten die Prozessbeteiligten von ihrem Äußerungsrecht Gebrauch, hat das Gericht die Pflicht zur Berücksichtigung der Ausführungen. Diese spaltet sich in zwei Phasen auf. Zunächst muss das Gericht das, was dem Äußerungsrecht unterliegt, *zur Kenntnis nehmen* und anschließend bei der zu treffenden Entscheidung *in Erwägung ziehen*.

II. Die Kenntnisnahme und das Erwägen von Vorbringen

Tabelle 19
Übersicht über die Rüge zur fehlenden Berücksichtigung von Vorbringen in der Zeit von 1990 bis 2003 und deren Ausgang

Jahr	Anzahl aller Rügen	Unzulässig	Unbegründet	Begründet	Nicht entschieden
2003	*10*	*1*	*8*	*1*	*0*
2002	*10*	*1*	*7*	*1*	*1*
2001	*11*	*1*	*6*	*3*	*1*
2000	*13*	*0*	*9*	*2*	*2*
1999	*8*	*0*	*8*	*0*	*0*
1998	*11*	*2*	*8*	*1*	*0*
1997	*7*	*0*	*7*	*0*	*0*
1996	*19*	*1*	*13*	*4*	*1*
1995	*14*	*1*	*12*	*0*	*1*
1994	*12*	*2*	*8*	*2*	*0*
1993	*10*	*2*	*6*	*1*	*1*
1992	*21*	*4*	*15*	*2*	*0*
1991	*5*	*0*	*5*	*0*	*0*
1990	*7*	*2*	*3*	*1*	*1*
Summe	***158***	***17***	***115***	***18***	***8***
Prozent	***100 %***	***11 %***	***73 %***	***11 %***	***5 %***

Legende: Spalte 1 enthält den Untersuchungszeitraum. Spalte 2 zeigt die Gesamtzahl der Rügen und Spalten 3 bis 6 deren Ausgang mit einer Verteilung in Zahlen und Prozent.

Mit 158 Rügen zur fehlenden Berücksichtigung des Vorbringens nimmt sie *quantitativ* den *ersten* Platz ein. Damit wird deutlich, was für eine Rolle diese Beanstandung im „Alltag" des *Bayerischen Verfassungsgerichtshofs* spielt. Mit 18 erfolgreichen Rügen (11 %) ist sie die häufigste Quelle[535] für begründete Verfassungsbeschwerden zur Verletzung des Rechts auf Gehör. Allerdings waren 115 Beanstandungen (73 %) unbegründet, 17 (11 %) unzulässig und in *acht* Fällen (5 %) traf der *Bayerische Verfassungsgerichtshof* keine Entscheidung.

Bei der Kenntnisnahme handelt es sich um einen inneren Vorgang, der in der Regel nicht nachprüfbar ist[536]. Dies ist der Grund, weshalb sowohl die Beschwerdeführer als auch der *Bayerische Verfassungsgerichtshof* sehr selten zwischen Kenntnisnahme und dem Erwägen unterscheiden, es sei denn, es lässt sich eine klare Fehlerzuordnung treffen[537].

A. Die vom Bayerischen Verfassungsgerichtshof aufgestellten Grundsätze zur Überprüfung der Rüge zur fehlenden Berücksichtigung des Vortrags

„Art. 91 Abs. 1 BV verpflichtet das Gericht, ein rechtzeitiges und möglicherweise erhebliches Vorbringen der Partei zu beachten. Ein solches Vorbringen muss von ihm zur Kenntnis genommen und bei der Entscheidung in Erwägung gezogen werden. Hat das Gericht die Äußerung eines Beteiligten entgegen genommen, so ist grundsätzlich davon auszugehen, dass es diese auch zur Kenntnis genommen und bei der Entscheidung gewürdigt hat, und zwar auch dann, wenn das Gericht davon absieht, sie in den Gründen der Entscheidung ausdrücklich zu erörtern. Denn das Gericht ist von Verfassung wegen nicht gehalten, auf alle Ausführungen und Anträge der Beteiligten einzugehen."[538] „Der Anspruch auf rechtliches Gehör ist nur dann verletzt, wenn sich aus den besonderen Umständen des Einzelfalls klar und deutlich ergibt, dass das Gericht ein tatsächliches Vorbringen eines Beteiligten entweder überhaupt nicht zur Kenntnis genommen oder bei der Entscheidung ersichtlich nicht in Erwägung gezogen hat"[539]. „Die bloße Möglichkeit eines solchen Verstoßes genügt nicht"[540].

1. Die erfolgreichen Rügen zur fehlenden Berücksichtigung des Vortrags

Eine Einordnung in Kategorien lässt sich wie folgt vornehmen:

---

[535] Siehe zur Rangfolge der häufigsten Fehlerquelle die Übersicht unter § 10.
[536] *Waldner*, Rdnr. 176.
[537] So in *BayVerfGH* Vf.77-VI-00, Urteil vom 18. Oktober 2002, S. 9.
[538] Ständige Rechtsprechung, vgl. *BayVerfGH* Vf.73-VI-02, Urteil vom 19. August 2003, S. 6.
[539] Ständige Rechtsprechung, vgl. *BayVerfGH* Vf.54-VI-94 und 12-VI-94, Urteile vom 9. Januar 1996, S. 8 f.
[540] Ständige Rechtsprechung, vgl. *BayVerfGH* Vf.10-VI-02, Urteil vom 28. April 2003, S. 7 f.

a) Nichtberücksichtigung von entscheidungserheblichem Vortrag

Soweit das Gericht in einer Abänderungsklage auf Unterhalt in den Entscheidungsgründen zur Feststellung gelangt, es fehle an einem substantiierten klägerischen Vortrag zur Veränderung des Vermögens, verstößt es gegen den Anspruch aus Art. 91 Abs. 1 BV, wenn die Partei in einem Schriftsatz eine exakte Aufstellung zur Verringerung des gesamten Vermögens vortrug.[541] Das rechtliche Gehör ist verletzt, falls das Gericht der Klage auf rückständige Nebenkostenvorauszahlungen aus einem Mietvertrag mit der Begründung stattgibt, eine endgültige Abrechnung sei noch nicht möglich, der Beklagte jedoch schriftsätzlich eine Abrechnung für den streitigen Zeitraum mit entsprechendem Datum vorbrachte[542]. Sofern der Beklagte im Prozess die Einwendungen gegen eine Nebenkostenabrechnung nicht mehr aufrechterhält, das Gericht die Klage jedoch wegen der Einwendungen abweist, verletzt es Art. 91 Abs. 1 BV[543]. Wenn das Urteil den Beklagten zur Zahlung von Werklohn verurteilt, sich aus den Entscheidungsgründen jedoch ergibt, dass der Richter ein vom Beklagten mit Schriftsatz geltend gemachtes Leistungsverweigerungsrecht nach § 641 Abs. 3 BGB[544] offensichtlich nicht beachtete, verstößt er gegen das Grundrecht aus Art. 91 Abs. 1 BV. Gleiches liegt vor, wenn der Richter die Klage mit der Begründung abweist, es fehle an einem substantiierten Klägervortrag zur Abtretung des geltend gemachten Anspruchs, obwohl sich der Kläger schriftsätzlich auf die Zession der Forderung bezog und die Abtretungserklärung als Anlage beilegte[545].

Das Gericht zog den Parteivortrag nicht in Erwägung, wenn es die Berufung wegen unschlüssigen Klagevortrags unter Verweisung auf die Entscheidungsgründe des landgerichtlichen Urteils zurückwies, obwohl der Berufungsführer sein Rechtsmittel mit neuen Tatsachen und Beweisangeboten untermauert hatte[546]. Generell liegt in der Zurückweisung der Berufung mit der bloßen Bezugnahme auf die erstinstanzliche Entscheidung gemäß § 543 Abs. 1 a. F. ZPO (§ 540 Abs. 1 n. F. ZPO) eine Verletzung des Art. 91 Abs. 1 BV, wenn der Rechtsmittelführer seinen Vortrag mit neuem umfangreichem Sachvortrag begründet[547].

Ein Verstoß gegen Art. 91 Abs. 1 BV liegt vor, wenn das Gericht dem klägerischen Anspruch mit der Begründung folgt, der Beklagte hätte sich trotz Fristsetzung und Hinweise auf die Folgen nicht zur Klage geäußert, obwohl die Klageerwiderung rechtzeitig bei Gericht einging, aber erst zu den Akten gelangte, als das Endurteil der Klage bereits stattgab[548]. Gleiches gilt, wenn der Parteivortrag durch ein Versehen in den falschen Akten abgelegt wurde[549]. Eine Grundrechtsverletzung ist anzunehmen, wenn der Richter eine Kostenentscheidung nach Anerkenntnis zu Lasten des Klägers damit begründet, dass

---

541 *BayVerfGH* Vf.19-VI-03, Urteil vom 28. August 2003, S. 7 f.
542 *BayVerfGH* Vf.50-VI-00, Urteil vom 7. Februar 2001, S. 5.
543 *BayVerfGH* Vf.31-VI-00, Urteil vom 12. Oktober 2001, S. 6.
544 *BayVerfGH* Vf.8-VI-01, Urteil vom 6. Juli 2001, S. 5.
545 *BayVerfGH* Vf.109-VI-95, Urteil vom 28. Februar 1996, S. 4.
546 *BayVerfGH* Vf.2-VI-91, Urteil vom 23. Januar 1992, S. 10.
547 *BayVerfGH* Vf.99-VI-89, Urteil vom 12. Oktober 1990, S. 11. Zur neuen Rechtslage in der Berufungsinstanz siehe die Bewertung der Judikate unter § 8 II. B. 1 b).
548 *BayVerfGH* Vf.121-VI-95, Urteil vom 26. März 1996, S. 3.

kein Anlass zur Klage bestanden habe, da der Kläger nicht versuchte, den Beklagten zuvor zur Herausgabe der Unterlagen aufzufordern. Tatsächlich hatte der Kläger schriftsätzlich ausgeführt den Beklagten per Einschreiben dazu aufgefordert zu haben[550]. Gleiches gilt, wenn das Gericht die Kosten gemäß § 161 Abs. 2 VwGO nach übereinstimmender Erledigterklärung einer Verpflichtungsklage dem Kläger mit der Begründung auferlegt, er habe erst nach Klageerhebung weitere Angaben zu den wirtschaftlichen Verhältnissen seiner Familie gemacht, die eine Abänderung der Bewertung des Landratsamts rechtfertigen. Hingegen hatte er bereits im Widerspruchsverfahren die Einkommensverhältnisse ausführlich dargelegt[551].
Entscheidet sich ein Gericht im Bagatellverfahren gemäß § 495a Abs. 1 Satz 1 ZPO schriftlich zu verfahren, hat es den Parteivortrag solange zu berücksichtigen, bis es die Entscheidung verkündet, ansonsten verstößt es gegen Art. 91 Abs. 1 BV[552]. Äußert der Beklagte erstmals am letzten Tag der Schriftsatzfrist Einwendungen gegen den Anspruch des Klägers, trifft das Gericht nach Art. 91 Abs. 1 BV die Pflicht eine Stellungnahme des Klägers gegen die vom Beklagten erhobenen Einwendungen nach Ablauf der Schriftsatzfrist einzuholen[553].

b) Nichtberücksichtigung entscheidungserheblicher Beweisanträge

Eine Nichtberücksichtigung entscheidungserheblicher Beweisanträge liegt vor, wenn das Gericht einen angebotenen Zeugenbeweis zu einer mündlichen Zusatzvereinbarung eines Mietvertrages über die Umlage der Nebenkosten nicht in seiner Entscheidung erwägt, obwohl die Umlage der Kosten streitig und eine Regelung im Mietvertrag, auf den sich das Urteil ausschließlich stützt, unterblieb.[554] Sofern die Partei für ihren Anspruch oder ihre Einwendungen Zeugen benannte, das Gericht jedoch ausführt, die Partei sei beweisfällig geblieben[555] oder der Richter den angebotenen Beweis nicht in Form einer Beweisaufnahme durchführte[556], ist Art. 91 Abs. 1 BV verletzt. Gleiches gilt, wenn die Gründe des Urteils ausführen, es fehle an Anhaltspunkten, dass der Schaden am PKW durch den angeblichen Unfall entstanden ist, das Gericht aber einen Zeugenbeweis für die Unversehrtheit des PKW vor dem Unfall überging[557]. Das erkennende Gericht hat Beweisangebote nicht in Erwägung gezogen, wenn es die strafprozessuale Berufung nach § 313

---

[549] *BayVerfGH* Vf.101-VI-92, Urteil vom 17. Juni 1994, S. 8.
[550] *BayVerfGH* Vf.69-VI-95, Urteil vom 14. August 1996, S. 5.
[551] *BayVerfGH* Vf.122-VI-91, Urteil vom 2. April 1993, S. 10.
[552] *BayVerfGH* Vf.5-VI-94, Urteil vom 16. Dezember 1994, S. 7; Vf.101-VI-92, Urteil vom 17. Juni 1994, S. 8.
[553] *BayVerfGH* Vf.96-VI-99, Urteil vom 10. November 2000, S. 6. *Der Bayerische Verfassungsgerichtshof* spricht in dieser Entscheidung neben § 495a Abs. 1 Satz 1 ZPO den § 128 Abs. 3 a.F. ZPO an, wonach das Gericht auf eine mündliche Verhandlung verzichten konnte. Diese Vorschrift existiert in der geltenden Fassung der ZPO nicht mehr, so dass Verfahrensfehler aus diesem Bereich nicht mehr vor den *Bayerischen Verfassungsgerichtshof* gelangen.
[554] *BayVerfGH* Vf.77-VI-00, Urteil vom 18. Oktober 2002, S. 8 ff.
[555] *BayVerfGH* Vf.8-VI-01, Urteil vom 6. Juli 2001, S. 5.
[556] *BayVerfGH* Vf.111-VI-91, Urteil vom 13. November 1992, S. 7.
[557] *BayVerfGH* Vf.78-VI-94, Urteil vom 13. März 1996, S. 17 f.

Abs. 2 StPO nicht annimmt ohne auf die Beweisangebote in der Begründung einzugehen, obwohl es die, von der Beschwerdeführerin angebotenen, Beweise zum Anlass nahm, Nachermittlungen anzustellen. Damit machte das Berufungsgericht deutlich, dass die Berufung nicht offensichtlich unbegründet war; vgl. § 313 Abs. 2 StPO.[558]

2. Die erfolglosen Rügen zur fehlenden Berücksichtigung des Vortrags

Alle erfolglosen Rügen darzustellen, würde zum einen den Rahmen der Arbeit übersteigen, zum anderen ergibt sich ihre Erfolglosigkeit aus den immer wiederkehrenden gleichen Gründen, die sich in folgende Kategorien einteilen lassen:

a) Kein Verstoß gegen Art. 91 Abs. 1 BV, wenn sich das Gericht erkennbarer mit dem Parteivortrag befasste

Wenn sich das Fachgericht in seiner Entscheidung mit dem Vortrag der Partei auseinandersetzte oder auf andere Weise erkennbar wird, dass es sich mit dem Vortrag befasste, kann einfaches Prozessrecht verletzt sein, unter Umständen auch das Willkürverbot des Art. 118 Abs. 1 BV, nicht aber das Recht auf Gehör[559]. Art. 91 Abs. 1 BV ist somit nicht verletzt, wenn das Urteil den Tatsachenvortrag *ausdrücklich* im Tatbestand[560], wenn auch erst nach dessen Berichtigung[561] oder in der rechtlichen Bewertung verarbeitete[562]. Letzteres trifft insbesondere zu, wenn die Entscheidungsgründe die rechtliche Erheblichkeit des Vortrags mit sachgemäßen Erwägungen verneinen,[563] als nicht durchgreifend[564], unsubstantiiert[565] oder nicht bewiesen[566] erachten. Gleiches gilt, wenn die rechtliche Erheblichkeit des Vortrages für die Entscheidung offen bleiben kann[567] oder die Gründe des Urteils die Rechtsausführungen der Prozessbeteiligten würdigen[568]. Macht das Gericht

---

558 *BayVerfGH* Vf.20-VI-98, Urteil vom 20. November 1998, S. 7.

559 Vgl. *BayVerfGH* Vf.9-VI-02, Urteil vom 31. Januar 2003, S. 8; Vf.75-VI-00, Urteil vom 10. September 2001, S. 8; Vf.148-VI-92, Urteil vom 1. Juli 1994, S. 14; Vf.95-VI-89, Urteil vom 18. Januar 1991, S. 12 f.

560 *BayVerfGH* Vf.16-VI-02, Urteil vom 21. November 2002, S. 9; Vf.28-VI-00, Urteil vom 12. September 2001, S. 12.

561 *BayVerfGH* Vf.16-VI-94, Urteil vom 7. Juli 1995, S. 10.

562 Vgl. *BayVerfGH* 8-VI-02, Urteil vom 18. Februar 2003, S. 7; *BayVerfGH* Vf.16-VI-02, Urteil vom 21. November 2002, S. 9; Vf.28-VI-00, Urteil vom 12. September 2001, S. 12; Vf.68-VI-99, Urteil vom 11. August 2000, S. 9; Vf.119-VI-93, Urteil vom 21. März 1997, S. 6; vgl. Vf.63-VI-90, Urteil vom 27. November 1992, S. 14.

563 *BayVerfGH* Vf.7-VI-02, Urteil vom 21. Mai 2003, S. 10; vgl. Vf.48-VI-93, Urteil vom 30. Juni 1995, S. 12; Vf.14-VI-88, Urteil vom 8. November 1991, S. 21.

564 *BayVerfGH* Vf.34-VI-95, Urteil vom 10. September 1996, S. 7.

565 *BayVerfGH* Vf.19-VI-93, Urteil vom 18. Februar 1994, S. 6; Vf.15-VI-92, Urteil vom 12. Februar 1993, S. 10; Vf.27-VI-91; Vf.117-VI-91, Urteil vom 15. Oktober 1992, S. 14; Vf.63-VI-90, Urteil vom 27. November 1992, S. 12.

566 *BayVerfGH* Vf.76-VI-91, Urteil vom 22. Mai 1992, S. 9.

567 *BayVerfGH* Vf.91-VI-97, Urteil vom 19. November 1998, S. 6; Vf.86-VI-96, Urteil vom 21. Februar 1997, S. 8.

568 *BayVerfGH* Vf.73-VI-02, Urteil vom 19. August 2003, S. 7; Vf.69-VI-98, Urteil vom 13. August 1999, S. 12.

durch bestimmte Bezugnahmen[569] oder durch mit Datum versehene Vermerke[570] deutlich, dass es den Parteivortrag berücksichtigte, ist das rechtliche Gehör nicht verletzt. Wenn sich aus dem Zusammenhang der gerichtlichen Darlegungen wie aus einem Beweisbeschluss, dem Protokollberichtigungsantrag[571], dem Protokoll selbst[572], einem den Tatbestandsberichtigungsantrag zurückweisenden Beschluss[573] oder aus der Art und den Zusammenhängen des Tatbestandes ergibt[574], dass der Vortrag Berücksichtigung fand, kann von einem Verstoß gegen Art. 91 Abs. 1 BV keine Rede sein.

b) Die Rüge zur fehlenden Begründung

Die Rüge wegen fehlender Begründung ist aussichtslos, wenn die Parteien auf Entscheidungsgründe gemäß § 313a Abs. 1 Satz 2 a. F. ZPO (§ 313a Abs. 1 Satz 2 n.F. ZPO) verzichteten[575]. Für einen Gehörsverstoß ist es nicht ausreichend, falls das Gericht mit einer Bezugnahme gemäß § 543 Abs. 1 a. F. ZPO (§ 540 Abs. 1 n. F. ZPO) von der Darstellung des Tatbestandes und der Entscheidungsgründe absah[576]. Weder aus der *Strafprozessordnung* noch aus der *Bayerischen Verfassung* lässt sich entnehmen, dass eine mit ordentlichen Rechtsmitteln nicht mehr anfechtbare, letztinstanzliche Entscheidung (§ 349 Abs. 2 StPO) zwingend einer Begründung bedarf[577]. Bei Entscheidungen über die Kosten nach Erledigung der Hauptsache muss der Richter nicht abschließend über wesentliche Rechtsfragen befinden[578]. Eine Verletzung des Art. 91 Abs. 1 BV liegt grundsätzlich nicht vor, wenn das Gericht die Auslagenentscheidung nach § 467 Abs. 4 StPO nicht näher begründet[579]. Somit kann man aus einer fehlenden Begründung nicht auf eine fehlende Beachtung schließen. Es müssen konkrete Anhaltspunkte im Urteil ersichtlich sein, dass das Gericht den Parteivortrag nicht berücksichtigte[580]. Es ergibt sich aus Art. 91 Abs. 1 BV keine gerichtliche Pflicht für eine nachvollziehbare Begründung, wenn das Gericht den Anträgen nicht entspricht, einen Sachverhalt anders beurteilt[581] oder

---

569 *BayVerfGH* Vf.57-VI-02, Urteil vom 26. August 2003, S. 6; Vf.26-VI-98, Urteil vom 5. März 1999, S. 6; Vf.81-VI-91, Urteil vom 28. Januar 1993, S. 16.
570 *BayVerfGH* Vf.62-VI-93, Urteil vom 5. Juni 1996, S. 12.
571 Vgl. *BayVerfGH* Vf.34-VI-99, Urteil vom 17. Dezember 1999, S. 9 f.
572 *BayVerfGH* Vf.123-VI-93, Urteil vom 27. Januar 1995, S. 8.
573 *BayVerfGH* Vf.16-VI-94, Urteil vom 7. Juli 1995, S. 11.
574 *BayVerfGH* Vf.51-VI-91, Urteil vom 31. Juli 1992, S. 15 f.
575 *BayVerfGH* a. a. O.
576 *BayVerfGH* Vf.137-VI-34, Urteil vom 5. Oktober 1995, S. 6. Anderes gilt, wenn der Vortrag im Berufungsverfahren Ergänzungen zum erstinstanzlichen Vortrag enthält, so dass die Schlussfolgerung einer Nichtberücksichtigung nahe liegt. Eine Bezugnahme auf die erstinstanzlichen Gründe ist in der zweiten Instanz für die Ablehnung der Parteivernehmung ausreichend; vgl. *BayVerfGH* Vf.56-VI-94, Urteil vom 20. Oktober 1995, S. 6.
577 *BayVerfGH* Vf.11-VI-00, Urteil vom 15. Februar 2002, S. 7 mit Verweis auf *BVerfGE*, 50, 287 (289 f.).
578 *BayVerfGH* Vf.38 bis 55-VI-89, Urteil vom 12. November 1992, S 9 f.
579 Vgl. *BayVerfGH* Vf.110-VI-92, Urteil vom 26. November 1993, S. 12.
580 Vgl. *BayVerfGH* Vf.19-VI-00, Urteil vom 26. Januar 2001, S. 5 f.; Vf.25-VI-99, Urteil vom 1. Februar 2001, S. 10.
581 *BayVerfGH* 68-VI-99, Urteil vom 11. August 2000, S. 10.

Unterlagen für ungeeignet erachtet[582]. Eine Begründungspflicht gemäß § 244 Abs. 3 und 6, § 34 StPO entfällt, wenn der Angeklagte den Beweisantrag erst nach Beginn der Urteilsbegründung stellt, ohne diese zur Entgegennahme zu unterbrechen. Des Weiteren gilt dies, falls der Beweiserhebungsanspruch durch eine bereits erfolgte Beweisaufnahme verbraucht war.[583]

c) *Das Übergehen von Beweismitteln*

Nicht jedes Unterlassen einer Beweiserhebung stellt eine Verletzung des rechtlichen Gehörs dar[584]. Das Gericht ist nicht verpflichtet unerheblichen Beweisanträgen nachzugehen[585] und sie ausdrücklich zu verbescheiden[586]. Das Recht auf Gehör kann verletzt sein, wenn das Gericht erhebliche Beweisanträge in Verbindung mit den Grundsätzen der jeweiligen Prozessordnungen nicht beachtet[587]. Holt ein Gericht entgegen der Prozessordnung ein erhebliches Beweisangebot nicht ein, liegt nur dann ein Verstoß gegen Art. 91 Abs. 1 BV vor, wenn es das Beweisangebot *erkennbar übersah* und deshalb nicht berücksichtigte.[588]

Da die vollständige Bezugnahme auf das erstinstanzliche Vorbringen auch einen dortigen Verzicht auf eine zunächst beantragte Zeugenvernehmung bedeutet, kann das Berufungsgericht den Beweisantrag unbeachtet lassen[589]. Andererseits bedeutet eine umfängliche Bezugnahme auf den erstinstanzlichen Vortrag nicht, dass das Berufungsgericht den gesamten erstinstanzlichen Vortrag zur Kenntnis nehmen und erwägen muss. Die Berufungsbegründung muss gemäß § 519 Abs. 3 a. F. ZPO (§ 520 Abs. 3 Satz 2 ZPO) das Vorbringen und die Beweisanträge genau kennzeichnen, auf die der Rechtsmittelführer weiterhin Wert legt[590].

Eine nochmalige Beweisaufnahme kommt unter den Voraussetzungen des Art. 91 Abs. 1 BV in Betracht, sofern das Berufungsgericht an der Glaubwürdigkeit der Zeugen oder an der Richtigkeit der geschilderten Tatsachen zweifelt, nicht aber, soweit es lediglich andere Schlussfolgerungen zieht[591].

Ist aus dem Protokoll nicht ersichtlich, ob die Partei einen Beweisantrag stellte, ist für den *Bayerischen Verfassungsgerichtshof* ein Verstoß gegen Art. 91 Abs. 1 BV nicht

---

[582] *BayVerfGH* Vf.59-VI-90, Urteil vom 16. Dezember 1992, S. 11.
[583] *BayVerfGH* Vf.123-VI-93, Urteil vom 27. Januar 1995, S. 8 f.
[584] *BayVerfGH* Vf.5-VI-92, Urteil vom 9. Februar 1995, S. 11.
[585] *BayVerfGH* Vf.10-VI-02, Urteil vom 28. April 2003, S. 9.
[586] *BayVerfGH* Vf.134-VI-96, Urteil vom 28. August 1997, S. 5; Vf.31-VI-95, Urteil vom 9. August 1996, S. 14; Vf.56-VI-94, Urteil vom 20. Oktober 1995, S. 6.
[587] *BayVerfGH* Vf.51-VI-93, Urteil vom 17. März 1997, S. 7; Vf.91-VI-95, Urteil vom 20. Juni 1996, S. 9; Vf.99-VI-94, Urteil vom 2. Juni 1995, S. 7.
[588] *BayVerfGH* Vf.9-VI-95, Urteil vom 15. März 1996, S. 8.
[589] *BayVerfGH* Vf.99-VI-94, Urteil vom 2. Juni 1995, S. 8.
[590] *BayVerfGH* Vf.36-VI-93, Urteil vom 4. Februar 1994, S. 13 mit Verweis auf *BVerfGE* 36, 92 (99); 60, 305 (311); 70, 288 (295).
[591] *BayVerfGH* Vf.99-VI-94, Urteil vom 2. Juni 1995, S. 8 f.

überprüfbar, da er nicht feststellen kann, ob das Fachgericht sich *erkennbar* nicht mit einem solchen Beweisantrag beschäftigte[592].

d) Die Feststellung des Sachverhalts und seine rechtliche Würdigung

Ob das Gericht den Parteivortrag zu Recht für die Entscheidung als unerheblich bewertete[593], Anträge anders als der Beschwerdeführer auslegte, würdigte[594] oder nicht befolgte[595], Zeugenaussagen im Urteil falsch zitierte oder bewertete[596], Ansichten vertretbar und ausreichend begründete[597], Literatur und Gutachten genügend berücksichtigte[598], die Parteivernehmung nicht von Amts wegen erhob[599], die Annahme einer Beweisvereitelung durch den Beklagten als richtig wertete[600], Stellungnahmen von Behörden einholte[601] oder der Richter eine falsche[602] oder andere[603] Rechtsansicht vertrat, ist für Art. 91 Abs. 1 irrelevant. Auch die Rüge, das Gericht habe die angegriffene Entscheidung auf einer unzutreffenden Tatsachengrundlage getroffen, kann ebenso keine Verletzung des Art. 91 Abs. 1 BV begründen[604]. Gleiches gilt, soweit das Gericht zu Unrecht streitiges als unstreitiges ansieht oder den Tatbestand dahingehend berichtigt, dass er die Entscheidungsgründe nicht mehr trägt[605]. Die Rüge, das erkennende Gericht habe nach der Beweisaufnahme die Beweise falsch gewürdigt, kann einen Verstoß gegen Art. 91 Abs. 1 BV von vornherein nicht darlegen[606]. Kein Verstoß gegen das rechtliche Gehör liegt vor,

---

[592] *BayVerfGH* Vf.66-VI-97, Urteil vom 25. November 1998, S. 6; vgl. Vf.101-VI-93, Urteil vom 2. August 1994, S. 13; Vf.58-VI-91, Urteil vom 23. Oktober 1992, S. 43.
[593] *BayVerfGH* Vf.41-VI-00, Urteil vom 6. April 2001, S. 9.
[594] *BayVerfGH* Vf.75-VI-00, Urteil vom 10. September 2001, S. 8.
[595] Vgl. *BayVerfGH* Vf.9-VI-02, Urteil vom 31. Januar 2003, S. 14. Der Beschwerdeführer regte eine Aussetzung des Verfahrens nach § 149 ZPO an, weil er den Verdacht hegte, der Gegner begehe einen Prozessbetrug. Das Gericht ging nicht von dieser Möglichkeit aus und befolgte den Antrag nicht weiter; vgl. *BayVerfGH* Vf.32-VI-90, Urteil vom 7. Dezember 1990, S. 13.
[596] *BayVerfGH* Vf.106-VI-96, Urteil vom 30. April 1999, S. 8.
[597] *BayVerfGH* Vf.93-VI-92, Urteil vom 19. Juli 1996, S. 12.
[598] *BayVerfGH* Vf.74-VI-88, Urteil vom 6. November 1990, S. 18.
[599] *BayVerfGH* Vf.9-VI-94, Urteil vom 13. April 1995, S. 6; vgl. Vf.56-VI-94, Urteil vom 20. Oktober 1995, S. 6.
[600] Vgl. *BayVerfGH* Vf.31-VI-01, Urteil vom 15. März 2002, S. 11.
[601] Vgl. *BayVerfGH* Vf.30-VI-89, Urteil vom 26. Januar 1990, S. 15.
[602] *BayVerfGH* Vf.91-VI-95, Urteil vom 20. Juni 1996, S. 10; Vf.101-VI-93, Urteil vom 2. August 1994, S. 14; Vf.14-VI-88, Urteil vom 8. November 1991, S. 24.
[603] *BayVerfGH* Vf.17-VI-00, Urteil vom 28. November 2000, S. 4; Vf.34-VI-99, Urteil vom 17. Dezember 1999, S. 11; Vf.14-VI-97, Urteil vom 2. April 1998, S. 5; Vf.93-VI-93, Urteil vom 20. Juni 1997, S. 8; Vf.114-VI-93, Urteil vom 17. März 1995, S. 6.
[604] *BayVerfGH* Vf.28-VI-00, Urteil vom 12. September 2001, S. 13; vgl. Vf.18-VI-97, Urteil vom 25. Mai 1998, S. 17.
[605] *BayVerfGH* Vf.95-VI-91, Urteil vom 30. Juni 1993, S. 10.
[606] *BayVerfGH* Vf.7-VI-02, Urteil vom 21. Mai 2003, S. 11; Vf.19-VI-00, Urteil vom 26. Januar 2001, S. 6; Vf.18-VI-97, Urteil vom 25. Mai 1998, S. 18; Vf.14-VI-88, Urteil vom 8. November 1991, S. 22.

wenn die Rüge darauf hinausläuft, das Gericht habe aus dem Vortrag die Schlussfolgerungen getroffen, die der Rechtsmeinung des Beschwerdeführers widersprechen[607].

B. Bewertung der Judikate zur Berücksichtigungspflicht

Aufgrund der Vielzahl der Rügen unterscheidet die folgende Aus- und Bewertung zwischen den erfolgreichen und nicht erfolgreichen Beanstandungen.

1. Die Auswertung der erfolgreichen Rügen

Verstöße erstinstanzlicher und berufungsgerichtlicher Entscheidungen gegen Art. 91 Abs. 1 BV lassen folgende Unterschiede erkennen:

a) Der Bayerische Verfassungsgerichtshof als „Pannenhelfer"

Wie die begründeten Verfassungsbeschwerden zeigen, beachten die Gerichte häufig aus Unachtsamkeit den entscheidungserheblichen Parteivortrag nicht. Dies zeigt sich insbesondere an dem Vorwurf, der Beschwerdeführer sei beweisfällig geblieben, obwohl sich in den Schriftsätzen die Beweisangebote zu dem zu beweisenden Thema finden. Peinlich sind die Fälle, in denen bei der Geschäftsstelle rechtzeitig Schriftsätze eingehen, die dann nicht oder zu spät zum eigentlichen Verfahrensakt gelangen. Insgesamt zeigen diese Fälle deutlich auf, dass hier keine grundrechtsdogmatischen Fragen vom *Bayerischen Verfassungsgerichtshof* zu beantworten sind. Es handelt sich um grobe gehörsbeeinträchtigende richterliche Alltagsfehler, zu deren Behebung ein Verfassungsgericht eigentlich nicht notwendig ist.

b) Keine „Alltagsfehler" in den Berufungsentscheidungen

In den Berufungsentscheidungen lag die Nichtbeachtung neuen Tatsachenvortrags größtenteils an der fehlerhaften Anwendung des Prozessrechts und nicht an richterlichen Alltagsfehlern. Der *Bayerische Verfassungsgerichtshof* vertritt die Ansicht, dass die Rechtsmittelgerichte z.B. die § 543 Abs. 1 a. F., § 314 ZPO in einer der Bedeutung des Art. 91 Abs. 1 BV verkennenden Weise anwendeten und deshalb neuen Vortrag und Beweismittel nicht beachteten.

Die Entscheidungen des *Bayerischen Verfassungsgerichtshofs* ergingen zur Rechtslage vor dem ZPO-RG vom 27. Juli 2004, als die Berufungsinstanz noch eine zweite Tatsacheninstanz war. Die Rechtsmittelgerichte waren verpflichtet die Prozessbeteiligten mit neuem Tatsachen- und Beweismittelvortrag zu hören, außer die Präklusionsnormen der §§ 527 f a.F. ZPO griffen ein. Nach geltendem Berufungsrecht bleibt neuer Parteivortrag in der Regel unberücksichtigt. Nur unter den engen Voraussetzungen der §§ 529, 531

---

[607] *BayVerfGH* Vf.16-VI-02, Urteil vom 21. November 2002, S. 9; Vf.25-VI-99, Urteil vom 1. Februar 2001, S. 9; Vf.18-VI-97, Urteil vom 25. Mai 1998, S. 19; Vf.116-VI-90, Urteil vom 6. März 1992, S. 13; Vf.86-VI-90, Urteil vom 10. Oktober 1991, S. 6; Vf.34-VI-89, Urteil vom 20. Juni 1990, S. 15.

Abs. 2 n. F. ZPO kann neues Vorbringen für die Berufungsentscheidung beachtlich sein. Damit ist die berufungsgerichtliche Berücksichtigungspflicht von neu vorgetragenem Prozessstoff deutlich eingeschränkt. Die Fälle, in denen die Berufungsgerichte wegen mangelnder Berücksichtigung des Parteivortrags gegen Art. 91 Abs. 1 BV verstoßen können, werden abnehmen.

c) *Widerspruch zwischen Entscheidungsgründen und Parteivortrag*

Geht das Gericht auf den *wesentlichen* Kern des Tatsachenvortrags einer Partei zu einer Frage, die für das Verfahren von *zentraler Bedeutung* ist, in den Entscheidungsgründen nicht ein, so lässt dies auf die Nichtberücksichtigung des Vortrags schließen, sofern er nach dem Rechtsstandpunkt des Gerichts nicht unerheblich oder offensichtlich unsubstantiiert war[608]. Aus diesen Grundsätzen folgernd, haben alle begründeten Verfassungsbeschwerden eines gemeinsam: eine *„im Widerspruch zum Vortrag"* der Partei *„stehende Erwägung des Gerichts in den Entscheidungsgründen"*[609]. Dieser nicht zu überwindende Gegensatz zwischen gerichtlicher Argumentation und dem tatsächlichen Vorbringen eines Prozessbeteiligten führt unweigerlich zu dem Schluss, dass das Gericht seine Berücksichtigungspflicht verletzte.

2. Die Auswertung der erfolglosen Rügen

Die unbegründeten Rügen lassen folgende generelle Aussagen zu:

a) *Die schwierig zu beantwortende Frage, ob das Vorbringen Berücksichtigung fand*

Der *Bayerische Verfassungsgerichtshof* geht in der Regel von einer gerichtlichen Berücksichtigungspflicht aus. Die mangelnde Offensichtlichkeit, ob das Fachgericht den Parteivortrag beachtete, wirft bei den unbegründeten Verfassungsbeschwerden gewisse Schwierigkeiten auf. Der *Bayerische Verfassungsgerichtshof* sieht sich hier teilweise gezwungen die fachgerichtlichen Urteile auszulegen, zu analysieren und eigens zu bewerten, um zu begründen, dass in irgendeiner Art und Weise das Gericht den Vortrag berücksichtigte, auch wenn sich zunächst keine Anhaltspunkte dafür ergeben. So verwundert es nicht, dass es in diesem Bereich durchaus zu Sondervoten kommt[610], da für den einen Richter die Schwelle für einen offensichtlichen *Widerspruch* zwischen Parteivortrag und fachgerichtlichen Entscheidungsgründen bereits erreicht ist[611], ein anderer hingegen „keine hinreichend deutlichen Anhaltspunkte"[612] für eine fehlende Kenntnisnahme sieht.

---

[608] *BayVerfGH* Vf.106-VI-92, Urteil vom 9. Februar 1994, S. 13.
[609] *BayVerfGH* Vf.50-VI-00, Urteil vom 7. Februar 2001, S. 4 f.
[610] Siehe Sondervotum in *BayVerfGH* Vf.1-VI-01, Urteil vom 14. Dezember 2001.
[611] *BayVerfGH* a. a. O., Sondervotum, S. 2.
[612] *BayVerfGH* a. a. O., S. 7.

b) *Zur Sachverhaltsfeststellung und rechtlichen Würdigung*

Fallen die fachgerichtlichen Urteile nicht im Sinne der Beschwerdeführer aus, versuchen sie gegebenenfalls durch die Verfassungsbeschwerde eine Abänderung der letztinstanzlichen Entscheidung mit der Begründung zu erreichen, das Gericht hätte ihr Vorbringen nicht berücksichtigt. Tatsächlich läuft die Mehrzahl dieser erhobenen Rügen auf die gerichtlichen Sachverhaltsfeststellungen und deren rechtliche Würdigung hinaus, was der Schutzbereich des Art. 91 Abs. 1 BV nicht erfasst[613].

c) *Die Ausnahmen von der Begründungspflicht*

Die Rügen zum Komplex *fehlender Begründungen* von gerichtlichen Entscheidungen sind von Rügen zu unterscheiden, deren Entscheidungen *mit einer Begründung* versehen sind. Bei letzteren ergibt sich aus dem Zusammenhang der Entscheidungsgründe entweder eine Berücksichtigung oder eben nicht. Bei der hier zu bewertenden Fallgruppe sah das Gericht von einer Begründung ab. Die Begründung einer Entscheidung ist jedoch ein wesentlicher Teil des Gehörsanspruchs, da nur sie eine eindeutige Antwort auf die Frage gibt, was das Gericht erwog, und beurteilen lässt, ob es alles erwogen hat, was zu erwägen war[614]. Wie die Auswertung der Verfassungsbeschwerden zeigt, besteht die Pflicht zur Begründung nicht absolut. Gerade die fehlende Notwendigkeit einer solchen bei offensichtlich unbegründeten Revisionen im Sinne des § 349 Abs. 2 StPO beurteilen einige Autoren[615] kritischer als der *Bayerische Verfassungsgerichtshof*. Sie sehen darin eine Degradierung des Betroffenen zum bloßen Objekt des Verfahrens. Ihre Argumentation ist verständlich, als zumindest die tragenden Gesichtspunkte der entsprechenden Entscheidung niedergelegt werden könnten.

III. Die Ablehnung von Beweisangeboten

Die Arbeit unterscheidet zwischen der Rüge zur *fehlerhaften Ablehnung* von Beweisangeboten und der eigentlichen Nichtberücksichtigung in Form des *Übergehens* eines solchen Beweisangebots. Nur soweit sich aus den Verfassungsbeschwerden klar und deutlich ergab, dass eine fachgerichtliche Entscheidung das Beweisangebot mit einer Begründung ablehnte, ist die Rüge Bestandteil der *Tabelle 20* (siehe Abbildung auf folgender Seite) geworden.

---

613 Siehe § 3 II.

614 *Kunig* in: *v. Münch/Kunig*, Art. 103 Rdnr. 15.

615 *Waldner*, Rdnr. 198; *Deubner*, JuS 1996, S. 240 (243); *Kroitzsch*, NJW 1994, S. 1032; auch *Kunze*, NJW 1995, S. 2750 ff; a. A. *Schimansky*, NJW 1994, S. 1774 (1775).

Tabelle 20
Übersicht zur Rüge der fehlerhaften Ablehnung von Beweisangeboten von 1990 bis 2003 und deren Ausgang

Jahr	Anzahl aller Rügen	Unzulässig	Unbegründet	Begründet	Nicht entschieden
2003	5	0	5	0	0
2002	1	0	1	0	0
2001	0	0	0	0	0
2000	0	0	0	0	0
1999	0	0	0	0	0
1998	1	0	1	0	0
1997	2	0	2	0	0
1996	2	0	1	1	0
1995	5	0	5	0	0
1994	2	0	2	0	0
1993	0	0	0	0	0
1992	1	0	1	0	0
1991	1	0	1	0	0
1990	0	0	0	0	0
Summe	**20**	**0**	**19**	**1**	**0**
Prozent	**100 %**	**0 %**	**95 %**	**5 %**	**0 %**

Legende: Spalte 1 enthält den Untersuchungszeitraum. Spalte 2 zeigt die Gesamtzahl der Rügen und Spalten 3 bis 6 deren Ausgang mit einer Verteilung in Zahlen und Prozent.

Von den 20 erhobenen Rügen war *keine* unzulässig. Ebenso konnte der *Bayerische Verfassungsgerichtshof* keine der Beanstandungen *offen lassen*. Erstaunlich hoch ist die Anzahl von 19 unbegründeten Rügen (95 %). Nur *eine* Rüge führte zu einer begründeten Verfassungsbeschwerde.

Der Grund, weshalb es nur 20 Rügen gibt, liegt darin, dass selbst der *Bayerische Verfassungsgerichtshof* in seinen Urteilen nicht immer danach unterscheidet, ob das Gericht das

Beweisangebot eines Prozessbeteiligten *überging oder ablehnte*. Die hier vorgenommene Differenzierung ist somit in den Urteilen nicht durchgängig nachvollziehbar[616].

A. Die vom Bayerischen Verfassungsgerichtshof aufgestellten Grundsätze zur Überprüfung der fehlerhaften Zurückweisung von Beweisangeboten

Wenn sich das Fachgericht in seiner Entscheidung mit einem Beweisantrag auseinandersetzte oder auf andere Weise erkennbar wird, dass es sich mit dem Antrag befasste, nahm der *Bayerische Verfassungsgerichtshof* an, dass allenfalls einfaches Prozessrecht verletzt sein kann, unter Umständen auch dass Willkürverbot gemäß Art. 118 Abs. 1 BV, nicht jedoch der Anspruch auf rechtliches Gehör[617].
Der *Bayerische Verfassungsgerichtshof* prüfte die Behandlung eines Beweisantrags auch schon anhand von Kriterien des einfachen Rechts und untersuchte, „ob die Ablehnung eines Beweisantrags im einfachen Prozessrecht eine Stütze findet“[618].

B. Die erfolgreiche Rüge wegen der fehlerhaften Ablehnung eines Beweisantrags

Die Ablehnung eines Beweismittels ist unter anderem zulässig, wenn das Beweismittel völlig ungeeignet ist, wobei hierbei größte Zurückhaltung geboten ist. Es ist unzulässig, aufgrund einer Vorwegnahme der Beweiswürdigung die Erhebung weiterer Beweise abzulehnen. Vielmehr muss der völlige Unwert eines Beweismittels feststehen, um es ablehnen zu dürfen. Diese Voraussetzungen einer Ablehnung liegen nicht vor, wenn das Gericht weder näher ausführt noch erkennbar ist, dass das Beweisangebot offensichtlich ungeeignet war.[619]

C. Die erfolglosen Rügen wegen der fehlerhaften Ablehnung von Beweisanträgen

Die folgenden Ausführungen unterscheiden zwischen den oben genannten Prüfungsansätzen des *Bayerischen Verfassungsgerichtshofs*.

---

[616] Vgl. *BayVerfGH* Vf.9-VI-95, Urteil vom 15. März 1996. Die dortige Nichteinholung eines Sachverständigengutachtens könnte einerseits auf ein *Übergehen*, andererseits auf eine *konkludente Ablehnung* in den Gründen des fachgerichtlichen Urteils schließen lassen. Der *Bayerische Verfassungsgerichtshof* stellt hier eigens die Unerheblichkeit des Antrags auf ein Sachverständigengutachtens fest, so dass kein Verstoß gegen Art. 91 Abs. 1 BV gegeben war.

[617] *BayVerfGH* Vf.9-VI-02, Urteil vom 31. Januar 2003, S. 8; Vf.32-VI-02, Urteil vom 24. Juni 2003, S. 8; Vf.67-VI-96, Urteil vom 13. März 1998, S. 10.

1. Die vertretbare Anwendung des einfachen Prozessrechts

Es verstößt nicht gegen Art. 91 Abs. 1 BV, wenn das Gericht in vertretbarer Weise von der fehlenden Substantiierung von Einwendungen gegen die Richtigkeit einer Rechnung ausgeht und deshalb die Frage nach der Beweislast offen bleiben konnte, was zur Ablehnung der beantragten Beweisaufnahme durch ein Sachverständigengutachten führte[620]. Die einfachrechtliche Würdigung, es handele sich um einen unzulässigen Ausforschungsbeweis, sofern die beantragte Zeugeneinvernahme durchgeführt werden soll, um den Verdacht der Unrichtigkeit einer Rechnung zu bestätigen, ohne dass die Partei hierzu bestimmte Tatsachenbehauptungen vortrug, ist verfassungsrechtlich vertretbar.[621] Eine unrichtige Anwendung und Auslegung einfachen Prozessrechts liegt nicht vor, wenn das Gericht einen Beweisantrag auf Einholung eines psychiatrischen Sachverständigengutachtens mit der Begründung eines unzulässigen Ausforschungsbeweises ablehnt, weil keine Anhaltspunkte für eine Geschäftsunfähigkeit der zu begutachtenden Person vorliegen[622]. Entsprechend ist zu entscheiden, wenn das Gericht nachvollziehbar darlegt, weshalb es auf die beantragte Beweisaufnahme nicht ankommt[623]. Es ist vertretbar, wenn im, vom Amtsermittlungsgrundsatz geprägten, Verwaltungsgerichtsverfahren das Gericht einen Antrag auf Einholung eines (weiteren) Gutachtens mit nachvollziehbaren Argumenten ablehnt, wenn es durch ein früheres Urteil vom Gegenteil der unter Beweis gestellten Tatsache überzeugt ist[624]. Kommt der Richter zum Ergebnis, die Beweisbehauptung sei nicht entscheidungserheblich und lehnt demzufolge das Beweisangebot ab, so ist diese Bewertung verfassungsrechtlich nicht zu beanstanden.[625] Gleiches gilt, wenn das Gericht nach der Zivilprozessordnung nicht verpflichtet ist, ein erneutes Gutachten einzuholen; gemäß § 412 ZPO steht dessen Einholung im gerichtlichen Ermessen. Lehnt es diese Einholung ab, weil es das frühere Gutachten für vollständig, inhaltlich klar und überzeugend erachtet, so übt es das Ermessen korrekt aus[626].

2. Die Kenntnisnahme und das Erwägen des Beweisangebots

Das Gericht nimmt einen Beweisantrag zur Kenntnis und erwägt ihn in seiner Entscheidung, wenn es das Unterbleiben der Beweiserhebung umfänglich und mit nachvollziehba-

---

[618] *BayVerfGH* Vf.9-VI-02, Urteil vom 31. Januar 2003, S. 8; Vf.32-VI-02, Urteil vom 24. Juni 2003, S. 8.
[619] *BayVerfGH* Vf.87-VI-95, Urteil vom 24. Juli 1996, S. 8.
[620] *BayVerfGH* Vf.9-VI-02, Urteil vom 31. Januar 2003, S. 8 ff. Zur Ablehnung wegen mangelnder Substantiierung des Beweisantrags *BayVerfGH* Vf.99-VI-94, Urteil vom 2. Juni 1995, S. 9 f.
[621] *BayVerfGH* Vf.9-VI-02, Urteil vom 31. Januar 2003, S. 8 ff. Zur Ablehnung wegen eines unzulässigen Ausforschungsbeweises *BayVerfGH* Vf.99-VI-94, Urteil vom 2. Juni 1995, S. 9.
[622] *BayVerfGH* Vf.31-VI-95, Urteil vom 9. August 1996, S. 14.
[623] *BayVerfGH* Vf.9-VI-02, Urteil vom 31. Januar 2003, S. 12.
[624] *BayVerfGH* Vf.32-VI-02, Urteil vom 24. Juni 2003, S. 9.
[625] *BayVerfGH* Vf.51-VI-93, Urteil vom 17. März 1997, S. 7. Der *Bayerische Verfassungsgerichtshof* prüft nicht, ob der Beweisantrag erheblich ist. Diese Feststellung überlässt er dem Fachgericht; vgl. *BayVerfGH* Vf.101-VI-93, Urteil vom 2. August 1994, S. 13.
[626] Vgl. *BayVerfGH* Vf.40-VI-94, Urteil vom 30. März 1995, S. 11.

ren Argumenten sowie sachgemäßen Erwägungen begründet[627]. Die Ablehnung des Beweisantrags auf Einholung eines fachpsychiatrischen Gutachtens zur Geschäftsfähigkeit vermag einen Verstoß gegen Art. 91 Abs. 1 BV nicht darlegen, da das Gericht den Antrag zur Kenntnis nahm und verbescheidete[628]. Gleiches ist anzunehmen, wenn sich das Gericht die Argumentation der Staatsanwaltschaft zur Unerreichbarkeit eines Zeugen durch Bezugnahme zu Eigen macht und die beantragte Zeugeneinvernahme ablehnt[629]. Setzt sich das Gericht in seinem Urteil mit den Beweisanträgen inhaltlich auseinander und lehnt diese mit dem Argument ab, der Zeuge werde aller Voraussicht nach von seinem Aussageverweigerungsrecht Gebrauch machen, so hat es das Beweisangebot zur Kenntnis genommen und erwogen[630]. Gleiches gilt, wenn sich die Urteilsgründe damit auseinandersetzen, weshalb es keinen Anlass gibt zur Testierfähigkeit der Erblasserin ein psychiatrisches Gutachten oder weitere Sachverständigengutachten einzuholen[631]. Ebenso ist zu entscheiden, wenn die Ablehnung auf § 287, § 412 ZPO gestützt wird und das Gericht dadurch zu erkennen gibt, es halte das bereits in erster Instanz eingeholte Gutachten für ausreichend und sehe für ein erneutes Gutachten keine Veranlassung[632]. Lehnen die Entscheidungsgründe einen Antrag auf Einholung weiterer Stellungnahmen[633] oder die Zeugenvernehmung[634] ab, so hat das Gericht den Antrag erwogen. Die Nichtvernehmung eines mitgebrachten Zeugen[635] oder die Nichteinvernahme der Beschwerdeführerin als Partei[636] verstößt nicht gegen Art. 91 Abs. 1 BV, sofern sich das Gericht ausdrücklich damit auseinandersetzt, warum der Zeuge nach seiner Auffassung nicht zu vernehmen war. Kommt der erkennende Richter in den Urteilsgründen zum Ergebnis, die Beweisaufnahme sei nicht erforderlich, beachtete er die entsprechenden Beweisangebote. Ob die Beurteilung zutreffend ist, kann im Rahmen des Art. 91 Abs. 1 BV dahinstehen[637]. Gleiches gilt, wenn der Richter den Beweiswert des neu benannten Beweismittels (Sachverständigenbeweis) sachlich würdigt und zum Ergebnis gelangt, selbst ausreichend Sachkunde zu besitzen und deshalb die Beweiserhebung ablehnt[638].

D. Bewertung der Judikate

An den dargestellten unbegründeten Rügen zeigt sich der Grund für die hohe Zahl von 95 % erfolglosen Rügen. Lehnt ein Fachgericht ein Beweisangebot ab, bedeutet dieser Vorgang, dass es den angebotenen Beweis zur Kenntnis nahm und bei der Entscheidung

---

[627] *BayVerfGH* Vf.7-VI-02, Urteil vom 21. Mai 2003, S. 10.
[628] *BayVerfGH* Vf.32-VI-02, Urteil vom 24. Juni 2003, S. 8.
[629] *BayVerfGH* Vf.57-VI-02, Urteil vom 26. August 2003, S. 6.
[630] *BayVerfGH* Vf.58-VI-01, Urteil vom 21. Juni 2002, S. 6.
[631] *BayVerfGH* Vf.67-VI-96, Urteil vom 13. März 1998, S. 10 f.
[632] *BayVerfGH* Vf.136-VI-94, Urteil vom 24. Januar 1997, S. 6.
[633] *BayVerfGH* Vf.148-VI-93, Urteil vom 9. Februar 1995, S. 11.
[634] *BayVerfGH* Vf.148-VI-92, Urteil vom 1. Juli 1994, S. 14.
[635] *BayVerfGH* Vf.9-VI-94, Urteil vom 13. April 1995, S. 6.
[636] *BayVerfGH* Vf.56-VI-94, Urteil vom 20. Oktober 1995, S. 6.
[637] *BayVerfGH* Vf.27-VI-91, Urteil vom 3. April 1992, S. 13.
[638] *BayVerfGH* Vf.14-VI-88, Urteil vom 8. November 1991, S. 21.

erwog, was meines Erachtens der richtige Prüfungsansatz ist[639]. Verwendet der *Bayerische Verfassungsgerichtshof* diesen Prüfungsansatz, kann die Rüge nicht erfolgreich sein. Ob das Prozessrecht die Ablehnung eines Beweisangebots rechtfertigt, geht in die sachliche Bewertung fachgerichtlicher Feststellungen und Würdigungen[640]. Aus diesem Prüfungsvorgehen ergab sich die einzige begründete Rüge zur Verletzung des rechtlichen Gehörs.

Eine Sonderstellung nimmt das Erfordernis der Berücksichtigung *nur erheblicher* Beweisanträge in Verbindung mit den Grundsätzen der Prozessordnungen ein[641]. Um eine Beeinträchtigung des Art. 91 Abs. 1 BV festzustellen, müsste der *Bayerische Verfassungsgerichtshof* selbst überprüfen, wann ein Beweisangebot erheblich ist und wann nicht. In den Urteilen, in denen er diese Voraussetzung zitiert, überlässt er diese Prüfung jedoch dem jeweiligen Fachgericht[642]. Somit könnte der *Bayerische Verfassungsgerichtshof* auf das Erfordernis der Erheblichkeit im Prüfungsansatz verzichten. Ist es der fachgerichtlichen Bewertung vorbehalten, die *Entscheidungserheblichkeit* festzustellen, kann unter dem Blickwinkel des rechtlichen Gehörs nur geprüft werden, ob das Gericht den Beweisantrag berücksichtigte oder nicht. Die Frage nach einem *erheblichen Beweisantrag* macht nur Sinn, wenn sich die verfassungsrechtliche Prüfungsfrage auch darauf erstreckt, ob das Prozessrecht die Ablehnung rechtfertigt. Dann kann der *Bayerische Verfassungsgerichtshof* die Frage der Erheblichkeit eines Beweisantrags unter den Voraussetzungen des Art. 91 Abs. 1 BV würdigen.

Diese, sich aus den verschiedenen Prüfungsansätzen ergebenden, Widersprüchlichkeiten kann der *Bayerische Verfassungsgerichtshof* vermeiden, wenn er dem eigentlichen Inhalt des Rechts auf Gehör folgt und *die Ablehnung* eines Beweisangebots allenfalls am Maßstab des Art. 118 Abs. 1 BV behandelt[643].

---

[639] Dazu bereits die Stellungnahme unter § 3 II. C. 2; in diesem Sinn ebenso *Lichtenberger*, S. 111 ff.

[640] Daher ist sich der *Bayerische Verfassungsgerichtshof* nicht ganz im Klaren, ob er nun Art. 118 Abs. 1 BV oder Art. 91 Abs. 1 BV als Prüfungsmaßstab heranziehen soll; vgl. § 3 II. C. Gegen diesen Prüfungsumfang bei der Rüge zur Verletzung des Art. 91 Abs. 1 BV siehe auch *Lichtenberger*, S. 111 ff.

[641] *BayVerfGH* Vf.51-VI-93, Urteil vom 17. März 1997, S. 7; Vf.101-VI-93, Urteil vom 2. August 1994, S. 13.

[642] *BayVerfGH* a. a. O.

[643] Vgl. *Lichtenberger*, S. 120; vgl. § 3 II. C. 2.

§ 9 Die Einschränkungen der Berücksichtigungspflicht nach Art. 91 Abs. 1 BV

I. Einführung

Es treten Verfahrenssituationen ein, in denen das Gericht aufgrund prozessrechtlicher Vorschriften nur unter bestimmten Voraussetzungen seiner *Berücksichtigungspflicht* nachkommen muss. Maßgeblich handelt es sich um das Präklusions- und Wiedereinsetzungsrecht, aber auch die Normen zur Wiedereröffnung der mündlichen Verhandlung sind Gegenstand der folgenden Untersuchung.

II. Die Wiedereröffnung der mündlichen Verhandlung

Um eine Verzögerung der Entscheidung zu vermeiden, erklärt das Gesetz den Schluss der mündlichen Verhandlung grundsätzlich zum letzten Zeitpunkt, zu dem die Parteien Angriffs- und Verteidigungsmittel wirksam geltend machen können; vgl. § 296a ZPO. Dennoch kann das Gericht danach verfassungsrechtlich zur Wiedereröffnung der mündlichen Verhandlung gezwungen sein, um den Vortrag einer Partei zu berücksichtigen.

Tabelle 21
Übersicht zur Rüge der nicht erfolgten Wiedereröffnung der mündlichen Verhandlung von 1990 bis 2003 und deren Ausgang

Jahr	Anzahl aller Rügen	Unzulässig	Unbegründet	Begründet	Nicht entschieden
2001	1	0	1	0	0
1999	1	0	1	0	0
1998	1	0	1	0	0
1996	3	0	2	1	0
1994	1	0	1	0	0
1992	1	0	0	1	0
1990	1	0	1	0	0
Summe	**9**	**0**	**7**	**2**	**0**
Prozent	**100 %**	**0 %**	**78 %**	**22 %**	**0 %**

Legende: Spalte 1 enthält die Jahrgänge im Untersuchungszeitraum, in denen die Rüge enthalten war. Spalte 2 zeigt die Gesamtzahl der Rügen und Spalten 3 bis 6 verdeutlichen deren Ausgang mit einer Verteilung in Zahlen und Prozent.

Beschwerdeführer haben die Rüge nur in *neun* Fällen erhoben. Davon waren *zwei* (22 %) erfolgreich und *sieben* (78 %) unbegründet. Es gab weder unzulässige Rügen noch solche, über die der *Bayerische Verfassungsgerichtshof* nicht entschied.

A. Die vom Bayerischen Verfassungsgerichtshof aufgestellten Grundsätze zur Überprüfung der nicht erfolgten Wiedereröffnung

§ 156 a. F. ZPO (§ 156 Abs. 1 n.F. ZPO) stellt die Wiedereröffnung der Verhandlung in das Ermessen des Gerichts. Eine Verpflichtung hierzu besteht unter anderem, wenn das Gericht seiner Aufklärungs- und Fragepflicht nach § 139 a. F., § 278 Abs. 3 a. F. ZPO (§ 156 Abs. 2 Nr. 1 n.F. ZPO) nicht nachkam[644]. Die Auslegung und Anwendung dieser Vorschriften liegt grundsätzlich im Bereich des einfachen Prozessrechts. Allerdings kann die Frage, ob das Gericht dabei Bedeutung und Tragweite des Grundrechts auf rechtliches Gehör verkannte, unter dem Blickwinkel des Art. 91 Abs. 1 BV bedeutsam sein.[645]

1. Die erfolgreichen Rügen wegen der nicht erfolgten Wiedereröffnung

Stellt der Beklagtenvortrag, nachdem das Gericht die mündliche Verhandlung schloss, ein neues Angriffsmittel dar (§ 296a ZPO), so muss das Gericht die mündliche Verhandlung wiedereröffnen, wenn es das neue Vorbringen seiner Entscheidung zugrunde legen möchte. Andernfalls tritt ein Verstoß gegen Art. 91 Abs. 1 BV ein, weil der Kläger keine Möglichkeit zur Stellungnahme hatte[646]. Die Bedeutung und Tragweite des Art. 91 Abs. 1 BV verkennt das Gericht, falls es bei einem nicht vorbehaltenen Schriftsatz sein nach § 156 a. F., § 296a Satz 2 a. F. ZPO (§ 156 Abs. 1 n.F., § 296 a Satz 2 n.F. ZPO) obliegendes Ermessen nicht ausübt, da es den Schriftsatz nicht bei der Frage der Wiedereröffnung in Erwägung zog[647].

2. Die erfolglosen Rügen wegen der nicht erfolgten Wiedereröffnung

Nach § 136 Abs. 4 ZPO kann der Richter die mündlichen Verhandlung erst schließen, wenn die Sache vollständig erörtert ist. Es kommt nicht darauf an, ob die Parteien die Erörterung für erschöpfend halten. Gelangt das Gericht zu dem Ergebnis keine weiteren geladenen Zeugen zu vernehmen und gab es die Möglichkeit zur Stellungnahme zum erhobenen Beweis, so ist es nicht verpflichtet für eine weitere Zeugenvernehmung die

---

[644] *BayVerfGH* Vf.31-VI-95, Urteil vom 9. August 1996, S. 12; Vf.41-VI-00, Urteil vom 6. April 2001, S. 8.

[645] *BayVerfGH* Vf.18-VI-97, Urteil vom 25. Mai 1998, S. 14; Vf.5-VI-94, Urteil vom 16. Dezember 1994, S. 8; Vf.50-VI-91, Urteil vom 11. September 1992, S. 14 f.

[646] *BayVerfGH* Vf.35-VI-95, Urteil vom 15. Februar 1996, S. 9.

[647] *BayVerfGH* Vf.5-VI-94, Urteil vom 16. Dezember 1994, S. 9

mündliche Verhandlung wieder zu eröffnen.[648] Ein nicht rechtskräftiges Urteil aus einem Parallelverfahren zwingt nicht zur Wiedereröffnung der geschlossenen Verhandlung, wenn dieses Urteil keine Bindungswirkung ausübt und das erkennende Gericht vielmehr selbst den Sachverhalt würdigen muss[649]. Eine erneute Eröffnung ist nicht geboten, soweit in einem gemäß § 283 ZPO nachgelassenen Schriftsatz neuer Parteivortrag enthalten ist, der über eine Erwiderung auf den Schriftsatz des Gegners hinausgeht[650]. Nicht nachgelassenes neues Vorbringen (vgl. § 283 ZPO) kann das Gericht nur durch eine weitere mündliche Verhandlung gemäß § 156 a. F. ZPO (§ 156 Abs. 1 n.F. ZPO) berücksichtigen. Für eine Gehörsverletzung müssen aber Anhaltspunkte vorliegen, dass es diese Vorgehensweise nicht erwogen hat[651]. Außerdem darf durch die Wiedereröffnungsvorschriften nicht das Präklusionsrecht unterlaufen werden.[652] Das Gericht ist nicht verpflichtet durch gesonderten Beschluss den Antrag auf Wiedereröffnung abzulehnen oder diesen in den Entscheidungsgründen zu erwähnen[653]. Äußert ein Gericht seine rechtlichen Bedenken gegen die Wirksamkeit eines Vertrags in der mündlichen Verhandlung und nimmt die Partei hierzu nachträglich Stellung, so besteht keine Veranlassung zur Wiedereröffnung der mündlichen Verhandlung, sofern das Gericht den Parteivortrag beachtete[654].

B. Bewertung der Judikate

Wie die begründeten Verfassungsbeschwerden zeigen, lässt sich die verfassungsrechtliche Pflicht zur Wiedereröffnung der Verhandlung in zwei Kategorien einteilen:

1. Die zwingende Wiedereröffnung der Verhandlung

Die vom *Bayerischen Verfassungsgerichtshof* getroffenen Entscheidungen beruhten auf § 156 a. F. ZPO. Diese Vorschrift sah nach ihrem Wortlaut keine zwingende Wiedereröffnung der mündlichen Verhandlung vor. Wie die erfolgreiche Verfassungsbeschwerde zeigt, konnte das Gericht bei entscheidungserheblicher Verletzung des rechtlichen Gehörs die Pflicht zur Wiedereröffnung der Verhandlung treffen[655]. Will das Gericht den Vortrag eines Prozessbeteiligten nach der mündlichen Verhandlung berücksichtigen, muss es den Gegner dazu hören. Das geltende Verfahrensrecht erfasst die damals anerkannten Fallgruppen der Verletzung des rechtlichen Gehörs im § 156 Abs. 2 Ziffer 1 n. F. ZPO.

---

[648] Vgl. *BayVerfGH* Vf.18-VI-97, Urteil vom25. Mai 1998, S. 14 ff.
[649] Vgl. *BayVerfGH* Vf.62-VI-93, Urteil vom 5. Juni 1996, S. 13.
[650] *BayVerfGH* Vf.31-VI-95, Urteil vom 9. August 1996, S. 12.
[651] Vgl. *BayVerfGH* Vf.106-VI-96, Urteil vom 30. April 1999, S. 10 f.
[652] *BayVerfGH* Vf.50-VI-91, Urteil vom 11. September 1992, S. 14 f; vgl. Vf.41-VI-00, Urteil vom 6. April 2001, S. 8.
[653] *BayVerfGH* a. a. O. S.14.
[654] Vgl. *BayVerfGH* Vf.37-VI-89, Urteil vom 16. Februar 1990, S. 8 in Verbindung mit S. 13.
[655] Vgl. *Peters*, a. a. O., Rdnr. 3 ff.

2. Die Wiedereröffnung nach Ermessen

Augenfällig bemüht sich der *Bayerische Verfassungsgerichtshof* den Ermessensspielraum des Fachgerichts im Rahmen des § 156 a. F. ZPO zu betonen. Dieser Bereich ist für ihn unantastbar, soweit das Fachgericht von seinem Ermessen Gebrauch machte. Nur ein Ermessensausfall führt zur Verletzung des Art. 91 Abs. 1 BV, da dann der Richter die Bedeutung und Tragweite des rechtlichen Gehörs bei der Anwendung des § 156 a. F. ZPO verkannte. Darüber hinaus muss das Urteil Anhaltspunkte dafür enthalten, dass der Richter das ihm eingeräumte Ermessen nicht ausübte. Andernfalls ist im Interesse des Rechtsfriedens und der Rechtssicherheit von einer pflichtgemäßen Ermessensausübung auszugehen[656].

Im Rahmen des gerichtlichen Ermessens entspricht § 156 Abs. 1 a. F. ZPO dem § 156 Abs. 1 n. F. ZPO. Insoweit ergeben sich keine Unterschiede.

III. Die Präklusion verspäteten Vorbringens

Wie die *Tabelle 22* (siehe die Abbildung auf der folgenden Seite) zeigt, gehört zu den bedeutsamen und häufig diskutierten Fragen des Anspruchs aus Art. 91 Abs. 1 BV, ob und unter welchen Voraussetzungen das Gericht das rechtliche Gehör verletzt, wenn es ein verspätetes Vorbringen zurückweist[657].

A. Die vom Bayerischen Verfassungsgerichtshof aufgestellten Grundsätze zur Überprüfung der fehlerhaften Anwendung und Auslegung der Präklusionsvorschriften

Art. 91 Abs. 1 BV gibt den Beteiligten eines gerichtlichen Verfahrens ein Recht darauf, dass das Gericht rechtzeitiges und möglicherweise entscheidungserhebliches Vorbringen zur Kenntnis nimmt und bei der Entscheidung in Erwägung zieht, sofern es nach den Prozessvorschriften nicht ausnahmsweise unberücksichtigt bleiben muss oder kann. Zu diesen Prozessvorschriften gehören die Präklusionsvorschriften der einzelnen Verfahrensordnungen, die im Interesse einer Verfahrensbeschleunigung das rechtliche Gehör begrenzen und einschränken, indem sie eine Zurückweisung verspäteten Vorbringens gebieten oder ermöglichen. Die Beurteilung der durch Bundesrecht geregelten Voraussetzungen für die Zurückweisung ist grundsätzlich den Fachgerichten vorbehalten. Der verfassungsrechtliche Anspruch auf Gehör kann erst dann verletzt sein, wenn die Fachgerichte ein Vorbringen in nicht mehr vertretbarer Auslegung und Anwendung formellen Rechts zurückweisen. Der Bayerische Verfassungsgerichtshof prüft deshalb, ob Auslegung und Anwendung des Verfahrensrechts auf einer nicht mehr vertretbaren Anschauung von Bedeutung und Tragweite des Anspruchs auf rechtliches Gehör beruhen und

---

[656] *Roth* in: *Stein/Jonas*, § 156 Rdnr. 1.
[657] Vgl. *Waldner*, Rdnr. 266.

dadurch eine den verfassungsrechtlichen Mindestanforderungen entsprechende Anhörung nicht stattgefunden hat. Der Ausnahmecharakter der Präklusionsvorschriften rechtfertigt es, deren Auslegung und Anwendung einer strengeren verfassungsrechtlichen Kontrolle zu unterziehen, als dies üblicherweise bei der Nachprüfung einfachen Rechts geschieht; sie geht daher über eine bloße Willkürkontrolle hinaus.[658]

Tabelle 22
Übersicht zur Rüge der fehlerhaften Auslegung und Anwendung der Präklusionsvorschriften von 1990 bis 2003 und deren Ausgang

Jahr	Anzahl aller Rügen	Unzulässig	Unbegründet	Begründet	Nicht entschieden
2003	1	0	0	1	0
2002	0	0	0	0	0
2001	2	0	2	0	0
2000	2	0	0	2	0
1999	2	0	2	0	0
1998	2	0	1	1	0
1997	2	1	1	0	0
1996	4	0	1	3	0
1995	3	0	2	1	0
1994	2	0	1	0	1
1993	1	0	1	0	0
1992	3	0	3	0	0
1991	2	0	0	2	0
1990	1	0	1	0	0
Summe	**27**	**1**	**15**	**10**	**1**
Prozent	**100 %**	**4 %**	**55 %**	**37 %**	**4 %**

Legende: Spalte 1 enthält den Untersuchungszeitraum. Spalte 2 zeigt die Gesamtzahl der Rügen und Spalten 3 bis 6 deren Ausgang mit einer Verteilung in Zahlen und Prozent.

Mit *zehn* begründeten Verfassungsbeschwerden befindet sich die Rüge auf dem zweiten Platz der erfolgreichen Beanstandungen. Sie ist im Verhältnis zu ihrer Erhebung (37 %),

---

[658] Ständige Rechtsprechung vgl. *BayVerfGH* Vf.46-VI-99, Urteil vom 30. März 2001, S. 13; Vf.78-VI-99, Urteil vom 26. Mai 2000, S. 6 f.; Vf.40-VI-94, Urteil vom 30. März 1995, S. 10 f.; Vf.113-VI-91, Urteil vom 11. Dezember 1992, S. 6 f.

die erfolgreichste in Verfassungsbeschwerden zur Verletzung des Art. 91 Abs. 1 BV. Weitere 15 Rügen waren unbegründet (55 %) und *eine* war unzulässig (4 %). In *einem* weiteren Verfahren entschied der *Bayerische Verfassungsgerichtshof* nicht über die Beanstandung (4 %).

1. Die erfolgreichen Rügen wegen der fehlerhaften Auslegung und Anwendung der Präklusionsvorschriften

Die Auswertung der Verfassungsbeschwerden führte zu folgender Einteilung:

a) Keine Eröffnung des Anwendungsbereichs einer Präklusionsnorm

Nimmt ein Gericht zu Unrecht an, dass die Schriftsatzfrist bereits abgelaufen sei und weist deshalb den Vortrag als verspätet zurück, so liegt hierin eine Verletzung des rechtlichen Gehörs[659]. Gleiches gilt, wenn das Gericht eine innerhalb der Klageerwiderungsfrist eingereichte Klageerwiderung wegen Verspätung nicht berücksichtigt, weil es der Beklagte versäumt habe, seine Verteidigung nach § 276 Abs. 1 Satz 1 ZPO anzuzeigen. Tatsächlich stellte das Gericht dem Beklagten nur eine Klageerwiderungsfrist nebst Belehrung nach § 277 Abs. 2, § 296 Abs. 1 a.F. ZPO (§ 277 Abs. 2, § 296 Abs. 1 n.F. ZPO) zu, die erst mit Ende der Gerichtsferien nach § 223 Abs. 1 Satz 3 a. F. ZPO, § 199 GVG zu laufen begann.[660] Ebenso ist die Anwendung des § 296 Abs. 1 a.F. (§ 296 Abs. 1 n.F.) ZPO unvertretbar, wenn das Gericht die Äußerungsfrist falsch berechnet, indem es das Fristende auf einen Sonntag legt und daher den am darauffolgenden Montag eingegangenen Schriftsatz als verspätet zurückweist, obwohl die Frist gemäß § 222 Abs. 2 ZPO erst an diesem Montag abläuft.[661]
Schließt das Gericht eine Aufrechnung in der zweiten Instanz unter Anwendung des nicht einschlägigen § 528 Abs. 3 a. F. ZPO (§ 531 Abs. 1 n.F.) aus, wandte es die Präklusionsvorschriften unvertretbar an.[662]

b) Unzureichende gerichtliche Verfahrensleitung

Eine durch die Prozessordnung nicht gedeckte Präklusion im Sinne des § 296 Abs. 1 ZPO bedeutet zugleich einen Verstoß gegen Art. 91 Abs. 1 BV, falls das Gericht die Präklusion auf eine Verfahrensverzögerung stützt, die ihrerseits eine Ursache in einem

---

[659] *BayVerfGH* Vf.55-VI-97, Urteil vom 20. März 1998, S. 4 f.
[660] *BayVerfGH* Vf.118-VI-95, Urteil vom 21. November 1996, S. 8 f. Die Vorschriften über die Gerichtsferien hat der Gesetzgeber seit dem 1. Januar 1997 aufgehoben und durch einen Anspruch auf Terminsverlegung nach § 227 ZPO ersetzt.
[661] *BayVerfGH* Vf.58-VI-96, Urteil vom 13. Dezember 1996, S. 6.
[662] *BayVerfGH* Vf.22-VI-95, Urteil vom 18. Oktober 1995, S. 6 f. Das Gericht hätte die Sondervorschrift des § 530 Abs. 2 a.F. ZPO zur Aufrechnung erkennen und prüfen müssen. Soweit es die Sachdienlichkeit verneint hätte, wäre zumindest die Gegenforderung erhalten geblieben. Nach neuem Recht regelt § 533 Nr. 1 n.F. ZPO den Fall der Aufrechung bei Sachdienlichkeit im Berufungsverfahren, jedoch in Verbindung mit dem engen Prüfungsumfang des nun geltenden Berufungsverfahrens nach § 533 Nr. 2 n.F, § 529 n.F. ZPO.

Verstoß gegen die richterliche Verantwortung für eine dem Verfassungsauftrag des Art. 91 Abs. 1 BV entsprechende Verfahrensleitung und Verfahrensförderung hat. Hätte das Gericht einen Schriftsatz vor dem Termin zur Kenntnis genommen, so hätte es bemerkt, dass die Partei auf die im Text Bezug genommenen Unterlagen nicht als Anlagen dem Schriftsatz beigefügte. Es bestand die gerichtliche Pflicht auf dieses Versehen vor dem Termin hinzuweisen, so dass die Zurückweisung der vorgelegten Unterlagen im Termin gemäß § 296 Abs. 1 a.F ZPO (§ 296 Abs. 1 n.F. ZPO) unvertretbar ist.[663]

c) *Unzureichende gerichtliche Terminsvorbereitung*

Selbst bei einer unentschuldigten Verspätung neuen Vorbringens kann eine unvertretbare Zurückweisung im Sinne des § 296 Abs. 1 a.F. ZPO (§ 296 Abs. 1 n.F. ZPO) vorliegen, wenn ein Prozessbeteiligter ein verspätetes Angriffs- oder Verteidigungsmittel dem Gericht zu einem Zeitpunkt vorträgt, an dem es bei der Vorbereitung der mündlichen Verhandlung den Vortrag noch berücksichtigen kann. Ist es für den Richter möglich die Verspätung durch eine zumutbare vorbereitende Maßnahme nach § 273 Abs. 2 ZPO (§ 273 Abs. 2 n.F. ZPO) auszugleichen, muss er das verspätete Vorbringen zulassen. So hat er einen Zeugen zu einem Termin rechtzeitig zu laden, wenn die Partei den Zeugen zwar in einem verspäteten Schriftsatz, aber etwa 14 Tage vor dem Termin zu einer neuen Tatsache als Beweis benannte und der Gegner die zu beweisende Tatsache bestritt.[664] Entsprechend ist zu entscheiden, wenn das Gericht eine Zeugenvernehmung als verspätet zurückweist ohne darzulegen, weshalb selbst bei genügender Terminsvorbereitung [hier in Form der Ladung des zu spät benannten Zeugen], eine Verzögerung eingetreten sei. Bei einem relativ langen Zeitraum zwischen Benennung des Zeugen und dem Termin der mündlichen Verhandlung erscheint es nicht ausgeschlossen, dass eine ausreichende Terminsvorbereitung eine Verzögerung unterbunden hätte.[665] Der erkennde Richter missbraucht die Präklusionsvorschriften, wenn er für den frühen ersten Termin erkennbar geeignete Verfahrensvorbereitungen unterlässt. So, wenn er trotz umfangreicher Beweisaufnahme den Termin kurzfristig und nur für unzureichende Zeit ansetzt. Dann ist die Ladung der Zeugen kaum möglich. Er hätte später terminieren und einen längeren Zeitraum der Verhandlung für die Zeugeneinvernahme anberaumen müssen[666].

d) *Die nicht vertretbare Auslegung der Begriffe „Verfahrensverzögerung“ und „grobe Nachlässigkeit“*

Behebt das Gericht erst nach der in § 356 Satz 1 a.F. ZPO (§ 356 n.F. ZPO) gesetzten Frist das Verfahrenshindernis für die Beweisaufnahme, kann die richterliche Bewertung einer Verfahrensverzögerung im Sinne des § 356 Satz 1 a.F. ZPO (§ 356 Satz 1 n.F. ZPO) dennoch unvertretbar sein. Beispielsweise, wenn noch nach Ablauf derselben Frist

---

[663] Vgl. *BayVerfGH* Vf.2-VI-02, Urteil vom 13. November 2003, S. 8.
[664] *BayVerfGH* Vf.95-VI-99, Urteil vom 26. Oktober 2000, S. 6 f.
[665] Vgl. *BayVerfGH* Vf.87-VI-95, Urteil vom 24. Juli 1996, S. 9 f.
[666] Vgl. *BayVerfGH* Vf.84-VI-90, Urteil vom 15. November 1991, S. 19 ff.

keine Entscheidung über ein Ablehnungsgesuch gegenüber dem Richter nach § 47 ZPO existiert. Während der Zeit des Ablehnungsverfahrens darf der Richter keine Verfahrenshandlungen durchführen, so dass die verspätete Behebung des Hindernisses für die Beweisaufnahme nicht das Verfahren verzögert.[667].

Enthält das Berufungsurteil trotz der Zurückweisung nach § 528 Abs. 2 a. F. ZPO (§ 531 Abs. 2 Nr. 3 n.F. ZPO) keine Ausführungen oder Feststellungen zur groben Nachlässigkeit im Sinne dieser Vorschrift, liegt ein Verstoß gegen Art. 91 Abs. 1 BV vor. Der *Bayerische Verfassungsgerichtshof* kann in diesem Fall nicht prüfen, ob das Fachgericht bei der Zurückweisung die Bedeutung und Tragweite des Anspruchs auf rechtliches Gehör beachtete[668].

2. Die erfolglosen Rügen wegen der fehlerhaften Auslegung und Anwendung der Präklusionsvorschriften

Die Rügen lassen sich gemäß den Zurückweisungsvorschriften einteilen:

a) Zurückweisung nach § 296 Abs. 1 a.F. ZPO

Die Verletzung des Rechts auf Gehör kann der Beschwerdeführer nicht damit rügen, dass ein Gericht die verspätete Berufungsbegründung des Gegners entgegen der § 527 a. F., § 520 Abs. 2 a. F., § 296 Abs. 1 a.F. ZPO (§ 530 n.F., § 521 Abs. 2, § 296 Abs. 1 n.F. ZPO) berücksichtigte[669].

Die Zurückweisung nach § 296 Abs. 1 a.F. ZPO (§ 296 Abs. 1 n.F. ZPO) ist nicht auf die Widerklage anwendbar. Deckt sich ein auf Beweiserhebung abzielendes Vorbringen zur Widerklage mit demjenigen zur Verteidigung gegen die Klage, so darf der Richter den Vortrag nicht zurückweisen, da sich dadurch der Rechtsstreit nicht insgesamt erledigt. Deshalb verzögert die Berücksichtigung des verspäteten Vorbringens nicht die Erledigung des Rechtsstreits. Eine Zurückweisung kommt jedoch in Betracht, falls die Widerklage rechtsmissbräuchlich ist und nur den Sinn hat den Verspätungsfolgen zu entgehen.[670]

Tritt die Partei entgegen § 520 Abs. 2 Satz 3 a. F., § 277 Abs. 1 Satz 1 ZPO (§ 521 Abs. 2 Satz 2 n.F. in Verbindung mit § 277 Abs. 1 Satz 1 ZPO) den Gegenbeweis nicht fristgemäß in der Berufungsbegründung an, sondern beantragt erst in der mündlichen Verhandlung die Einvernahme des nicht anwesenden Zeugen, überschreitet es nicht die Grenzen einer vertretbaren Auslegung der § 527 a. F., § 296 Abs. 1 ZPO (§ 530 n.F. in

---

[667] *BayVerfGH* Vf.78-VI-99, Urteil vom 26. Mai 2000, S. 7.
[668] *BayVerfGH* Vf.84-VI-90, Urteil vom 15. November 1991, S. 16 ff.
[669] *BayVerfGH* Vf.51-VI-93, Urteil vom 17. März 1997, S. 5. Die Rüge hätte nur dann Aussicht auf Erfolg, wenn der Beschwerdeführer gerügt hätte, er habe wegen der Berücksichtigung keine Gelegenheit zur Stellungnahme gehabt.
[670] *BayVerfGH* Vf.22-VI-96, Urteil vom 22. Juli 1997, S. 7 f.

Verbindung mit § 296 Abs. 1 n.F. ZPO), wenn das Gericht diesen Vortrag als verspätet zurückweist[671].

b) Zurückweisung gemäß § 296 Abs. 2 ZPO

Es ist gerechtfertigt eine Verzögerung im Sinne der § 282 Abs. 2 ZPO in Verbindung mit § 296 Abs. 2 ZPO anzunehmen, wenn die Partei erst in der mündlichen Verhandlung den Vortrag des Gegners unter Beweisantritten bestreitet, obwohl ihr die gegnerische Stellungnahme bereits seit drei Monaten bekannt ist.
Eine groben Nachlässigkeit ist erkennbar, wenn der Prozessbeteiligte auf den umfangreich begründeten Einspruch des Gegners gegen den Vollstreckungsbescheid drei Monate bis zur Anberaumung des Termins schweigt, obwohl ihm das Gericht eine entgegen des § 697 Abs. 1 ZPO nur zehntägige Frist zur Anspruchsbegründung gab. Im Übrigen handelte es sich laut Ladung um einen Haupttermin und nicht um einen frühen ersten Termin in Form eines Durchlauftermins, bei dem eine Zurückweisung von Vorbringen das Recht auf Gehör verletzen kann.[672]
Würde neues Vorbringen den Rechtsstreit gemäß § 296 Abs. 2 ZPO verzögern, so kommt eine Wiedereröffnung der Verhandlung gemäß § 156 ZPO nicht in Betracht, weil man durch diese Norm nicht die Präklusionsvorschriften unterlaufen darf[673].

c) Zurückweisung nach § 296a Satz 1 ZPO

Gemäß § 296a Satz 1, § 523 a. F. ZPO (§ 296a Satz 1, § 525 Satz 1 n.F. ZPO) dürfen die Beteiligten im Berufungsverfahren nach Schluss der mündlichen Verhandlung, auf die das Urteil ergeht, Angriffs- und Verteidigungsmittel, vorbehaltlich der Regelungen der § 296a Satz 2 in Verbindung mit §§ 156 a. F., 283 ZPO (§ 296a Satz 2 n.F. in Verbindung mit § 156 n.F., § 283 ZPO), nicht mehr vortragen. Kommt das Gericht nach der ihm obliegenden Ermessensausübung nach § 156 a. F. ZPO in Verbindung mit § 139 a. F., § 278 Abs. 3 a. F. ZPO (§ 156 Abs. 2 n.F. ZPO) zum Ergebnis, dass der Sachverhalt hinreichend geklärt sei, kann es einen nach der mündlichen Verhandlung eingegangenen Schriftsatz unberücksichtigt lassen[674] oder eine weitere Zeugeneinvernahme unterlassen[675]. Trägt der Betroffene im Folgenden nicht ausreichend substantiiert vor, worin die mangelnde Rechtsbelehrungspflicht nach § 139 a. F., § 278 Abs. 3 a. F. ZPO (§ 139 Abs. 2 n.F. ZPO) liegt, ist ein Verstoß gegen Art. 91 Abs. 1 BV ausgeschlossen.[676]
Lässt das Gericht einer Partei einen Schriftsatz gemäß § 283 ZPO nach, darf es nur dasjenige neue Vorbringen berücksichtigen, was sich als Antwort auf das neue Vorbringen

---

[671] *BayVerfGH* Vf.151-VI-93, Urteil vom 16. Februar 1995, S. 11 f.
[672] *BayVerfGH* Vf.60-VI-90, Urteil vom 23. April 1993, S. 9 ff.
[673] *BayVerfGH* Vf.50-VI-91, Urteil vom 11. September 1992, S. 15.
[674] Vgl. *BayVerfGH* Vf.41-VI-00, Urteil vom 6. April 2001, S. 8.
[675] Vgl. *BayVerfGH* Vf.18-VI-97, Urteil vom 25. Mai 1998, S. 15.
[676] Vgl. *BayVerfGH* Vf.41-VI-00, Urteil vom 6. April 2001, S. 8.

des Gegners darstellt. Ein darüber hinausgehender neuer Vortrag muss unberücksichtigt bleiben[677]; vgl. § 296a Satz 1 ZPO.

d) *Ablauf von Rechtsmittelfristen*

Trägt der Revisionsführer neben dem ergänzenden Vortrag zur Sachrüge neue Tatsachen nach Ablauf der Revisionsbegründungsfrist gemäß § 345 Abs. 1 StPO in Verbindung mit § 79 Abs. 3 Satz 1 OWiG vor, so ist er mit den neuen Tatsachen zur Verfahrensrüge ausgeschlossen.[678] Nach § 124a Abs. 1 Satz 1 und Satz 4 VwGO muss der Berufungsführer die Zulassung der Berufung innerhalb eines Monats beantragen und begründen. Bringt er in einem nachgeschobenen Schriftsatz erstmals einen neuen Vortrag, der keine Ergänzung des fristgemäßen Vortrags darstellt, so ist die Zurückweisung des verspäteten Vortrags mit Blick auf Art. 91 Abs. 1 BV gerechtfertigt.[679]

e) *Zurückweisung nach § 528 Abs. 2 a. F., § 282 ZPO*

Die Zurückweisung eines vom Beklagten in der zweiten Instanz erstmals benannten Zeugen nach § 528 Abs. 2 a. F. ZPO in Verbindung mit § 282 Abs. 1 ZPO ist vertretbar, wenn die Gegner den angekündigten Antrag auf Vernehmung desselben Zeugen in der ersten Instanz nicht stellten, weil sie dessen schriftliche Aussage für ausreichend hielten, der Beklagte gleichwohl sich der Verwertung auf diesem Weg widersetzte, ohne jedoch einen eigenen Antrag auf Einvernahme zu stellen[680].

Schließt sich ein Gericht mit beachtlichen Gründen einer, zum Teil in der Rechtsprechung vertretenen, Ansicht an, dass bei Ausbleiben eines ordnungsgemäß geladenen Zeugen dennoch die Präklusionsvorschriften anwendbar sind und demzufolge eine Verzögerung bei erneuter Einvernahme eintritt, so legt das Berufungsgericht die Präklusionsvorschriften der § 528 Abs. 2 a. F., § 282 Abs. 1 ZPO nicht unvertretbar aus.

Versäumt eine Partei erstinstanzlich unter Beweisantritten darzulegen, dass sie ihren Schriftsatz vom 28. Dezember am gleichen Tag per Fax bei Gericht einreichte, um die drohende Verjährung (§ 196 Abs. 1 Nr. 1 a. F., § 201 a. F. BGB) zu unterbrechen (§ 211 Abs. 2 Satz 2 BGB), so ist sie mit diesem Vortrag im Berufungsverfahren gemäß § 528 Abs. 2 a. F. ZPO (§ 531 Abs. 2 n.F. ZPO) präkludiert, weil die Verjährungsfrage bereits Gegenstand der mündlichen Verhandlung vor dem Amtsgericht war.[681] Gleichfalls ist die Bewertung der groben Nachlässigkeit verfassungsrechtlich unbedenklich, wenn der Partei die Problematik der drohenden Verjährung bekannt ist, weil das Faxgerät bei allen Sendungen Fehler meldete.[682]

---

677 *BayVerfGH* Vf.31-VI-95, Urteil vom 9. August 1996, S. 11; Vf.6-VI-93, Urteil vom 18. Februar 1994, S. 13.

678 *BayVerfGH* Vf.69-VI-98, Urteil vom 13. August 1999, S. 11.

679 Vgl. *BayVerfGH* Vf.46-VI-99, Urteil vom 30. März 2001, S. 16.

680 *BayVerfGH* Vf.40-VI-94, Urteil vom 30. März 1995, S. 13.

681 *BayVerfGH* Vf.113-VI-91, Urteil vom 11. Dezember 1992, S. 7 f.

682 *BayVerfGH* a. a. O., S. 9.

Die Annahme einer Verzögerung nach § 528 Abs. 2 a. F. ZPO ist fehlerfrei, wenn das Gericht zur Klärung der Frage des fristgerechten Eingangs des Faxes die Einvernahme von drei Zeugen und einem Sachverständigen für nötig hält. Es setzte nicht sehenden Auges einen Termin an, in dem aus Zeitgründen eine Beweisaufnahme nicht möglich war, und verwies nicht anschließend zur Begründung der Präklusion auf die selbst getroffene Terminslage[683].

Hatte eine Partei bereits erstinstanzlich ausreichend Gelegenheit sich rechtzeitig zu äußern und Beweise anzubieten, dies aber aus von ihr zu vertretenden Gründen versäumt, so gewährte ihr das Gericht bereits vor Anwendung von Zurückweisungsvorschriften rechtliches Gehör. In einem solchen Fall tritt bei der Zurückweisung des neuen Tatsachenvortrags – selbst bei fehlerhafter Anwendung der entsprechenden Vorschriften – kein Verstoß gegen Art. 91 Abs. 1 BV ein.[684] Allerdings kann sich unter dem Gesichtspunkt unzureichender Terminsvorbereitung ein verfassungsrelevanter Gehörsverstoß befinden. Dies ist nicht der Fall, soweit wegen des umstrittenen Sachverhalts noch weitere Beweiserhebungen notwendig werden können[685].

B. Bewertung

Der *Bayerische Verfassungsgerichtshof* betont mal mehr[686] und mal weniger[687] deutlich, dass nicht in jeder falschen Anwendung und Auslegung der Präklusionsnormen ein verfassungsrelevanter Gehörsverstoß liegt. Andernfalls wird die Verfassungsgerichtsbarkeit tatsächlich zur Rechtsmittelinstanz[688] und das Präklusionsrecht als äußerste Grenze für die Beschränkung des rechtlichen Gehörs selbst auf die Ebene des Verfassungsrechts transferiert[689]. Andererseits unterzieht der *Bayerische Verfassungsgerichtshof* gemäß seiner Prüfungsgrundsätze die Auslegung und Anwendung der Zurückweisungsvorschriften regelmäßig einer strengeren Kontrolle, als er es sonst bei dem einfachen Recht durchführt; sie geht über die Willkürkontrolle hinaus. Aufgrund dieser schwierigen Ausgangslage lassen sich nur schwerlich allgemeingültige Aussagen treffen, wann ein Verstoß zum Recht auf Gehör nach Art. 91 Abs. 1 BV gegeben ist. Vielmehr wird hier einmal mehr deutlich, wie Schmal der Grad zwischen der Gehörsgarantie der Verfassungsnorm und der Verletzung einfachen gehörsspezifischen Verfahrensrechts sein kann, wenn es darum geht, ob die Fachgerichte bei *der Auslegung und Anwendung des einfachen Rechts* die Bedeutung und Tragweite des Art. 91 Abs. 1 BV beachteten[690]. Folgende Tendenzen lassen sich dennoch herausarbeiten:

---

[683] *BayVerfGH* a. a. O., S. 9.
[684] *BayVerfGH* Vf.37-VI-89, Urteil vom 16. Februar 1990, S. 17 f.
[685] *BayVerfGH* a. a. O., S. 19 f.
[686] *BayVerfGH* Vf.40-VI-94, Urteil vom 30. März 1995, S. 14.
[687] *BayVerfGH* Vf.84-VI-90, Urteil vom 15. November 1991, S. 16 ff.
[688] Vgl. *Waldner*, Rdnr. 271.
[689] Vgl. *BVerfGE* 75, 302 (314).
[690] Siehe zum Verhältnis des einfachen Prozessrechts zum Art. 91 Abs. 1 BV bereits § 2 II. B. 2.

1. Bereich von verfassungsrelevanten Gehörsverstößen

Soweit man im Bereich fehlerhafter Anwendung von Präklusionsnormen überhaupt von deutlichen verfassungsrelevanten Gehörsverstößen sprechen kann, sind nach den Urteilen des *Bayerischen Verfassungsgerichtshofs* folgende Fallgruppen erwähnenswert:

a) Der fehlende Anwendungsbereich der Präklusionsnormen

Entscheidungen, in denen das Gericht *fälschlicherweise* von einem Überschreiten gesetzter Fristen oder in der Berufungsinstanz von einem nicht gegebenen Ausschluss nach § 528 Abs. 3 a. F. (§ 531 Abs. 1 n.F. ZPO) ausgeht und den Vortrag deshalb zurückweist, verstoßen in klarer Weise gegen Art. 91 Abs. 1 BV[691]. Der Richter schließt einen fristgerechten Vortrag aus, ohne dass eine Vorschrift für diesen Ausschluss einschlägig ist. Die Partei ist umfänglich ihrer Prozessförderungspflicht nachgekommen[692]. In diesem Fall liegt in der Verletzung des einfachen Rechts *zugleich* eine Verletzung der verfassungsrechtlich gewährleisteten Minimalgarantie des rechtlichen Gehörs.

b) Zurückweisung neuen Vorbringens bei Verletzung rechtsstaatlicher Verfahrensgestaltung

Fälle, in denen der *Bayerische Verfassungsgerichtshof* die Präklusion (auch) auf die fehlerhafte Verfahrensleitung durch das Gericht zurückführt, sind hingegen nicht einfach gelagert. Die Partei ist in diesem Bereich ihrer *Prozessförderungspflicht* nicht nachgekommen. Somit ist der Vortrag unentschuldigt verspätet[693]. Dennoch hätte das Gericht durch geeignete Maßnahmen eine Verzögerung des Rechtsstreits vermeiden können. Demzufolge muss der Vergleich zwischen der Verfahrenssituation mit oder ohne Berücksichtigung des in Frage stehenden neuen Vorbringens ergeben, dass mit der Berücksichtigung *keine* Verzögerung eingetreten wäre[694]. Einerseits sieht der *Bayerische Verfassungsgerichtshof*[695] bei unzureichender Terminsvorbereitung eine unzulässige Präklusion mit der Folge eines Verfassungsverstoßes, andererseits handelt es sich auch um *Wertungsfragen*. Wie gesehen, entscheidet der *Bayerische Verfassungsgerichtshof*, ob und wann eine „zureichende“ oder „unzureichende“ fachgerichtliche Terminsvorbereitung vorliegt. Er beurteilt dabei Fristen der Terminierung sowie der Ladung von Zeugen, setzt die Länge der Fristen ins Verhältnis zur Anzahl der zu vernehmenden Zeugen, entscheidet über die Länge und den Zeitpunkt der anzuberaumenden Sitzung und kann dann entgegen dem Fachgericht zum Ergebnis kommen, dass mit vorbereitenden Maßnahmen

---

691 Siehe die begründeten Verfassungsbeschwerden § 9 V. III. A. 1. a).

692 Vgl. *Nolte* in: *v. Mangoldt/Klein/Stark*, Art. 103 Rdnr. 62.

693 Siehe die begründeten Verfassungsbeschwerden § 9 III. A. 1. b) und c).

694 Sogenannter *absoluter Verzögerungsbegriff*, der heute der herrschenden Ansicht entspricht; vgl. *Prütting* in: Münchener Kommentar zur ZPO, § 296 Rdnr. 77 mit weiteren Nachweisen. Dagegen existiert noch der *relative Verzögerungsbegriff*. Die Vertreter dieser Ansicht fragen, ob bei rechtzeitigem Vortrag der Prozess länger gedauert hätte; auch *hypothetischer Prozessverlauf* genannt. Hierfür *Schumann*, Bundesverfassungsgericht, Grundgesetz und Zivilprozess, S. 73 insbesondere Fußn. 267.

695 Siehe die begründeten Verfassungsbeschwerden § 9 III. A. 1. b) und c).

nach § 273 ZPO eine *Verzögerung* des Rechtsstreits nicht eingetreten wäre[696]. Der Schwerpunkt liegt dabei in der verfassungsrechtlichen Überprüfung und Bewertung der fachgerichtlichen *Verfahrensgestaltung*. Nur so lässt sich feststellen, ob die Verletzung der Prozessförderungspflicht eines Prozessbeteiligten die alleinige Ursache für die Verzögerung ist oder nicht[697]. Diese Kausalitätsfrage ist strikt von der Bestimmung des Tatbestandsmerkmals der Verzögerung zu trennen[698], denn der *Bayerische Verfassungsgerichtshof* betont zu Recht, dass die Ausfüllung dieses Tatbestandsmerkmals Sache der Fachgerichte ist[699]. Die *Verfahrensgestaltung* hingegen unterliegt der verfassungsgerichtlichen Beurteilung.

2. Unklarer Bereich von verfassungsrelevanten Gehörsverstößen

Es gibt Sachverhalte, in denen bereits fraglich ist, ob überhaupt eine einfachrechtliche Verletzung der Zurückweisungsvorschriften vorliegt, beziehungsweise, wann eine solche Verletzung auch zu einem Verfassungsverstoß führt.

a) Die Bestimmung der „Verzögerung" und der „groben Nachlässigkeit"

Schwierige Fragen der Präklusionsnormen sind die auslegungsbedürftigen Begriffe der „Verzögerung" (§ 296 Abs. 1 und Abs. 2 ZPO) als auch der „groben Nachlässigkeit" (§ 296 Abs. 2)[700]. Zu beurteilen ist, wann eine fachgerichtliche „fehlerhafte" Auslegung dieser Rechtsbegriffe zu einem Verstoß gegen Art. 91 Abs. 1 BV führt. Nach Ansicht des *Bayerischen Verfassungsgerichtshofs*[701] sind alle Auslegungen der Präklusionsvorschriften unbedenklich, solange sie das Recht der Beteiligten auf eine Äußerungsgelegenheit zum gesamten Sachverhalt respektieren. Wenn eine darüber hinaus gehende Beschränkung der Berücksichtigungspflicht stattfindet, liegt ein Verfassungsverstoß vor. Folglich muss zunächst der Sachverhalt danach untersucht werden, ob die Partei eine ihr zurechenbare Möglichkeit der Äußerung versäumte, beziehungsweise, ob ihr überhaupt eine solche Gelegenheit gegeben war. Nur wenn sie eine solche Gelegenheit hatte und diese nicht nutzte, kann man von der Verletzung der eigenen Prozessförderungspflicht im Sinne des § 282 Abs. 1 und 2 ZPO sprechen. Wie gesehen, sind vom *Bayerischen Verfassungsgerichtshof* (umstrittene) Fragen der Zulässigkeit einer Flucht in die Widerklage zu klären oder, ob nach einem Mahnverfahren auch ohne ordnungsgemäße Fristsetzung nach § 697 Abs. 1 ZPO die grobe Nachlässigkeit angenommen werden kann, wenn die Anspruchsbegründung erst im Termin erfolgt. Mehrfach beschäftigte sich der *Bayerische Verfassungsgerichtshof* mit der fachgerichtlichen Anwendung der Tatbestandsmerkmale „Verzögerung" und „grober Nachlässigkeit" gemäß § 528 Abs. 2 a.F. ZPO. Durch das

---

696 Sehr exemplarisch *BayVerfGH* Vf.84-VI-90, Urteil vom 15. November 1991, S. 19 ff.
697 *Prütting* in: Münchener Kommentar zur ZPO, § 296 Rdnr. 82.
698 *Prütting*, a. a. O., § 296 Rdnr. 83.
699 *BayVerfGH* Vf. 40-VI-94, Urteil vom 30. März 1995, S. 13.
700 Hier wäre ebenso die Erörterung der genügenden Entschuldigung im Sinne von § 296 Abs. 1 ZPO angebracht. Darüber hatte *Bayerischer Verfassungsgerichtshof* nicht zu entscheiden.
701 Vgl. *BayVerfGH* 42, 122 (124 ff.); *Waldner*, Rdnr. 274.

ZPO-RG vom 27. Juli 2001 hat der Gesetzgeber die Vorschrift durch § 531 Abs. 2 n.F. ZPO ersetzt. Danach dürfen neue Angriffs- und Verteidigungsmittel nur zugelassen werden, wenn sie „im ersten Rechtszug nicht geltend gemacht worden sind, ohne dass dies auf einer *Nachlässigkeit* der Partei beruht"; vgl. § 531 Abs. 2 Nr. 3 n.F. ZPO. Der Begriff der Verzögerung ist entfallen, so dass der *Bayerische Verfassungsgerichtshof* in Zukunft nur noch die berufungsgerichtliche Anwendung des Begriffs der Nachlässigkeit am Maßstab des rechtlichen Gehörs zu prüfen hat[702].

b) Die Zurückweisung von Vorbringen im frühen ersten Termin gemäß § 296, § 275 ZPO

Der *Bayerische Verfassungsgerichtshof*[703] erkennt neuerdings, mit Verweis auf das *Bundesverfassungsgericht*, dass die Zurückweisung von Vorbringen (nach § 282 Abs. 2 in Verbindung mit § 296 Abs. 2 ZPO)[704] im frühen ersten Termin gegen das Recht auf Gehör verstoßen kann, wenn es sich um einen Durchlauftermin handelt, für den das Gericht eine zur Streitentscheidung geeignete Verfahrensvorbereitung erkennbar nicht getroffen hat. Eine abschließende Entscheidung fällte er aber nicht, da es sich seiner Ansicht nach erkennbar um einen Haupttermin handelte und die Sache entscheidungsreif war, mithin eine Zurückweisung ohne weiteres erfolgen konnte. In einer älteren Entscheidung befand er jedoch, dass selbst in einem frühen ersten Termin, den das Gericht als „Sammeltermin" bezeichnete, eine Zurückweisung von Vorbringen *keinen* Verstoß gegen Art. 91 Abs. 1 BV darstellt[705].

(1) Der Durchlauftermin als prozessuale Ausnahmesituation

Der *Bayerischer Verfassungsgerichtshof* geht aufgrund seiner Formulierung ...„für den das Gericht eine zur Streitentscheidung geeignete Verfahrensvorbereitung nicht getroffen hat." von der Ansicht aus, dass ein früher erster Termin die Qualität eines Durchlauftermins hat, wenn er durch ein Fehlverhalten des Gerichts verursacht wird[706]. Er ist eine prozessuale Ausnahmesituation. Das Fehlverhalten beim Durchlauftermin liegt darin, dass ein Gericht einen Termin ansetzt, den es nach der ZPO nicht hätte ansetzten dürfen.

---

[702] Allerdings erst nach Erschöpfung des Rechtswegs, wozu mittlerweile auch die Nichtzulassungsbeschwerde gemäß § 544 n.F. ZPO gehört, siehe dazu im Einzelnen § 11 II. B. 4.

[703] *BayVerfGH* Vf.60-VI-91, Urteil vom 23. April 1993, S. 11; so bereits schon früher in *BayVerfGH* 42, 131 (134) mit Verweis auf *BVerfGE* 69, 126 (139). Allerdings ging es in *BayVerfGH* 42, 131 ff. um die Zurückweisung von Vorbringen wegen Versäumung der Klageerwiderungsfrist gemäß § 275 Abs. 1, § 296 Abs. 1 ZPO.

[704] In *BayVerfGH* Vf.60-VI-91, Urteil vom 23. April 1993, finden sich diese Vorschriften nicht. Das Gericht wies in der angegriffenen Entscheidung jedoch den Klägervortrag nach § 282 ZPO in Verbindung mir § 296 Abs. 2 ZPO zurück. Der *Bayerische Verfassungsgerichtshof* nimmt Bezug auf *BVerfGE* 69, 126 ff. In dieser Entscheidung ging es um die Anwendbarkeit des § 296 Abs. 2 ZPO im frühen ersten Termin.

[705] *BayVerfGH* 42, 131 (134).

[706] Zustimmend *Prütting* in: Münchener Kommentar zur ZPO, § 296 Rdnr. 99 f.; *Greger* in: *Zöller*, § 296 Rdnr. 5; Weth, S. 235 ff.

(2) Zur Zurückweisung von Parteivortrag im frühen ersten Termin, wenn er die Qualität eines Durchlauftermins hat

Hat der frühe erste Termin die Qualität eines Durchlauftermins, kann das Gericht den Parteivortrag nach § 296 Abs. 1 ZPO zurückweisen, es sei denn, es handelt sich *erkennbar*[707] um einen Durchlauftermin. Nur soweit diese Erkennbarkeit vorliegt, versteht der *Bayerische Verfassungsgerichtshof* die Zurückweisung als Missbrauch der Präklusionsnorm. Diese führt zugleich zum Verstoß gegen Art. 91 Abs. 1 BV. Bei der Entscheidung des *Bayerischen Verfassungsgerichtshofs*[708] handelte es sich um die Zurückweisung des Klägervortrags gemäß § 296 Abs. 2, § 282 Abs. 2 ZPO. Ihm ist entgegenzuhalten, dass anders als bei § 296 Abs. 1 ZPO, der ausdrücklich auf § 275 Abs. 1 ZPO verweist, § 296 Abs. 2 in Verbindung mit § 282 Abs. 2 ZPO nicht zwingend den Schluss einer Präklusion verspäteten Vorbringens im frühen ersten Termin zulässt. Hier legte der *Bayerische Verfassungsgerichtshof* einfaches Recht über seinen Wortlaut hinaus aus.

IV. Die Wiedereinsetzung in den vorigen Stand

Die Rechtsordnung stellt sicher, dass die Versäumung von Fristen den Äußerungsberechtigten nicht in schematischer und rigoroser Weise Rechtsnachteile zufügt. Bestimmte Fristen sind daher wiedereinsetzungsfähig.

Tabelle 23
Übersicht zur Rüge der fehlerhaften Auslegung und Anwendung der Wiedereinsetzungsvorschriften von 1990 bis 2003 und deren Ausgang

Jahr	Anzahl aller Rügen	Unzulässig	Unbegründet	Begründet	Nicht entschieden
2003	*1*	*0*	*1*	*0*	*0*
1996	*1*	*0*	*0*	*1*	*0*
1994	*1*	*0*	*1*	*0*	*0*
1993	*1*	*0*	*1*	*0*	*0*
1992	*1*	*1*	*0*	*0*	*0*
Summe	***5***	***1***	***3***	***1***	***0***
Prozent	***100 %***	***20 %***	***60 %***	***20 %***	***0 %***

---

[707] Die Erkennbarkeit bleibt immer eine Frage des Einzelfalls. Bejaht hat sie die Verfassungsgerichtsbarkeit bei einer Terminierung von etwa 50 Sachen auf 9.00 Uhr; vgl. *BVerfGE* 69, 126 (139). Wenn das Gericht einen Termin sehenden Auges so plant, dass er für die für erforderlich gehaltene Beweisaufnahme von fünf Zeugen nicht ausreicht; vgl. *BVerfG* (2. Kammer des Zweiten Senats) NJW 1989, 706.

[708] *BayVerfGH* Vf.60-VI-91, Urteil vom 23. April 1993.

Legende: Spalte 1 enthält die Jahrgänge im Untersuchungszeitraum, in denen die Rüge enthalten war. Spalte 2 zeigt die Gesamtzahl der Rügen und Spalten 3 bis 6 verdeutlichen deren Ausgang mit einer Verteilung in Zahlen und Prozent.

Die Beschwerdeführer erhoben die Rüge zur fehlerhaften Anwendung des Wiedereinsetzungsrechts selten. *Eine* der *fünf* Beanstandungen war unzulässig (20 %), *drei* waren unbegründet (60 %) und *eine* führte zur begründeten Verfassungsbeschwerde (20 %). In *keinem Fall* konnte der *Bayerische Verfassungsgerichtshof* die Rüge offen lassen.

A. Die vom Bayerischen Verfassungsgerichtshof aufgestellten Grundsätze zur Überprüfung der fehlerhaften Anwendung des Wiedereinsetzungsrechts

Das Recht auf Gehör kann dadurch beeinträchtigt werden, „dass ein Gericht bei der Auslegung und Anwendung prozessualer Vorschriften die Bedeutung und Tragweite des Art. 91 Abs. 1 BV zum Nachteil des Beschwerdeführers nicht hinreichend beachtet.“ Der *Bayerische Verfassungsgerichtshof* „muss demnach im Verfassungsbeschwerdeverfahren überprüfen, ob die Auslegung und Anwendung von Verfahrensrecht durch die Fachgerichte auf einer nicht vertretbaren Anschauung von Bedeutung und Tragweite des verfassungsrechtlichen Anspruchs auf rechtliches Gehör beruhen.“[709] Sind in einer Verfahrensordnung mehrere Instanzen eröffnet, so folgt daraus, dass der Zugang zur ersten und jeweils nächsten Instanz nicht in unzumutbarer, aus Sachgründen nicht mehr zu rechtfertigender Weise erschwert werden darf[710]. Deswegen dürfen „bei der Beurteilung der Verschuldensfrage im Zusammenhang mit Wiedereinsetzungsentscheidungen die Anforderungen nicht überspannt werden.“[711]

1. Die erfolgreiche Rüge wegen der fehlerhaften Anwendung der Wiedereinsetzungsvorschriften

Wenn ein Prozessbevollmächtigter im Wiedereinsetzungsantrag nach § 233 ZPO mit einer eidesstattlichen Versicherung glaubhaft macht, er habe erstmalig und fristgerecht einen Antrag auf Verlängerung der Berufungsbegründungsfrist wegen Arbeitsüberlastung gestellt und findet sich dieser Antrag nicht bei den Gerichtsakten, so genügt dies dennoch für die Glaubhaftmachung fehlenden Verschuldens. Verlangt das Gericht weitergehende

---

[709] *BayVerfGH* Vf.1-VI-96, Urteil vom 21. Juni 1996, S. 6.
[710] *BayVerfGH* a. a. O.; vgl. Vf.36-VI-02, Urteil vom 20. Mai 2003, S. 9; Vf.150-VI-92, Urteil vom 10. Dezember 1993, S. 7.
[711] *BayVerfGH* Vf.17-VI-93, Urteil vom 24. Juni 1994, S. 13.

Pflichten in Form der persönlichen Erkundigung über den Sachstand des Verlängerungsantrags vor Ablauf der Begründungsfrist, so verstößt es gegen Art. 91 Abs. 1 BV[712].

2. Die erfolglosen Rügen wegen der fehlerhaften Anwendung der Wiedereinsetzungsvorschriften

An einen Wiedereinsetzungsantrag stellt das Gericht keine überzogenen Anforderungen, wenn es verlangt, dass die Partei bis zum Beschluss über ihren Antrag die Dringlichkeit des, dem Gerichttermins entgegenstehenden, Termins glaubhaft machen soll; § 52 Abs. 1 OWiG, § 45 Abs. 2 Satz 1 StPO.[713]
Eine Fristversäumung ist als verschuldet anzusehen, wenn sie auf Unkenntnis des Anwalts über die Rechtslage beruht, insbesondere dann, wenn er ein Rechtsmittel bei einem falschen Gericht einlegt. Lehnt das Gericht daraufhin den Wiedereinsetzungsantrag ab, beachtete es die Anforderungen des Art. 91 Abs. 1 BV bei der Beurteilung der Verschuldensfrage[714].
Die Annahme einer verschuldeten Fristversäumung nach § 22 Abs. 2 Satz 1 FGG ist verfassungsrechtlich unbedenklich, soweit der Betroffene während seines zweiwöchigen Urlaubs mit der Zustellung der Entscheidung rechnen muss, jedoch keine Vorkehrungen zur Kenntnisnahme trifft[715]. Die Anforderungen an die Verschuldensfrage bei Versäumung der Einspruchsfrist gegen einen Strafbefehl überzieht das Gericht nicht, wenn es verlangt, dass der Beteiligte, der innerhalb der Einspruchsfrist von der Zustellung des Strafbefehls Kenntnis erlangt, sofort geeignete Maßnahmen ergreift, um die praktisch verkürzte Frist noch einhalten zu können. Wenn der Beschuldigte sich eine Woche nicht um die Angelegenheit kümmert, sind keine Bedenken gegen die Annahme eines Verschuldens gemäß § 44 StPO ersichtlich[716].

B. Bewertung

Die Verfassungsbeschwerden zur Ablehnung des Wiedereinsetzungsantrags betreffen zwei verschiedene Gesichtspunkte. Erstens die Ablehnung wegen mangelnder Zulässigkeit des Antrags, weil der Betroffene das fehlende Verschulden nicht glaubhaft machte. Zweitens den Bereich der Ablehnung eines unbegründeten Antrags, weil der Betroffene schuldhaft die Frist versäumte.

---

[712] *BayVerfGH* Vf.1-VI-96, Urteil vom 21. Juni 1996, S. 7 f.
[713] *BayVerfGH* Vf.36-VI-02, Urteil vom 20. Mai 2003, S. 10.
[714] *BayVerfGH* Vf.150-VI-92, Urteil vom 10. Dezember 1993, S. 7 f.
[715] *BayVerfGH* Vf.17-VI-93, Urteil vom 24. Juni 1994, S. 13 mit S. 11. Der *Bayerische Verfassungsgerichtshof* überprüft die Rüge auch anhand des Art. 118 Abs. 1 BV.
[716] *BayVerfGH* Vf.9-VI-91, Urteil vom 14. Februar 1992, S. 9.

1. Zur Glaubhaftmachung fehlenden Verschuldens

Unproblematisch sind die Fälle, in denen der *Bayerische Verfassungsgerichtshof* die Zulässigkeit eines Wiedereinsetzungsantrags am Maßstab des Art. 91 Abs. 1 BV misst. Wenn es sich um den Zugang zum Gericht handelt, darf das Fachgericht die Anforderungen an den Nachweis fehlenden Verschuldens nicht überspannen. Demnach genügt eine eidesstattliche Versicherung als Mittel zur Glaubhaftmachung. Weitergehende Anforderungen sind in diesem Bereich im Lichte des rechtlichen Gehörs unzulässig.

2. Zur verschuldeten Fristversäumung

Schwieriger ist es, wenn der *Bayerische Verfassungsgerichtshof* die fachgerichtliche Beurteilung des individuellen Sorgfaltsmaßstabs am Maßstab des Art. 91 Abs. 1 BV prüft. Er untersucht, ob die Fachgerichte bei der Beurteilung, ob eine Partei ohne ihr Verschulden an der Wahrnehmung der Frist verhindert war, die Bedeutung und Tragweite des Art. 91 Abs. 1 BV beachteten. Dass der *Bayerische Verfassungsgerichtshof* gelegentlich eigens bestimmt, welche Anforderungen an den Sorgfaltsmaßstab der Prozessbeteiligten zu stellen sind, beurteilte die Arbeit bereits kritisch[717]. Diese Anforderungen lassen sich nicht verallgemeinern und sind vom jeweiligen Einzelfall abhängig.

[717] Siehe § 2 II. B. 2. b) (1) (c) (ii).

§ 10 Überblick über die erfolgreichen Rügen zur Verletzung des Art. 91 Abs. 1 BV

Auch wenn die Rüge zur Verletzung des rechtlichen Gehörs nach Art. 91 Abs. 1 BV in 42 % aller Verfassungsbeschwerden enthalten ist, zeigte die Urteilsauswertung, dass nur wenige Beanstandungen erfolgreich waren.

Tabelle 24
Gesamtdarstellung aller erfolgreichen Rügen zur Verletzung des Art. 91 Abs. 1 BV im Zeitraum von 1990 bis 2003

Rüge	Erfolg
Fehlende Berücksichtigung von Sachvortrag nebst Beweisangeboten	*18*
Fehlerhafte Anwendung/Auslegung von Präklusionsvorschriften	*10*
Fehlerhafte gerichtliche Zustellungen	*7*
Überraschungsentscheidungen wegen Verletzung der Hinweis- und Aufklä-	*7*
Nichtwiedereröffnung der mündlichen Verhandlung	*2*
Nichtgewährung erneuter Schriftsatzfrist	*1*
Ladungsfehler zum Termin	*1*
Fehlerhafte Anwendung/Auslegung der Wiedereinsetzungsvorschriften	*1*
Fehlerhafte Ablehnung von Beweisangeboten	*1*
Fehlerhafte Verweigerung der Prozesskostenhilfe	*1*
Gesamtzahl erfolgreicher Rügen	***49***

Legende: Spalte 1 zeigt die Art der erhobenen Rüge und Spalte 2 die Häufigkeit ihres Erfolges im Untersuchungszeitraum.

Die Gesamtzahl von 49 erfolgreichen Rügen übersteigt die Gesamtzahl von 41 erfolgreichen Verfassungsbeschwerden[718]. Grund dafür ist, dass in einigen Verfassungsbeschwerden mehrere Rügen gestützt auf verschiedene Sachverhalte Erfolg hatten oder ein und derselbe Sachverhalt die Gehörsrüge unter verschiedenen Gesichtspunkten erfolgreich werden ließ, der *Bayerische Verfassungsgerichtshof* sich aber nicht darauf beschränkte, nur einen Grundrechtsverstoß festzustellen. So traf das *OLG München*[719] eine *unzulässige Überraschungsentscheidung* und überging gleichermaßen einen *entscheidungserheb-*

[718] Siehe die Übersicht zu erfolgreichen Verfassungsbeschwerden unter § 3 I.
[719] *BayVerfGH* Vf.78-VI-94, Urteil vom 13. März 1996.

lichen Beweisantrag. In einem weiteren Verfahren[720] verwertete das *OLG München* nach Schluss der mündlichen Verhandlung einen nachgereichten Schriftsatz des Beklagten, ohne den Kläger bei Zustellung des Schriftsatzes auf die entscheidungserheblichen Inhalte hinzuweisen. Es traf damit eine *unzulässige Überraschungsentscheidung*. Außerdem hätte es, um die neuen Angriffsmittel zu verwerten, die *mündliche Verhandlung wieder eröffnen* müssen. Besonders erwähnenswert ist eine Verfassungsbeschwerde[721] gegen ein Berufungsurteil des *OLG München*. Das Gericht traf eine *unzulässige Überraschungsentscheidung* und *lehnte* unter Verstoß gegen Art. 91 Abs. 1 BV ein *Beweisangebot ab*. Zusätzlich lag in der weiteren Zurückweisung des Beweisangebots, eine, unter dem Gesichtspunkt der *unzureichenden Terminsvorbereitung*, fehlerhafte Anwendung der Präklusionsnormen.

---

[720] *BayVerfGH* Vf.35-VI-95, Urteil vom 15. Februar 1996.
[721] *BayVerfGH* Vf.31-VI-95, Urteil vom 9. August 1996.

§ 11 Die Verfassungsbeschwerde zum Bayerischen Verfassungsgerichtshof wegen der Verletzung des rechtlichen Gehörs

I. Einführung

Wegen der Verletzung des Verfahrensgrundrechts aus Art. 91 Abs. 1 BV durch eine gerichtliche Entscheidung steht nach Art. 120, Art. 66 BV der Weg einer Verfassungsbeschwerde zum *Bayerischen Verfassungsgerichtshof* offen. Dabei regeln im Einzelnen Art. 2 Nr. 6, Art. 51 ff. BayVfGHG die Zulässigkeitsvoraussetzungen, den Gang des Verfahrens und den Inhalt der zu treffenden Entscheidung.

II. Die Zulässigkeit der Verfassungsbeschwerde

Für die Urteilsverfassungsbeschwerden wegen der Verletzung des rechtlichen Gehörs spielen die Zulässigkeitsvoraussetzungen des Art. 51 Abs. 1 und 2 BayVfGHG eine erhebliche Rolle. Viele Rügen überwinden diese Hürden nicht, so dass letztlich eine materielle Überprüfung unterbleibt. Die *Tabelle 25* (siehe Abbildung auf der folgenden Seite) gibt nur die erhobenen Rügen, hingegen nicht die Verfassungsbeschwerden wieder, da einige von ihnen trotz unzulässiger Rügen zu Art. 91 Abs. 1 BV insgesamt unbegründet waren[722]. Wie aus der Tabelle ersichtlich ist, ist die Gesamtzahl von 69 unzulässigen Rügen geringer als die Summe der einzelnen Unzulässigkeitsgründe (76)[723]. Grund dafür ist, dass der *Bayerische Verfassungsgerichtshof* die Unzulässigkeit einer Rüge teilweise auf mehrere Unzulässigkeitsgründe stützt. So kann eine ungenügend substantiierte Rüge zugleich wegen mangelnder Rechtswegerschöpfung unzulässig sein[724]. In bestimmten Fällen beantragten die Parteien eine gerichtliche Maßnahme, die nicht zur Rechtswegerschöpfung gehört und versäumten deshalb die Einlegungsfrist[725]. Häufig sind verspätete Rügen zugleich nicht substantiiert[726] oder es fehlt ihnen an der Rechtswegerschöpfung[727]. Die Zahl unzulässiger Rügen (69) übersteigt deutlich die Zahl unzulässiger Verfassungsbeschwerden (17)[728]. Letztere Anzahl dürfte noch wesentlich höher sein, da der *Bayeri-*

---

[722] Zu den *unzulässigen Verfassungsbeschwerden* siehe die Tabellen zu den Gerichtsbarkeiten unter § 5 II.
[723] Deshalb unterbleibt eine prozentuale Darstellung der Unzulässigkeitsgründe.
[724] Vgl. *BayVerfGH* Vf.74-VI-97, Urteil vom 28. September 1998, S. 4; Vf.2-VI-94, Urteil vom 21. März 1997, S. 4 f.; Vf.153-VI-92, Urteil vom 19. November 1993, S. 6 f.
[725] Vgl. *BayVerfGH* Vf.98-VI-93, Urteil vom 1. März 1995, S. 5.
[726] Vgl. *BayVerfGH* Vf.101-VI-91, Urteil vom 19. November 1993, S. 11; Vf.30-VI-89, Urteil vom 26. Januar 1990, S. 16.
[727] *BayVerfGH* Vf.132-VI-92, Urteil vom 15. Juli 1994; Vf.9-VI-90, Urteil vom 22. März 1991.
[728] Siehe zu den unzulässigen Verfassungsbeschwerden die Übersicht in § 3 I.

sche Verfassungsgerichtshof häufig die (zweifelhafte) Zulässigkeit der Verfassungsbeschwerde dahinstehen lässt, „denn sie ist jedenfalls unbegründet."[729]

Tabelle 25
Übersicht zu allen unzulässigen Rügen zur Verletzung des Art. 91 Abs. 1 BV von 1990 bis 2003

Jahr	Gesamtvolumen unzulässiger Rügen	Verfristete Rügen; Art. 51 Abs. 2 Satz 2 BayVfGHG	Fehlende Rechtswegerschöpfung; Art. 51 Abs. 2 Satz 1 BayVfGHG	Fehlende Substantiierung der Rüge; Art. 51 Abs. 1 BayVfGHG	Nicht anfechtbare Entscheidungen
2003	*4*	*3*	*0*	*1*	*0*
2002	*4*	*2*	*0*	*2*	*0*
2001	*4*	*1*	*3*	*0*	*0*
2000	*1*	*0*	*1*	*0*	*0*
1999	*0*	*0*	*0*	*0*	*0*
1998	*4*	*3*	*1*	*1*	*0*
1997	*5*	*1*	*2*	*3*	*0*
1996	*6*	*2*	*1*	*3*	*0*
1995	*9*	*3*	*2*	*1*	*4*
1994	*7*	*3*	*2*	*4*	*0*
1993	*9*	*2*	*2*	*6*	*0*
1992	*9*	*5*	*2*	*2*	*0*
1991	*2*	*1*	*1*	*0*	*1*
1990	*5*	*2*	*1*	*2*	*0*
Summe:	***69***	***28***	***18***	***25***	***5***

Legende: Spalte 1 zeigt den Untersuchungszeitraum. Spalte 2 enthält die Gesamtzahl der unzulässigen Rügen. Spalten 3 bis 6 führen zahlenmäßig die einzelnen Unzulässigkeitsgründe auf.

---

[729] Vgl. *BayVerfGH* Vf.25-VI-99, Urteil vom 1. Februar 2001, S. 6; Vf.28-VI-99, Urteil vom 19. Oktober 2000, S. 8; Vf.66-VI-00, Urteil vom 7. März 2001, S. 4 wegen der Rüge der „Verfolgung Unschuldiger". Im Grunde bereits eine unsubstantiierte Rüge; Vf.40-VI-98, Urteil vom 20. November 2000, S. 5; Vf.54-VI-99, Urteil vom 23. November 2000, S. 9; Vf.69-VI-98, Urteil vom 13. August 1999, S. 7; Vf.51-VI-93, Urteil vom 17. März 1997, S. 5; Vf.114-VI-93, Urteil vom 17. März 1995, S. 5; Vf.30-VI-94, Urteil vom 5. Mai 1995, S. 6; Vf.106-VI-92, Urteil vom 9. Februar 1994, S. 11; Vf.32-VI-90, Urteil vom 7. Dezember 1990, S. 11.

A. Die Frist des Art. 51 Abs. 2 Satz 2 BayVfGHG

Nach Art. 51 Abs. 2 Satz 2 BayVfGHG ist die Verfassungsbeschwerde spätestens zwei Monate nach der schriftlichen Bekanntgabe der vollständigen letztgerichtlichen Entscheidung an den Beschwerdeführer oder seinen Prozessbevollmächtigten[730] beim *Bayerischen Verfassungsgerichtshof* einzureichen. Diese Frist halten die Beschwerdeführer häufig nicht ein. Grund für die verspätete Rüge zur Verletzung des Art. 91 Abs. 1 BV ist in der Regel die bloße Versäumung der Zweimonatsfrist[731]. Fraglich kann aber gelegentlich der Zeitpunkt des Beginns dieser Frist sein, weil unklar ist, was unter letztgerichtlicher Entscheidung zu verstehen ist.

1. Fristauslösung durch unzulässige Rechtsmittel?

Nur zulässige Rechtsmittel und darauf ergehende Entscheidungen sind geeignet, die Frist zur Einreichung der Verfassungsbeschwerde in Gang zu setzen. Legt der Rechtsmittelführer ein *offensichtlich* unzulässiges Rechtsmittel ein und ergeht darauf eine gerichtliche Entscheidung, löst diese die Zweimonatsfrist des Art. 51 Abs. 2 Satz 2 BayVfGHG nicht aus[732]. Der Grundsatz gilt jedoch nicht, wenn der Rechtsmittelführer nach dem Stand von Rechtsprechung und Lehre berechtigterweise im *Ungewissen* sein kann, ob das fragliche Rechtsmittel nicht doch zulässig ist[733]. Vor der Einführung des Abhilfeverfahrens gemäß § 321a n. F. ZPO[734], diskutierten Ansichten in Literatur[735] und Rechtsprechung[736] kontrovers, ob bei einer Verletzung des rechtlichen Gehörs eine Berufung zulässig ist, auch wenn die Berufungssumme nicht erreicht wurde. Wegen dieser Kontroverse war für den *Bayerischen Verfassungsgerichtshof* für die Einhaltung der Einlegungsfrist die die Beru-

---

[730] Nicht fristauslösend ist die Zustellung des Urteils an den *Unterbevollmächtigten*, da dieser in der Regel nicht zur Entgegennahme der Entscheidung befugt ist; vgl. *BayVerfGH* Vf.76-VI-91, Urteil vom 22. Mai 1992, S. 7.

[731] Vgl. *BayVerfGH* Vf.1-VI-01, Urteil vom 14. Dezember 2001, S. 5; Vf.24-VI-97, Urteil vom 27. Januar 1998, S. 6; Vf.67-VI-96, Urteil vom 13. März 1998, S. 8; Vf.18-VI-97, Urteil vom 25. Mai 1998, S. 10; Vf.31-VI-95, Urteil vom 9. August 1996, S. 7; Vf.13-VI-96, Urteil vom 24. Oktober 1996, S. 4; Vf.82-VI-93, Urteil vom 5. Mai 1995, S. 7; Vf.61-VI-94, Urteil vom 18. Oktober 1995, S. 5; Vf.148-VI-92, Urteil voml. Juli 1994, S. 12 f.; Vf.61-VI-91, Urteil vom 30. April 1992, S. 7; Vf.57-VI-91, Urteil vom 9. Oktober 1992, S. 12 f.; Vf.7-VI-92, Urteil vom 30. Oktober 1992, S. 4 f.; Vf.9-VI-90, Urteil vom 22. März 1991, S. 9; Vf.30-VI-89, Urteil vom 26. Januar 1990, S. 16.

[732] *BayVerfGH* Vf.98-VI-99, Urteil vom 14. Juli 2000, S. 6; Vf.114-VI-93, Urteil vom 17. März 1995, S. 5; Vf.30-VI-94, Urteil vom 5. Mai 1995, S. 6; *Meder*, Art. 120 Rdnr. 26a; Vf.63-VI-95, Urteil vom 8. Dezember 1995, S. 6; Vf.57-VI-88, Urteil vom 16. November 1990, S. 14.

[733] Ständige Rechtsprechung *BayVerfGH* Vf.31-VI-01, Urteil vom 15. März 2002, S. 6; Vf.27-VI-01, Urteil vom 13. Februar 2002, S. 4; Vf.78-VI-99, Urteil vom 26. Mai 2000, S. 5 f.

[734] Erstmals im Jahre 2003 kamen Verfahren vor den *Bayerischen Verfassungsgerichtshof*, bei dem der Entscheidung über das Abhilfeverfahrens nach § 321a ZPO die fristauslösende Wirkung zukam; vgl. *BayVerfGH* Vf.70-VI-02, Urteil vom 7. Mai 2003, S. 5.

[735] Für die Zulassung der Berufung *Rimmelspacher* in: Münchener Kommentar zur ZPO, 1992, § 511a Rdnr. 8 f.

[736] Für eine erweiterte Anwendung des § 513 Abs. 2 ZPO auf die Fälle, in denen die Verletzung des rechtlichen Gehörs geltend gemacht wird, war *OLG Schleswig* NJW 1988, 67 f.; gegen eine solche Anwendung *BGH* NJW 1990, S. 838 (839 f.).

fung als unzulässig verwerfende Entscheidung des Landgerichts maßgeblich[737]. Als möglich erachtete er daneben den Zeitpunkt der Rücknahme der Berufung, nachdem das Gericht auf die Unzulässigkeit des Rechtsmittels hinwies[738] und somit nicht den Zeitpunkt, an dem das Amtsgericht die Ausgangsentscheidung traf. Von vornherein offensichtlich unbegründet ist eine Berufung gegen das zweite Versäumnisurteil nicht, wenn der Rechtsmittelführer die Berufung in entsprechender Anwendung des § 513 Abs. 2 a. F. ZPO (§ 514 Abs. 2 n. F. ZPO) mit der Verletzung des rechtlichen Gehörs begründet. Daher stellt der *Bayerische Verfassungsgerichtshof* für die Beschwerdefrist des Art. 51 Abs. 2 Satz 2 BayVfGHG auf die gerichtliche Entscheidung ab, die die Berufung als unzulässig zurückweist.[739]

2. Einzelfälle zur zweimonatigen Einlegungsfrist

Stellt das Gericht dem Prozessbevollmächtigten die Entscheidung zu, hat es damit dem Beschwerdeführer die Entscheidung auch selbst bekannt gegeben[740]. Demnach läuft für den Beschwerdeführer ab diesem Zeitpunkt die Zweimonatsfrist, was dazu führt, dass er nach Ablauf der Frist keinen *neuen selbstständigen Sachverhalt* zur Begründung seiner Verfassungsbeschwerde nachtragen kann[741]. Er hat nur die Möglichkeit seinen bereits fristgemäßen Vortrag der Verfassungsbeschwerde weiter in tatsächlicher und rechtlicher Hinsicht zu ergänzen[742]. Eine Verfassungsbeschwerde ist aber nicht als nicht fristgerecht zu behandeln, wenn sie wegen falscher Aktenbehandlung im Justizpalast zu spät zum *Bayerischen Verfassungsgerichtshof* gelangt; ein sogenannter Irrläufer[743]. Die Zweimonatsfrist läuft bei Einlegung von Rechtsbehelfen, die nicht zum instanzlichen Rechtsweg gehören; vgl. Wiederaufnahmeverfahren nach §§ 578 ff. ZPO[744]. Legt der Beschwerdeführer eine nicht ausreichend substantiierte Verfassungsbeschwerdeschrift mit einer Gehörsrüge fristgemäß ein, wird die Verfassungsbeschwerde nicht durch eine verspätete Nachsubstantiierung der entsprechenden Gehörsrüge zulässig[745]. Eine fristgemäß eingelegte Verfassungsbeschwerde kann der Beschwerdeführer nicht mit einer nachgeschobe-

---

[737] Ständige Rechtsprechung *BayVerfGH* Vf.27-VI-01, Urteil vom 13. Februar 2002, S. 4 f.; Vf.31-VI-01, Urteil vom 15. März 2002, S. 6; Vf.96-VI-99, Urteil vom 10. November 2000, S. 5; Vf.78-VI-99, Urteil vom 26. Mai 2000, S. 5 f.; Vf.96-VI-99, Urteil vom 10. November 2000, S. 5; offen gelassen, jedoch für den Fall einer sofortigen Beschwerde gegen einen Kostenbeschluss nach übereinstimmender Erledigterklärung (§ 93a ZPO) wegen Verletzung des rechtlichen Gehörs, in *BayVerfGH* Vf.114-VI-93, Urteil vom 17. März 1995, S. 5.

[738] *BayVerfGH* Vf.58-VI-96, Urteil vom 13. Dezember 1996, S. 4 f.

[739] *BayVerfGH* Vf.63-VI-95, Urteil vom 8. Dezember 1995, S. 6 mit zahlreichen Nachweisen.

[740] Vgl. *BayVerfGH* Vf.7-VI-02, Urteil vom 21. Mai 2003, S. 8.

[741] *BayVerfGH* a. a. O.; Vf.31-VI-95, Urteil vom 9. August 1996, S. 7; Vf.106-VI-92, Urteil vom 9. Februar 1994, S. 10; Vf.6-VI-93, Urteil vom 18. Februar 1994, S. 12; Vf.68-VI-92, Urteil vom 18. Februar 1993, S. 12; Vf.57-VI-91, Urteil vom 9. Oktober 1992, S. 11.

[742] *BayVerfGH* Vf.30-VI-02, Urteil vom 27. November 2002, S. 7; Vf.31-VI-95, Urteil vom 9. August 1996, S. 7.

[743] *BayVerfGH* Vf.95-VI-99, Urteil vom 26. Oktober 2000, S. 5.

[744] *BayVerfGH* Vf.7-VI-97, Urteil vom 10. Oktober 1997, S. 4 ff.

[745] Vgl. *BayVerfGH* Vf.6-VI-91, Urteil vom 19. März 1993, S. 11 f.; Vf.101-VI-91, Urteil vom 19. November 1993, S. 11; Vf.57-VI-88, Urteil vom 16. November 1990, S. 15.

nen Rüge auf die Verletzung des rechtlichen Gehörs erstrecken, wenn er dieses nicht bereits innerhalb der Beschwerdefrist eindeutig als verletzt bezeichnete[746].

3. Die Wiedereinsetzung gemäß Art. 17 Abs. 2 Satz 1 BayVfGHG

Wie in anderen gerichtlichen Verfahren, gibt es im Verfassungsbeschwerdeverfahren die Möglichkeit der Wiedereinsetzung in den vorigen Stand gemäß Art. 17 Abs. 2 Satz 1 BayVfGHG. Soweit der Beschwerdeführer in seinem entsprechenden Antrag glaubhaft macht, er habe unverschuldet die Frist des Art. 51 Abs. 2 Satz 2, Art. 17 Abs. 1 Satz 2 BayVfGHG versäumt, ist die Wiedereinsetzung zu bewilligen. Die bloße Unkenntnis über die gesetzliche Beschwerdefrist[747] oder Rechtslage, insbesondere der Rechtswegerschöpfung[748], sind keine Wiedereinsetzungsgründe. Das Gesetz sieht keine Belehrung über die Möglichkeit einer Verfassungsbeschwerde vor[749]. Bei Rechtsunkenntnis besteht die Verpflichtung, an kompetenter Stelle Erkundigungen einzuholen, die nicht nur eine zuverlässige, sondern auch rechtzeitige Auskunft sicherstellen[750]. Die Einlegungsfrist wird nicht durch eine Petition zum *Bayerischen Landtag* gehemmt. Es handelt sich hierbei um einen nicht entschuldbaren Rechtsirrtum über die Wirkung einer Petition[751]. Der *Bayerische Verfassungsgerichtshof* kann die Wiedereinsetzung nach Art. 17 Abs. 2 Sätze 2 und 3 BayVfGHG auch ohne Antrag von Amts wegen gewähren. So, wenn das Gericht versehentlich dem Prozessbeteiligten mitteilt, die Ausgangsentscheidung sei wirkungslos und entfalte weder formelle noch materielle Rechtskraft. Die Wiedereinsetzung ist nur erfolgreich, wenn die Verfassungsbeschwerde ab dem Zeitpunkt der Beseitigung des Hindernisses, hier ab Kenntnis der Wirksamkeit der Ausgangsentscheidung, innerhalb der Antragsfrist von zwei Wochen gemäß Art. 17 Abs. 3 Satz 1 BayVfGHG eingeht.[752]

B. Die Rechtswegerschöpfung gemäß Art. 51 Abs. 2 Satz 1 BayVfGHG

Damit die Beschwerdeführer den Grundsatz der Subsidiarität der Verfassungsbeschwerde einhalten, müssen sie den Rechtsweg erschöpfen. Dem Subsidiaritätsprinzip liegt der Gedanke zugrunde, dass der *Bayerische Verfassungsgerichtshof* nicht ein weiteres Rechtsmittelgericht, sondern die Verfassungsbeschwerde ein außerordentlicher Rechtsbehelf sein soll[753]. Nach Art. 51 Abs. 2 Satz 1 BayVfGHG muss der Beschwerdeführer die Rechtswegerschöpfung grundsätzlich „bei Einreichung der Beschwerde“ nachweisen.

---

[746] Vgl. *BayVerfGH* Vf.100-VI-89, Urteil vom 28. April 1992.
[747] *BayVerfGH* Vf.7-VI-92, Urteil vom 30. Oktober 1992, S. 5; Vf.61-VI-94, Urteil vom 18. Oktober 1995, S. 6.
[748] *BayVerfGH* Vf.2-VI-01, Urteil vom 17. Mai 2002, S. 9.
[749] *BayVerfGH* Vf.61-VI-94, Urteil vom 18. Oktober 1995, S. 6.
[750] *BayVerfGH* Vf.7-VI-92, Urteil vom 30. Oktober 1992, S. 5.
[751] *BayVerfGH* Vf.9-VI-90, Urteil vom 22. März 1991, S. 10.
[752] *BayVerfGH* Vf.1-VI-01, Urteil vom 14. Dezember 2001, S. 3.
[753] Vgl. *Schumann*, Verfassungsbeschwerde, S. 216.

Aus Art. 51 Abs. 4 BayVfGHG lässt sich jedoch entnehmen, dass der Beschwerdeführer diesen Nachweis auch nach Ablauf der Zweimonatsfrist des Art. 51 Abs. 2 Satz 2 BayVfGHG erbringen kann[754].

1. Die nachträgliche Anhörung gemäß § 33a StPO

Einem erheblichen Teil unzulässiger Verfassungsbeschwerden liegen strafprozessuale Verfahren zugrunde[755]. Eine maßgebliche Ursache liegt in der fehlenden Rechtswegerschöpfung, besonders, weil die Betroffenen die zulässigen Anträge gemäß § 33a StPO zur Nachholung des rechtlichen Gehörs nicht ergriffen[756]. Die Vorschrift ist so auszulegen und anzuwenden, dass sie jeden Verstoß gegen den Anspruch auf rechtliches Gehör in den Beschlussverfahren, auf die sie anwendbar ist, erfasst[757]. Hört das Gericht den Beteiligten gemäß § 33a StPO an, kann es Art. 91 Abs. 1 BV nur verletzen, wenn es den Beteiligten in diesem Verfahren nicht ordnungsgemäß anhört oder im Verfahren nach § 33a StPO den Verstoß gegen Art. 91 Abs. 1 BV im Ausgangsverfahren nicht heilt[758]. Dafür eröffnet der Rechtsbehelf des § 33a StPO eine neue Frist zur Einlegung der Verfassungsbeschwerde, jedoch nur für eine Rüge zur Verletzung des Art. 91 Abs. 1 BV.[759] Ist eine Verfassungsbeschwerde zunächst zulässig, weil das Gericht untätig bleibt und über einen Antrag nach § 33a StPO nicht entscheidet, wird diese Verfassungsbeschwerde wieder unzulässig, wenn das Gericht inzwischen über den entsprechenden Antrag befand und der Betroffene keine Beschwerde nach § 304 StPO einlegt[760]. Mit einem als unzulässig verworfenen Antrag nach § 33a StPO wird der Rechtsweg nicht erschöpft. Dies gilt nicht, wenn das Gericht die erhobene Rüge überprüft und etwaige Gehörsverstöße hätte ausräumen können.[761]

---

[754] *BayVerfGH* Vf.51-VI-91, Urteil vom 31. Juli 1992, S. 14.

[755] Siehe dazu bereits die Übersicht unter § 5 II. B.

[756] *BayVerfGH* Vf.103-VI-94, Urteil vom 17. März 1997, S. 8; Vf.41-VI-91, Urteil vom 17. Januar 1992, S. 5; Vf.9-VI-91, Urteil vom 14. Februar 1992, S. 6; Vf.2-VI-94, Urteil vom 21. März 1997, S. 6 gegen einen Beschluss gemäß § 313 Abs. 2 Satz 2 StPO; offen gelassen in *BayVerfGH* Vf.68-VI-01, Urteil vom 20. August 2003, S. 5 und Vf.58-VI-01, Urteil vom 21. Juni 2002, S. 5 wegen offensichtlicher Unbegründetheit der Rüge.

[757] *BayVerfGH* 41-VI-91, Urteil vom 17. Januar 1992, S. 5; Vf.9-VI-91, Urteil vom 14. Februar 1992, S. 6.

[758] *BayVerfGH* Vf.36-VI-02, Urteil vom 20. Mai 2003, S. 10.

[759] *BayVerfGH* Vf.57-VI-88, Urteil vom 16. November 1990, S. 17.

[760] *BayVerfGH* Vf.116-VI-94 und 117-VI-94, Urteil vom 5. Juli 1996, S. 5. Art. 51 Abs. 2 Satz 1 BayVfGHG schreibt zwar vor, die Erschöpfung des Rechtswegs sei „bei Einreichung" der Verfassungsbeschwerde nachzuweisen. Aus dieser Regelung kann aber nicht geschlossen werden, die Verfassungsbeschwerde habe nach diesem Zeitpunkt Vorrang vor einer nach dem Verfahrensrecht möglichen Prüfung des behaupteten verfassungsrechtlichen Mangels durch die Fachgerichte. Einer solchen Auffassung widerspricht schon, dass eine Entscheidung des *Bayerischen Verfassungsgerichtshofs* die spätere Durchführung eines bundesrechtlich geregelten Verfahrens nach § 33a StPO, § 46 Abs. 1 OWiG nicht verwehren könnte.

[761] *BayVerfGH* Vf.14-VI-88, Urteil vom 8. November 1991, S. 14.

2. Die Unzumutbarkeit der Einlegung von Rechtsmitteln

Ausnahmsweise kann der *Bayerische Verfassungsgerichtshof* von der Notwendigkeit der Erschöpfung des gesetzlichen Rechtsmittelzugs absehen, wenn es der Partei nicht *zumutbar* ist diesen zu beschreiten. Die Frage des, vor den Fachgerichten noch möglichen, Rechtsmittels muss in einer Weise unklar sein, dass eine Anrufung des Fachgerichts durch den Rechtsmittelführer in zumutbarer Weise nicht verlangt werden kann. Eine solche Unzumutbarkeit ist nicht anzunehmen, wenn die Fachgerichte die Zulässigkeit eines Rechtsmittels unterschiedlich beurteilen. Die Zweifelhaftigkeit der Rechtslage muss vielmehr ein solches Maß erreicht haben, dass dem Betroffenen auch bei Anlegung eines strengen Maßstabs *subjektiv nicht zugemutet* werden kann den Rechtsweg zu beschreiten. Dies liegt bei einer unzulässigen Trennung von Verfahren im Sinne des § 145 ZPO, mit der Folge, dass kein Verfahren mehr die Rechtsmittelsumme erreicht, nicht vor. Eine unzulässige Trennung hat keine Folge auf die Rechtsmittelfähigkeit. Vielmehr ist nach § 5 ZPO der Gesamtstreitwert maßgebend[762]. Es ist erforderlich, dass die Partei gegen ein zweites Versäumnisurteil gemäß § 513 Abs. 2 ZPO Berufung einlegt, wenn das Gericht die Partei zum Termin nicht ordnungsgemäß lud. Zwar wäre der Betroffene für die Berufungseinlegung gezwungen gewesen einen Bevollmächtigten nach § 78 Abs. 1 ZPO zu bestellen, dieses wäre ihm jedoch zumutbar[763]. Der *Bayerische Verfassungsgerichtshof* nahm eine Unzumutbarkeit an, wenn das Landesarbeitsgericht die Revision nicht zuließ, der Beschwerdeführer die Nichtzulassungsbeschwerde jedoch nicht nach § 72a Abs. 1 a.F. ArbGG mit einem Verfahrensfehler, wie der Verletzung des rechtlichen Gehörs, begründen konnte[764]. Gemäß dem geltenden Verfahrensrecht sind solche Judikate des *Bayerischen Verfassungsgerichtshofs* nicht mehr zu erwarten, weil § 72 Abs. 3 Satz 2 Nr. 3 n.F. ArbGG die Gehörsrüge nun ausdrücklich vorsieht.

3. Selbstständig anfechtbare Zwischenentscheidungen

Die Prozessbeteiligten können eine gerichtliche Zwischenentscheidung selbstständig mit der Verfassungsbeschwerde angreifen, wenn sie über verfahrenwesentliche Rechtsfragen abschließend entscheiden und das Gericht die Zwischenentscheidung im weiteren Verfahren nicht mehr nachprüfen und korrigieren kann[765]. So können Entscheidungen über die Richterablehnung dann Gegenstand einer Verfassungsbeschwerde wegen eines Verstoßes gegen Art. 91 Abs. 1 BV sein, wenn sie vom Berufungsgericht erlassen und im Rechtsmittelzug nicht zu beseitigen sind; vgl. § 64 Abs. 7 in Verbindung mit § 49 Abs. 3

---

[762] *BayVerfGH* Vf.102-VI-99, Urteil vom 22. September 2000, S. 6 mit weiteren Nachweisen.

[763] *BayVerfGH* Vf.24-VI-93, Urteil vom 24. Februar 1994, S. 7 f.

[764] *BayVerfGH* Vf.18-VI-97, Urteil vom 25. Mai 1998, S. 11. Die Beschwerdeführerin hatte die Nichtzulassungsbeschwerde zurückgenommen, da offensichtlich kein Zulassungsgrund (Divergenz) gegeben war. Dies durfte ihr nicht zum Nachteil gereichen. Ebenso entschieden in *BayVerfGH* Vf.62-VI-93, Urteil vom 5. Juni 1996, S. 7 ff.; Vf.117-VI-90, Urteil vom 9. August 1991, S. 9 ff.

[765] Ständige Rechtsprechung, vgl. *BayVerfGH* Vf.52-VI-94, Urteil vom 28. April 1995, S. 7; Vf.19-VI-90, Urteil vom 25. Januar 1991, S. 7 f.

ArbGG[766]. Gleiches gilt für die zurückweisenden Beschlüsse über die Ablehnung eines Rechtspflegers im Zwangsversteigerungsverfahren von Grundstücken wegen der Besorgnis der Befangenheit gemäß § 10 Satz 2 RPflG[767]. Zwar sind erstinstanzliche Ablehnungsentscheidungen für das weitere Verfahren bindend (§ 44 ff., § 512 Halbsatz 2 ZPO), jedoch kann ein nachfolgendes Berufungsverfahren gegen eine etwaige ungünstige erstinstanzliche Hauptsacheentscheidung rechtliche Nachteile abwehren. Ob die Zwangsvollstreckung aus dem Versäumnisurteil mit oder ohne Sicherheitsleistung einzustellen ist, kann das Berufungsgericht in ihren aktuellen wirtschaftlichen Folgen für die Partei in einem späteren Berufungsverfahren nicht mehr ausräumen.[768]

Über die Rechtmäßigkeit einer Zeugnisverweigerung nach § 384 ZPO entscheidet das Gericht in einem Zwischenstreit (§ 387 StPO). Das in diesem Vorgang ergangene Zwischenurteil beendet diesen endgültig. Wegen der Rechtskraft dieses Urteils kann die Partei das in der Hauptsache ergehende Endurteil nicht mit der Begründung angreifen, das Gericht hätte dem Zeugen zu Unrecht ein Zeugnisverweigerungsrecht zugebilligt. Demzufolge können die Partei und der Zeuge, der gegen die Entscheidung in der Hauptsache kein Rechtsmittel einlegen kann, die Zwischenentscheidung mit der Verfassungsbeschwerde wegen der Verletzung des Art. 91 Abs. 1 BV anfechten.[769]

Nicht selbstständig anfechtbar ist die ohne vorherige Anhörung erfolgte Anordnung einer medizinischen Untersuchung des Betroffenen zur Frage der Notwendigkeit einer Betreuerbestellung, soweit das Gericht diese Verfügung nicht mit einer Vorführung oder Unterbringung verbindet[770]. Gleiches gilt für die Beschlüsse über die Verweigerung der Akteneinsicht zu Beginn des Betreuungsverfahrens, wenn das erkennende Gericht die Akteneinsicht zuvor in Aussicht stellt. In beiden Fällen führen die Entscheidungen zu keinem rechtlichen Nachteil, den das Gericht später nicht mehr oder nicht vollständig beheben kann[771]. Anders verhält es sich, wenn der Richter die medizinische Untersuchung mit einer Vorführung und Unterbringung des Betroffenen gemäß §§ 80, 81 StPO für die Länge von vier Wochen in einer geschlossenen psychiatrischen Anstalt verknüpft[772].

4. Die Nichtzulassungsbeschwerde

Um den Rechtsweg zu erschöpfen, muss der Rechtsmittelführer die *gesetzlich vorgesehene Beschwerde* gegen die Nichtzulassung der Revision einlegen, will er in einem späteren Verfassungsbeschwerde die Verletzung bayerischer Grundrechte (Art. 91 Abs. 1 BV) geltend machen, die auch das Bundesrecht, insbesondere das Bundesverfassungsrecht

---

[766] *BayVerfGH* Vf.18-VI-97, Urteil vom 25. Mai 1998, S. 9.
[767] *BayVerfGH* Vf.76-VI-89, Urteil vom 1. Juni 1990, S. 10.
[768] *BayVerfGH* Vf.12-VI-94 und Vf.54-VI-94, Urteil vom 9. Januar 1996, S. 7.
[769] *BayVerfGH* Vf.52-VI-94, Urteil vom 28. April 1995, S. 7 f.
[770] *BayVerfGH* Vf.121-VI-93, Urteil vom 2. Juni 1995, S. 6 f.; Vf.19-VI-90, Urteil vom 25. Januar 1991, S. 8.
[771] *BayVerfGH* Vf.121-VI-93, Urteil vom 2. Juni 1995, S. 6 f.
[772] *BayVerfGH* a. a. O., S. 7 f.

(Art. 103 Abs. 1 GG), gewährleistet[773]. Entgegen dem früheren arbeitsgerichtlichen Nichtzulassungsbeschwerdeverfahren nach § 72a a.F. ArbGG[774], konnten die Beschwerdeführer nach § 160 Abs. 2 Nr. 3 SGG die Nichtzulassungsbeschwerde im sozialgerichtlichen Prozess bereits auf einen Verfahrensfehler, wie der Verletzung des Rechts auf Gehör (§§ 62, 128 Abs. 2 SGG), stützen[775]. Dem Untersuchungszeitraum lagen noch keine Entscheidungen zugrunde, in denen die Rechtsmittelführer die Nichtzulassungsbeschwerde des § 544 n.F. ZPO zur Erschöpfung des Rechtsweges hätten erheben müssen. Diese führte erst das ZPO-RG vom 27. Juli 2001 ein. Ähnlich der arbeitsgerichtlichen Nichtzulassungsbeschwerde gemäß § 72a a.F. ArbGG, sah die zivilprozessuale Nichtzulassungsbeschwerde keine Möglichkeit vor sie mit einem Gehörsverstoß zu erheben. Dies änderte das Anhörungsrügengesetz. Seit dem 1. Januar 2005 können die Rechtsmittelführer die Nichtzulassungsbeschwerde gem. § 544 Abs. 7 n.F. ZPO mit einem solchen Verstoß begründen.

Das Erfordernis die Nichtzulassungsbeschwerde einzulegen entfällt, wenn das Rechtsmittelgericht die Prozesskostenhilfe für das Rechtsmittelverfahren mangels hinreichender Erfolgsaussichten versagte[776].

5. Der einstweilige Rechtsschutz

Gegen Entscheidungen des einstweiligen Rechtsschutzes, die nicht mit weiteren Rechtsmitteln angreifbar sind, kann der Subsidiaritätsgrundsatz der Partei gebieten bei der Behauptung der Verletzung verfassungsmäßiger Rechte zunächst das Hauptsacheverfahren durchzuführen. Eine Ausnahme gilt, wenn die Partei die Verletzung von Grundrechten durch die Entscheidung selbst geltend macht. So, wenn das Gericht rechtliches Gehör versagt oder gerade die Verweigerung des einstweiligen Rechtsschutzes verfassungsmäßige Rechte verletzt[777]. Demnach ist die Verfassungsbeschwerde gegen die Verneinung eines Verfügungsgrundes im Sinne des § 25 UWG zulässig, da das Gericht in einem Hauptsacheverfahren diese nicht mehr überprüfen kann[778].

---

[773] Ständige Rechtsprechung vgl. *BayVerfGH* Vf.62-VI-93, Urteil vom 5. Juni 1996, S. 8; Vf.2-VI-01, Urteil vom 17. Mai 2002, S. 8; Vf.18-VI-97, Urteil vom 25. Mai 1998, S. 10; *BayVerfGH* Vf.28-VI-89, Urteil vom 20. April 1990.

[774] Durch das Anhörungsrügengesetz vom 1. Januar 2005 hat der Gesetzgeber die Vorschrift geändert. Nach § 72a Abs. 3 Satz 2 Nr. 3 n.F. ArbGG können Beschwerdeführer die Nichtzulassungsbeschwerde mit einem Gehörsverstoß begründen.

[775] *BayVerfGH* Vf.9-VI-90, Urteil vom 22. März 1991, S. 9.

[776] *BayVerfGH* Vf.2-VI-01, Urteil vom 17. Mai 2002, S. 8.

[777] *BayVerfGH* Vf.75-VI-00, Urteil vom 10. September 2001, S. 6. Die Partei machte die Verletzung des Art. 91 Abs. 1 BV in der Berufungsinstanz des einstweiligen Rechtsschutzes geltend. Eine Heilung durch das Hauptsacheverfahren kam genauso wenig in Betracht, wie eine Urteilsergänzung nach § 321 ZPO.

[778] *BayVerfGH* Vf.95-VI-91, Urteil vom 30. Juni 1993, S. 7.

6. Die Wiederaufnahme des Verfahrens nach §§ 578 ff. ZPO als Bestandteil der Rechtswegerschöpfung?

Die Nichtigkeits- und Restitutionsklageverfahren des Zivilrechts gemäß §§ 578 ff. ZPO (Wiederaufnahmeverfahren) gehören grundsätzlich nicht zum Rechtsweg nach Art. 51 Abs. 2 Satz 1 BayVfGHG. Für die Erschöpfung des Rechtsweges ist allein die letztinstanzliche Entscheidung im gesetzlich eröffneten Instanzenzug ausschlaggebend [779]. Eine „überwiegende Meinung in Rechtsprechung Literatur“ [780] lässt „in Fällen, in denen in einem nicht rechtshängigen Verfahren ein einseitiges kontradiktorisches Urteil ergeht oder die beklagte Partei unverschuldet keine Kenntnis von einem gegen sie angestrengten Prozess hatte, die Nichtigkeitsklage nach § 579 Abs. 1 Nr. 4 ZPO zu“[781]. Entsprechend ist nach der 1. Kammer des Zweiten Senats des *Bundesverfassungsgerichts*[782] unter dem Gesichtspunkt der Subsidiarität der Verfassungsbeschwerde in den so gelagerten Fällen, die auch das Recht auf Gehör betreffen, das Wiederaufnahmeverfahren zu betreiben. Der *Bayerische Verfassungsgerichtshof* hält diese Ansicht nicht für gänzlich ausgeschlossen[783]. Die Nichtigkeitsklage gehört seiner Ansicht nach nicht zum notwendigen Rechtsweg, wenn ihr Erfolg von anderen weitergehenden Voraussetzungen abhängt als der Erfolg der Verfassungsbeschwerde, dass heißt, wenn ein Gehörsverstoß einfacher nachzuweisen ist als einer der Nichtigkeitsgründe[784]. Diese Ansicht überzeugt unter mehreren Gesichtspunkten. Die durch die Rechtskraft bewirkte Verfahrenszäsur, der rechtsstaatliche Aspekt der Rechtsschutzgewährleistung in angemessener Frist und die Beschränkung der Nichtigkeitsklage auf im Vorprozess übersehene Verfahrensmängel der qualifizierten Art der gesetzlichen Nichtigkeitsgründe stehen der Einbeziehung der Nichtigkeitsklage in das Gebot der Rechtswegerschöpfung entgegen[785].

7. Einzelfragen zur Rechtswegerschöpfung

Zum Erfordernis der Rechtswegerschöpfung gehört, dass der Beschwerdeführer bereits im Verfahren vor den Fachgerichten alle sich bietenden Möglichkeiten ausnutzt, um sei-

---

[779] *BayVerfGH* Vf.2-VI-01, Urteil vom 17. Mai 2002, S. 8; Vf.7-VI-97, Urteil vom 10. Oktober 1997, S. 4 f.; Vf.128-VI-92, Urteil vom 29. Oktober 1993, S. 7 f.; wegen offensichtlicher Unbegründetheit der Verfassungsbeschwerde offen gelassen in Vf.73-VI-94, Urteil vom 19. Januar 1996, S. 5.

[780] So in *BayVerfGH* Vf.128-VI-92, Urteil vom 29. Oktober 1993, S. 7 mit weiteren Nachweisen.

[781] *BayVerfGH* a. a. O. mit weiteren Nachweisen.

[782] *BVerfG* (1. Kammer des Zweiten Senats) NJW 1992, 496.

[783] *BayVerfGH* Vf.2-VI-01, Urteil vom 17. Mai 2002, S. 8. So, wenn mit der Verfassungsbeschwerde Rügen geltend gemacht werden, die Gegenstand des Wiederaufnahmeverfahrens waren; vgl. *BayVerfGH* Vf.7-VI-97, Urteil vom 10. Oktober 1997, S. 4 f.

[784] *BayVerfGH* Vf.128-VI-92, Urteil vom 29. Oktober 1993, S. 7 f. Es ging um die Frage einer ordnungsgemäßen Prozessvertretung. Der Nachweis einer fehlerhaften Zustellung der Klage an den nicht vom Beschwerdeführer bestellten Rechtsanwalt, demnach die Feststellung eines Gehörsverstoßes, war einfacher zu erbringen als der Nachweis einer fehlerhaften Prozessvertretung für das gesamte Verfahren (§ 579 Abs. 1 Nr. 4 ZPO). Gerade auch deshalb, weil der Prozessvertreter den Beschwerdeführer vorprozessual vertrat.

[785] *Gaul* JZ 2003, S. 1088 (1089).

nen Anspruch auf rechtliches Gehör durchzusetzen[786]. Daher ist die Behauptung, der beisitzende Richter habe während der Verhandlung geschlafen, unzulässig, wenn bereits in der mündlichen Verhandlung die Möglichkeit bestand die Rechtsverletzung durch eine entsprechende Rüge zu beseitigen[787]. Ähnliches gilt, wenn der Termin mit einer Verspätung von 20 Minuten beginnt und der Betroffene und sein Verteidiger *nicht* zuwarten, obwohl es ihnen möglich gewesen wäre. Um sich rechtliches Gehör zu verschaffen, besteht die Pflicht den Verhandlungstermin abzuwarten oder um Terminsverlegung nachzusuchen.[788]

Ergreift eine Partei gesetzlich vorgesehene Rechtsmittel, wie einen Antrag gemäß § 124 Abs. 2 VwGO, so muss sie in ihm einen Gehörsverstoß durch das Ausgangsgericht nach § 124 Abs. 2 Nr. 5 VwGO geltend machen. Versäumt sie dies und erhebt die entsprechende Rüge zur Verletzung des Art. 91 Abs. 1 BV erst in der Verfassungsbeschwerde gegen den Beschluss über die Nichtzulassung der Berufung, so erschöpfte sie bezüglich dieser Rüge nicht den Rechtsweg[789].

Griff der Rechtsmittelführer die Ausgangsentscheidung beschränkt auf den Rechtsfolgenausspruch mit der Berufung an, fehlt es für eine Verfassungsbeschwerde wegen der Verletzung des rechtlichen Gehörs, den Schuldspruch betreffend, an der Rechtswegerschöpfung. Der Schuldspruch war nicht Gegenstand des Berufungsverfahrens.[790]

Einer Verfassungsbeschwerde gegen einen Beschluss des *Bayerischen Obersten Landesgerichts* fehlt es an der Rechtswegerschöpfung, wenn der Beschluss die Verurteilung zu einem Bußgeld aufhebt und die Sache an das Erstgericht zurückweist, aber die Feststellungen aufrechterhält[791].

Gegen einen Beschluss, der nach § 887 Abs. 1 ZPO zur Ersatzvornahme berechtigt und nach § 890 Abs. 2 ZPO Ordnungsgeld- und haft androht, ist die sofortige Beschwerde gemäß § 567 Abs. 1, § 793 Abs. 1 ZPO das Rechtsmittel, das der Rechtsmittelführer zur Erschöpfung des Rechtswegs einlegen muss[792].

Eine Verfassungsbeschwerde kann unzulässig sein, wenn die Partei nur durch eine Nebenentscheidung beschwert ist. Dies gilt nicht für die Kostenentscheidung eines Anerkenntnisurteils, wenn dieser ein selbstständiger Verfahrensverstoß zugrunde liegt[793].

---

[786] Es bestehen hier erhebliche Ähnlichkeiten zu den Fällen, in denen sich der Anspruchsinhaber seines Rechts auf Gehör begibt. Dieses ist in der Begründetheit der Verfassungsbeschwerde zu prüfen; vgl. § 11 III. B.

[787] *BayVerfGH* Vf.19-VI-00, Urteil vom 26. Januar 2000, S. 4 f.

[788] *BayVerfGH* Vf.153-VI-92, Urteil vom 19. November 1993, S. 7 f.

[789] *BayVerfGH* Vf.46-VI-99, Urteil vom 30. März 2001, S. 9 f.; ähnlich Vf.82-VI-93, Urteil 5. Mai 1995, S. 7, da der Beschwerdeführer zuvor in einer Rechtsbeschwerde zum *Bayerischen Obersten Landesgericht* die entsprechende Rüge nicht erhob.

[790] *BayVerfGH* Vf.71-VI-92, Urteil vom 6. Mai 1993, S. 6.

[791] *BayVerfGH* Vf.59-VI-00, Urteil vom 27. September 2001, S. 5. Der angefochtene Beschluss enthält keine abschließende Entscheidung zu Lasten des Beschwerdeführers.

[792] *BayVerfGH* Vf.74-VI-97, Urteil vom 28. September 1998, S. 4.

[793] *BayVerfGH* Vf.69-VI-95, Urteil vom 14. August 1996, S. 4; *BVerfGE* 60, 305 (308 f.); für Verfassungsbeschwerden gegen Kostenentscheidungen nach Erledigung der Hauptsache vgl. *BayVerfGH* Vf.57-VI-93, Urteil vom 10. Mai 1994, S. 11; *BayVerfGH* Vf.122-VI-91, Urteil vom 2. April 1993, S. 8. Diese waren gemäß § 158 Abs. 2 VwGO unanfechtbar, so dass der *Bayerische Verfassungsgerichtshof*

Ein Antrag das Schlussurteil gemäß § 319 ZPO zu berichtigen, gehört nicht zum Rechtsweg, der zu erschöpfen ist[794].

C. Die Substantiierung im Sinne des Art. 51 Abs. 1 BayVfGHG zur Rüge der Verletzung des Art. 91 Abs. 1 BV

Die Substantiierung der Rüge zur Verletzung eines Grundrechts der *Bayerischen Verfassung* tritt bei allen Verfassungsbeschwerden unabhängig vom jeweiligen Grundrecht auf. Zur Verletzung des rechtlichen Gehörs stellte der *Bayerische Verfassungsgerichtshof* einige Thesen heraus:
„Es gehört zum notwendigen Inhalt der Verfassungsbeschwerde, dass der Beschwerdeführer das verletzte verfassungsmäßige Recht bezeichnet und zudem wenigstens in groben Umrissen zu erkennen gibt, inwiefern er sich durch die beanstandete Maßnahme in seinem Recht beeinträchtigt fühlt. Dazu muss er den wesentlichen Sachverhalt vortragen, aus dem der Beschwerdeführer die Verletzung herleitet.“[795]

1. Ungenügend substantiierte Rügen

Ungenügend ist die bloße Behauptung, die Entscheidung sei mit rechtstaatlichen Grundsätzen nicht vereinbar[796] oder unrichtig[797], das Gericht habe Beweisangebote übergangen[798] oder der Beschwerdeführer sei mit seinen Ausführungen nicht durchgedrungen[799]. Nicht ausreichend ist die Erklärung, der Richter habe einen Schriftsatz nicht berücksichtigt, obwohl dies nicht ohne weiteres erkennbar war[800]. Ungenügend ist es, falls der Beschwerdeführer den Schriftsatz dem *Bayerischen Verfassungsgerichtshof* nur als Ablichtung ohne weitere Ausführungen vorlegt[801]. Des Weiteren ist die Aussage unzureichend, das Gericht habe weder rechtliches Gehör eingeräumt noch den „Antragsgegner“ mitgeteilt[802] oder die Rechtsvorschriften übergangen[803]. Wenn nach dem Vortrag von

---

die Anfechtung der Kostenentscheidung unter dem Gesichtspunkt des Rechtsschutzbedürfnisses diskutiert.

794 *BayVerfGH* Vf.98-VI-93, Urteil vom 1. März 1995, S. 5.

795 Ständige Rechtsprechung vgl. *BayVerfGH* Vf.8-VI-02, Urteil vom18. Februar 2003, S. 5 f.

796 *BayVerfGH* a. a. O., S. 6.

797 *BayVerfGH* Vf.74-VI-97, Urteil vom 28. September 1998, S. 4.

798 *BayVerfGH* Vf.7-VI-02, Urteil vom 21. Mai 2003, S. 9; Vf.21-VI-95, Urteil vom 24. Mai 1996, S. 10.

799 *BayVerfGH* Vf.81-VI-00, Urteil vom 25. Januar 2002, S. 9.

800 *BayVerfGH* Vf.6-VI-93, Urteil vom 18. Februar 1994, S. 11.

801 *BayVerfGH* Vf.101-VI-91, Urteil vom19. November 1993, S. 11.

802 *BayVerfGH* Vf.67-VI-94, Urteil vom 2. Februar 1996, S. 5.

803 Vgl. *BayVerfGH* Vf.61-VI-91, Urteil vom 30. April 1992, S. 11.

vornherein eine Verletzung des Grundrechts nicht erkennbar ist[804], liegt ebenfalls eine nicht genügende Substantiierung der Rüge vor.

2. Zum notwendigen Inhalt einer Rüge, die Partei habe keine Gelegenheit zur Stellungnahme erhalten

Die Rüge zur Verletzung des Art. 91 Abs. 1 BV mit dem Inhalt, das Gericht habe dem Prozessbeteiligten nicht ausreichend Gelegenheit zur Stellungnahme gegeben, genügt nur dann der Substantiierungspflicht, wenn der Beschwerdeführer darlegt, was er bei ausreichender Gelegenheit zur Äußerung vorgetragen hätte. Nur dann kann der *Bayerische Verfassungsgerichtshof* prüfen, ob die angegriffene Entscheidung auf einem Verfassungsverstoß beruht[805]. Folgende Rügen genügen nicht den Anforderung einer ausreichend *substantiierten* Rüge: die einfache Behauptung der Partei, sie habe nicht auf Einwendungen des Beklagten erwidern können[806]. Bei Kenntnis der Stellungnahme der Staatsanwaltschaft hätte die Partei die Schwachstellen des Wiederaufnahmeantrags ergänzt, beziehungsweise die Auffassung der Staatsanwaltschaft widerlegt[807]. Unsubstantiiert ist die Behauptung, das Gericht habe zu Unrecht dem Terminsverlegungsantrag nicht stattgegeben[808] oder der Termin habe erst mit einer Verspätung von zwanzig Minuten angefangen[809]. Die Rüge, der Berufungsführer habe seine Einwände gegen das Berufungsurteil nicht mündlich vortragen können, ist ebenso unzureichend[810]. Der Vortrag, durch ein Privatgutachten den Gegenbeweis antreten zu wollen, ist unsubstantiiert, falls ein solches Gutachten bereits in der ersten Instanz sämtliche Fragen erörterte[811]. Gleiches ist für die Beanstandung anzunehmen, ein Beschluss teile nur lapidar mit, dass die Berufung „offensichtlich unbegründet" sei[812], das Ermittlungsverfahren verstoße gegen Art. 91 Abs. 1 BV[813] oder bei gerichtlichem Hinweis hätte der Betroffene den Vortrag präzisiert und vertieft und eine Zeugenvernehmung beantragt[814]. Unsubstantiiert ist die Rüge, die Partei hätte bei Kenntnis der Auffassung des Gerichts diesem noch einmal sei-

---

[804] *BayVerfGH* Vf.28-VI-99, Urteil vom 19. Oktober 2000, S. 7; ähnlich, aber offen gelassen in *BayVerfGH* Vf.54-VI-99, Urteil vom 23. November 2000, S. 9; Vf.148-VI-92, Urteil vom 1. Juli 1994, S. 11.

[805] Ständige Rechtsprechung *BayVerfGH* Vf.2-VI-94, urteil vom 21. März 1997, S. 4 f.; Vf.31-VI-94, Urteil vom 14. November 1996, S. 14; Vf.6-VI-91, Urteil vom 19. März 1993, S. 10.

[806] *BayVerfGH* Vf.Vf.34-VI-01, Urteil vom 22. Februar 2002, S. 5. Eigentlich handelt es sich hierbei nicht um eine Substantiierungsfrage. Vielmehr verzichtet der Beschwerdeführer vorzutragen, was er bei ausreichender Gelegenheit den Einwendungen entgegengesetzt hätte. Damit ist es eine Beruhensfrage, also eine Frage der Begründetheit. Ebenso *BayVerfGH* Vf.132-VI-92, Urteil vom 15. Juli 1994, S. 10 f.; Vf.30-VI-89, Urteil vom 26. Januar 1990, S. 16.

[807] *BayVerfGH* Vf.57-VI-88, Urteil vom 16. November 1990, S. 15.

[808] *BayVerfGH* Vf.21-VI-01, Urteil vom 26. April 2002, S. 6. Auch hier handelt es sich um eine Beruhensfrage.

[809] *BayVerfGH* Vf.153-VI-92, Urteil vom 19. November 1993, S. 6 f.

[810] *BayVerfGH* Vf.71-VI-92, Urteil vom 6. Mai 1993, S. 4.

[811] *BayVerfGH* Vf.136-VI-94, Urteil vom24. Januar 1997, S. 5.

[812] *BayVerfGH* Vf.2-VI-94, Urteil vom 21. März 1997, S. 3 in Verbindung mit S. 5.

[813] *BayVerfGH* Vf.141-VI-92, Urteil vom 26. Januar 1995, S. 8.

[814] *BayVerfGH* Vf.6-VI-93, Urteil vom 18. Februar 1994, S. 11.

ne Meinung vor Augen führen können[815] oder der Richter habe mit dem Prozessbevollmächtigten des Gegners nach der mündlichen Verhandlung, aber vor der Entscheidung fernmündlich über die Sache verhandelt, ohne dem Beschwerdeführer, Zweck und Inhalt des Gesprächs mitzuteilen[816].

D. Zulässigkeit der Verfassungsbeschwerde bei Entscheidungen der Bundesgerichte

Die Zulässigkeit der Verfassungsbeschwerde gegen Entscheidungen der Bundesgerichte behandelt keinen für Probleme des rechtlichen Gehörs typischen Gegenstand. Vielmehr handelt es sich um eine kompetenzrechtliche Frage[817]. Das Problem tritt nur manchmal bei Verfassungsbeschwerden wegen der Rüge zur Verletzung des Art. 91 Abs. 1 BV auf. Eine Verfassungsbeschwerde zum *Bayerischen Verfassungsgerichtshof* ist nur dann unzulässig, wenn der *Bundesgerichtshof* die angefochtene Entscheidung auf Grund sachlicher Prüfung abgeändert oder bestätigt hätte. Soweit er in der Sache nicht entscheidet, sondern die außerordentliche Beschwerde des Beschwerdeführers als unzulässig verwirft, schließt eine derartige bundesrechtliche Entscheidung eine Überprüfung des vorangegangenen Beschlusses des Oberlandesgerichts durch den *Bayerischen Verfassungsgerichtshof* nicht aus[818]. Gleiches gilt für Beschlüsse des *Bundesverwaltungsgerichts*, die Beschwerden gegen die Nichtzulassung der Revision zurückweisen, denen auch eine Gehörsrüge zugrunde lag[819] oder galt für Beschlüsse des *Bundesgerichtshofs* zur Nichtannahme der mit der Gehörsrüge begründeten Revision nach § 554b Abs. 1 a. F. ZPO[820]. Die Möglichkeit einer Werterevision bei einem Streitwert von 60.000 DM schaffte der Gesetzgeber ab. Dementsprechend existiert die Vorschrift des § 554b Abs. 1 a. F. ZPO in der geltenden Fassung der ZPO nicht mehr, da über die Annahme einer Werterevision nicht mehr zu entscheiden ist. Offen lassen konnte der *Bayerische Verfassungsgerichtshof* die Frage, ob eine Überprüfung möglich ist, wenn die ***teilweise inhaltliche Kontrolle*** eines Bundesgerichts dazu führt, dass die Beschwer des Betroffenen letztlich nicht mehr auf der Ausübung der Staatsgewalt des Landes beruht und als Folge die zugrunde lie-

---

[815] *BayVerfGH* Vf.6-VI-91, Urteil vom 19. März 1993, S. 11.
[816] *BayVerfGH* Vf.101-VI-91, Urteil vom 19. November 1993, S. 10
[817] Vgl. *Schumann*, Verfassungsbeschwerde, S. 230 f.
[818] *BayVerfGH* Vf.81-VI-00, Urteil vom 25. Januar 2002, S. 10. In diesem Verfahren befand der *Bundesgerichtshof*, dass der zurückweisende Beschluss des *Oberlandesgerichts* über die Ablehnung eines Befangenheitsantrages nicht schlechthin mit der Rechtsordnung unvereinbar sei. Es ist nicht exakt ersichtlich mit welcher genauen Begründung die Partei (eventuell auch Verletzung des rechtlichen Gehörs) die außerordentliche Beschwerde versah. Der *Bayerische Verfassungsgerichtshof* beschäftigt sich daraufhin mit Art. 118 Abs. 1 BV und Art. 91 Abs. 1 BV.
[819] Vgl. *BayVerfGH* Vf.48-VI-93, Urteil vom 30. Juni 1995, S. 8 f.; Vf.23-VI-94, Urteil vom 20. Juli 1995, S. 8.
[820] *BayVerfGH* Vf.154-VI-92, Urteil vom 29. April 1994, S. 6 f.

gende landesgerichtliche Entscheidung der Überprüfung durch das Landesverfassungsgericht entzogen ist[821].

E. Mit der Verfassungsbeschwerde nicht anfechtbare Entscheidungen

Der Prozessvergleich ist keine durch Verfassungsbeschwerde anfechtbare Maßnahme. Abschluss und Inhalt des Vergleichs bestimmen die Parteien und nicht die Handlungen des Gerichts. Prozesshandlung des Gerichts ist lediglich die Beurkundung des Prozessvergleichs, die den Rechtsstreit und die Rechtshängigkeit beendet.[822] Gleiches gilt für eine Einstellungsverfügung der Staatsanwaltschaft nach § 170 Abs. 2 StPO, wenn das Ermittlungsverfahren eine Straftat betrifft, deren Verletzter der Anzeigeerstatter nicht ist[823]. Offen ließ der *Bayerische Verfassungsgerichtshof* den Fall, in dem der Anzeigeerstatter zugleich Verletzter der angezeigten Straftat war[824].

III. Die Begründetheit der Verfassungsbeschwerde

Begründet ist die Verfassungsbeschwerde, wenn der Beschwerdeführer in seinem verfassungsmäßigen Recht auf Gehör verletzt ist und die angegriffene Entscheidung *auf diesem Fehler beruht*[825]. Darüber hinaus kann selbst bei Vorliegen dieser Voraussetzungen eine verfassungsrelevante Gehörsverletzung erfolglos sein, wenn sich der Betroffene im Lauf des Ausgangsverfahrens *des Rechts auf Gehör begeben* hat[826].

A. Die Kausalität zwischen Gehörsverletzung und Gerichtsentscheidung

Die Verfassungsbeschwerde wegen der Verletzung des Anspruchs auf rechtliches Gehör kann nur erfolgreich sein, wenn die angefochtene Entscheidung auf dem Verstoß beruht, dass heißt wenn nicht auszuschließen ist, dass die Gewährung des Gehörs zu einer ande-

---

[821] *BayVerfGH* Vf.2-VI-01, Urteil vom 17. Mai 2002, S. 7. Das *Bundesarbeitsgericht* überprüfte in dieser Revisionsentscheidung das die Nichtigkeitsklage abweisende Urteil des Landesarbeitsgerichts und sah die Rüge, das Landesarbeitsgericht sei im Ausgangsverfahren nicht vorschriftsmäßig besetzt gewesen, als unbegründet an. Es überprüfte und bestätigte die landesarbeitsgerichtliche Entscheidung partiell, mit Blick auf die Besetzung. Der *Bayerische Verfassungsgerichtshof* konnte die Frage offen lassen, weil die Rüge verspätet war.

[822] *BayVerfGH* Vf.141-VI-92, Urteil vom 26. Januar 1995, S. 6.

[823] *BayVerfGH* Vf. 141-VI-92, Urteil vom 26. Januar 1995, S. 7.

[824] *BayVerfGH* a. a. O.

[825] *Schmidt-Aßmann* in: *Maunz/Dürig*, Art. 103 Rdnr. 155.

[826] Vgl. *BayVerfGH* Vf.32-VI-02, Urteil vom 24. Juni 2003, S. 8.

ren Entscheidung geführt hätte[827]. Der *Bayerische Verfassungsgerichtshof* hat demnach eine Kausalitätsprüfung vorzunehmen.

1. Fälle der nicht ursächlichen Verstöße gegen Art. 91 Abs. 1 BV

Der am einfachsten gelagerte Fall ist die offensichtlich fehlende Kausalität zwischen der Verletzung des rechtlichen Gehörs und der angefochtenen Entscheidung[828].

Erhält die Partei anderweitig Kenntnisse vom Inhalt der gegnerischen Stellungnahme, die auch der gerichtlichen Entscheidung zu Grunde liegt, so beruht das Urteil nicht auf der verspäteten Zustellung des entsprechenden Schriftsatzes[829]. Eine Entscheidung beruht auch nicht auf der fehlenden Zustellung eines Schriftsatzes, wenn das Gericht die Abweisung der Klage auf weitere selbstständige Gründe stützt, die die Prozessbeteiligten bereits in den Prozess einführten[830]. Selbst wenn ein Gericht den Parteivortrag nicht zur Kenntnis genommen haben sollte, wäre Art. 91 Abs. 1 BV nicht verletzt, wenn das Urteil keine Tatsachen verwertet, die der Beschwerdeführer ausschließlich im angeblich nicht berücksichtigten Schriftsatz und nicht schon in seinem sonstigen prozessualen Vorbringen behauptet oder bestritten hat[831].

Eine den Art. 91 Abs. 1 BV verletzende Anwendung der Präklusionsnormen ist für die Entscheidung nicht ursächlich, wenn das Gericht ausführt, dass das neue Vorbringen — als wahr unterstellt — die Entscheidung nicht beeinflusst hätte[832]. Eine Zurückweisung von Vorbringen in der Berufungsinstanz ist auch dann nicht ursächlich für das Urteil, wenn die Partei im ersten Rechtszug ausreichend Gelegenheit hatte sich rechtzeitig zu äußern und zu strittigen Fragen Beweise anzubieten[833].

Gleichermaßen ist in der Berufungsinstanz die Nichtberücksichtigung von angebotenen nicht völlig ungeeignetem Zeugenbeweis für eine etwaige Vertragsanfechtung nicht ursächlich für die Entscheidung, falls das Amtsgericht diese Zeugen bereits im Ausgangsverfahren vernahm und aus diesen Aussagen hervor geht, dass sie keinen Sachverhalt, der die Anfechtung des Vertrages begründen würde, bestätigen können[834]. Der unterbliebene Hinweis des Gerichts zur Beweislast der Partei ist nicht begründend für die Entscheidung, wenn sich der Vortrag der Partei in der Verfassungsbeschwerde im bloßen Bestreiten ohne entsprechendes Beweisangebot erschöpft[835].

Eine fehlende Gelegenheit zur Stellungnahme zu einer Urkunde ist nicht ursächlich für das Urteil, wenn der Beschwerdeführer durch seinen Vortrag in der Verfassungsbe-

---

[827] *BayVerfGH* Vf.20-VI-98, Urteil vom 20. November 1998, S. 8; *Meder*, Art. 91 Rdnr. 19.

[828] Vgl. *BayVerfGH* Vf.61-VI-90, Urteil vom 13. Dezember 1992, S. 9; Vf.32-VI-90, Urteil vom 7. Dezember 1990, S. 13 f. Wenn ausgeschlossen werden kann, dass die beabsichtigte Darlegung zu einer anderen Auffassung des Gerichts geführt hätte.

[829] Vgl. *BayVerfGH* Vf.51-VI-99, Urteil vom 18. September 2001, S. 8 f.

[830] *BayVerfGH* Vf.75-VI-91, Urteil vom 4. Juni 1993, S. 7 f.

[831] *BayVerfGH* Vf.11-VI-95, Urteil vom 15. Oktober 1996, S. 6.

[832] *BayVerfGH* Vf.151-VI-93, Urteil vom 16. Februar 1995, S. 12; vgl. Vf.147-VI-92, Urteil vom 7. Juli 1994, S. 17 f.

[833] *BayVerfGH* Vf.37-VI-89, Urteil vom 16. Februar 1990, S. 17 f.

[834] *BayVerfGH* Vf.6-VI-93, Urteil vom 18. Februar 1994, S. 15 f.

[835] *BayVerfGH* Vf.55-VI-93, Urteil vom 16. März 1994, S. 10 f.

schwerde die fachgerichtliche Entscheidung nicht in Frage stellte, sondern bestätigt[836]. Auf einer verweigerten mündlichen Anhörung beruht das Urteil nicht, wenn das Fachgericht den in der Verfassungsbeschwerde vorgetragene Sachverhalt bereits in der Ausgangsentscheidung berücksichtigte[837].
Gelegentlich vermischen sich die Grundsätze der Substantiierungspflicht mit denen der Beruhensfrage. So kommt es vor, dass der *Bayerische Verfassungsgerichtshof* in der Begründetheit der Verfassungsbeschwerde die Kausalität verneint, weil es an einer substantiierten Darlegung mangelt[838].

2. Heilungsmöglichkeit eines Verstoßes gegen Art. 91 Abs. 1 BV

Die Heilung eines Gehörsverstoßes geschieht in der Regel im Rechtsmittelzug, wenn das Rechtsmittelgericht in der Lage ist das Vorbringen zu berücksichtigen[839] und nicht seinerseits das Recht auf Gehör verletzt[840]. Auch eine Gegenvorstellung in derselben Instanz ist geeignet einen Verstoß gegen das Recht auf Gehör zu beseitigen[841].
Eine Heilung des Grundrechtsverstoßes liegt vor, wenn der Beschwerdeführer erstmals in der Berufungsinstanz Stellung zur ausgangsgerichtlichen Auslegung eines Mietvertrages bezieht, weil es das Amtsgericht unterließ einen entsprechenden Hinweis zu geben[842]. Wenn der Prozessbeteiligte die Rüge, das Ausgangsgericht habe unangemessene Anforderungen an den Sachvortrag gestellt, in einer sofortigen weiteren Beschwerde dem *Bayerischen Obersten Landesgericht* vorträgt und dieses, das beanstandete Argument in seiner Entscheidung nicht wiederholt, hat es den etwaigen Gehörsverstoß des Ausgangsgerichts nicht perpetuiert[843]. Der Beschwerdeführer beseitigt einen Grundrechtsverstoß, wenn er durch Einlegung der weiteren Beschwerde Akteneinsicht erhält und infolge dessen von den Inhalten eines ihm nicht zugestellten Schriftsatzes Kenntnis erlangt und sich dann zum Schriftsatz äußert[844].

3. Fälle der fehlenden Entscheidungserheblichkeit

Das Gericht hat nur entscheidungserhebliches Vorbringen zu berücksichtigen. Gelegentlich weicht der *Bayerische Verfassungsgerichtshof* der Frage aus, ob das Gericht seiner Berücksichtigungspflicht nachkam, denn Art. 91 Abs. 1 BV verpflichtet die Gerichte nicht auf sämtliche Anträge einzugehen oder gar zu verbescheiden. Gelegentlich begnügt sich der *Verfassungsgerichtshof* sogar damit, in der Nichtberücksichtigung eines Schrift-

---

836 Vgl. *BayVerfGH* Vf.59-VI-90, Urteil vom 16. Dezember 1992, S. 10.
837 Vgl. *BayVerfGH* Vf.46-VI-90, Urteil vom 24. Juli 1991, S. 10.
838 *BayVerfGH* Vf.147-VI-92, Urteil vom 7. Juli 1994, S. 16 f.
839 Vgl. *BayVerfGH* Vf.19-VI-99, Urteil vom 25. November 1999, S. 8; Vf.81-VI-91, Urteil vom 28. Januar 1993, S. 17; Vf.34-VI-89, Urteil vom 20. Juni 1990, S. 16.
840 *BayVerfGH* Vf.14-VI-88, Urteil vom 8. November 1991, S. 20.
841 Vgl. *BayVerfGH* Vf.75-VI-91, Urteil vom 4. Juni 1993, S. 7.
842 Vgl. *BayVerfGH* Vf.77-VI-00, Urteil vom 18. Oktober 2002, S. 7.
843 *BayVerfGH* Vf.34-VI-99, Urteil vom 17. Dezember 1999, S. 8.
844 *BayVerfGH* Vf.67-VI-96, Urteil vom 13. März 1998, S. 12.

satzes einen hypothetischen Gehörsverstoß[845] anzunehmen und kommt dann eigens zu dem Ergebnis, dass eine Berücksichtigung zu keiner anderen Entscheidung des Gerichts geführt hätte.[846] Gleiches gilt für einen Verzicht auf Durchführung einer Beweisaufnahme durch das Fachgericht[847] oder die fehlende Zustellung eines Schriftsatzes an den Beschwerdeführer, wenn dieser selbst im Verfassungsbeschwerdeverfahren nichts Entscheidungserhebliches ausführt, insbesondere der entsprechende Vortrag bereits beim Fachgericht erfolgte[848].

4. Die unterstützenden Hilfserwägungen

Wenn das Gericht die Tatsachen, zu denen die Beteiligten nicht Stellung nehmen konnten, nur für eine ergänzende zusätzliche Entscheidungsbegründung oder Hilfserwägung verwendete, beruht die Entscheidung ebenfalls nicht auf der fehlenden Gelegenheit zur Stellungnahme[849]. Die Beschaffenheit eines Arguments als unterstützende Hilfserwägung drückt der *Bayerische Verfassungsgerichtshof* durch Formulierungen, wie „es hätte nahe gelegen“[850] oder „dies liege um so ferner, als mit der“... „ohnehin nicht habe ernsthaft gerechnet werden können“[851], aus. In ihnen schildert der *Bayerische Verfassungsgerichtshof* hypothetische Abläufe oder alternative Handlungsweisen, mit denen er den eigentlichen feststehenden Sachverhalt untermauert.

B. Sich des Rechts auf Gehör begeben

In der Begründetheit der Verfassungsbeschwerden begegnet der Leser gelegentlich folgenden Formulierungen:

„Wie der *Bayerische Verfassungsgerichtshof* wiederholt ausgesprochen hat, haben die Prozessbeteiligten alle prozessualen und tatsächlichen Möglichkeiten auszuschöpfen, um sich das rechtliche Gehör zu verschaffen und so eine etwa drohende Schmälerung ihres Rechts auf Gehör zu verhindern. Versäumen sie eine derartige Möglichkeit, so ***begeben sie sich des Rechts auf Gehör*** mit der Folge, dass eine Verletzung nicht mehr geltend gemacht werden kann.“[852]

---

[845] *BayVerfGH* Vf.46-VI-99, Urteil vom 30. März 2001, S. 16.

[846] Vgl. *BayVerfGH* Vf.46-VI-99, Urteil vom 30. März 2001, S. 16; Vf.63-VI-90, Urteil vom 27. November 1992, S. 14.

[847] Vgl. *BayVerfGH* Vf.93-VI-97, Urteil vom 14. August 1998, S. 9.

[848] *BayVerfGH* Vf.38 bis 55-VI-89, Urteil vom 12. November 1992, S. 9.

[849] Vgl. *BayVerfGH* Vf.51-VI-99, Urteil vom 18. September 2001, S. 9.

[850] *BayVerfGH* Vf.51-VI-99, Urteil vom 18. September 2001, S. 9 und 4.

[851] *BayVerfGH* Vf.5-VI-96, Urteil vom 14. August 1997, S. 8.

[852] Ständige Rechtsprechung *BayVerfGH* Vf.32-VI-02, Urteil vom 24. Juni 2003, S. 8.

1. Fälle, in denen die Beschwerdeführer sich des Rechts nach Art. 91 Abs. 1 BV begeben

Die bloße Nachlässigkeit ist die Hauptursache, weshalb die Betroffenen ihr Recht auf Gehör im späteren Verfassungsbeschwerdeverfahren nicht mehr geltend machen können. Die Nachlässigkeit liegt in der Regel vor, wenn das Gericht Gutachten[853], Aussagen[854], Schriftsätze[855] oder auch Gerichtsakten[856] im Ausgangsverfahren für die Entscheidungsfindung verwertet, die Partei aber im Bewusstsein dessen[857] oder aus fahrlässiger Unkenntnis heraus[858], versäumt sich die erforderliche Kenntnis der Inhalte zu verschaffen. Jede Partei muss sich eigens darum bemühen, von allen tatsächlichen Umständen Kenntnis zu erlangen, selbst wenn gerichtliche Versäumnisse im Rahmen der Informationspflicht zu verzeichnen sind[859]. Bei Bedarf muss die Partei Ablichtungen aus Unterlagen[860], Übermittlung von Anlagen[861] oder Akteneinsicht[862] verlangen. Machte die Partei davon Gebrauch oder erlangte sie in sonstiger Weise entsprechende Kenntnisse, muss sie gegebenenfalls eine Schriftsatzfrist[863] oder deren Verlängerung[864] beantragen und sich nach dem Stand ihres Gesuchs erkundigen[865], um sich die Gelegenheit zur Stellungnahme zu ermöglichen[866] oder sich zumindest weiteres Vorbringen vorzubehalten. Endlich bleibt die zu nutzende Möglichkeit, um Terminsverlegung zu bitten[867].
Die entgegengesetzten Fälle sind gleichermaßen denkbar. Kündigt das Gericht in der mündlichen Verhandlung an, es wolle ein Gutachten, anders als zuvor angenommen, doch nicht einholen, muss die Partei, will sie diese Unterlagen anfordern oder beiziehen, Gelegenheit zur Stellungnahme beantragen.[868] Eine solche Möglichkeit zur Stellungnahme muss der Prozessbeteiligte einfordern, wenn das Gericht die Parteien darauf hinweist,

---

853 *BayVerfGH* Vf.32-VI-02, Urteil vom 24. Juni 2003, S. 8; Vf.28-VI-99, Urteil vom 19. Oktober 2000, S. 10.
854 Vgl. *BayVerfGH* Vf.63-VI-95, Urteil vom 8. Dezember 1995, S. 8.
855 *BayVerfGH* Vf.51-VI-93, Urteil vom 17. März 1997, S. 5; Vf.73-VI-94, Urteil vom 19. Januar 1996, S. 6 f.
856 *BayVerfGH* Vf.16-VI-02, Urteil vom 21. November 2002, S. 12; Vf.52-VI-94, Urteil vom 28. April 1995, S. 10.
857 Vgl. *BayVerfGH* Vf.73-VI-94, Urteil vom 19. Januar 1996.
858 Vgl. *BayVerfGH* Vf.63-VI-95, Urteil vom 8. Dezember 1995, S. 8.
859 Vgl. *BayVerfGH* a. a. O.; Vf. 52-VI-94, Urteil vom 28. April 1995, S. 10.
860 *BayVerfGH* Vf.32-VI-02, Urteil vom 24. Juni 2003, S. 8; vgl. Vf.63-VI-95, Urteil vom 8. Dezember 1995, S. 8.
861 *BayVerfGH* Vf.52-VI-94, Urteil vom 28. April 1995, S. 11.
862 *BayVerfGH* Vf.16-VI-02, Urteil vom 21. November 2002, S. 12; Vf.52-VI-94, Urteil vom 28. April 1995, S. 11; Vf.9-VI-91, Urteil vom 14. Februar 1992, S. 8; Vf.57-VI-88, Urteil vom 16. November 1990, S. 16.
863 Vgl. *BayVerfGH* Vf.51-VI-93, Urteil vom 17. März 1997, S. 5; Vf.76-VI-91, Urteil vom 22. Mai 1992, S. 10.
864 *BayVerfGH* Vf.67-VI-01, Urteil vom 6. Dezember 2002, S. 11.
865 *BayVerfGH* Vf.57-VI-93, Urteil vom 10. Mai 1994, S. 16 f.; Vf.76-VI-91, Urteil vom 22. Mai 1992, S. 10 zur Möglichkeit der fernmündlichen Nachfrage zum Eingang eines Telefaxes.
866 Vgl. *BayVerfGH* Vf.9-VI-95, Urteil vom 15. März 1996, S. 9 für die Gelegenheit zur Verhandlung über Beweisergebnisse.
867 *BayVerfGH* Vf.76-VI-91, Urteil vom 22. Mai 1992, S. 10.
868 Vgl. *BayVerfGH* Vf.9-VI-95, Urteil vom 15. März 1996, S. 9 f.

es seien deren Schriftsätze, sei als Telefax[869] oder als Briefpost[870] eingereicht, nicht zu den Gerichtsakten gelangt, damit die Prozessbeteiligten entsprechende Ausführungen nachholen können.

2. Die unterlassene Ausübung des Rechts auf Gehör im Verhältnis zur Erschöpfung des Rechtswegs

Wie in der Zulässigkeit unter dem Gesichtspunkt der Rechtswegerschöpfung gesehen[871], prüft der *Bayerische Verfassungsgerichtshof* bereits dort gelegentlich die Frage, ob der Beschwerdeführer im Verfahren vor den Fachgerichten alle sich bietenden Möglichkeiten ausnutzte, um sich rechtliches Gehör zu verschaffen[872]. Die dort zitierten Fälle, die zur Unzulässigkeit der Verfassungsbeschwerde[873] führten, unterscheiden sich nicht von denen, wenn der Beschwerdeführer sich seines Rechts begibt. Der *Bayerische Verfassungsgerichtshof* unterscheidet demnach nicht durchgehend zwischen der formellen Rechtswegerschöpfung im Sinne des Art. 51 Abs. 2 Satz 1 BayVfGHG und den Fällen, in denen sich die Betroffenen sich ihres Rechts begeben. Erschöpft der Beschwerdeführer formell den Rechtsweg im Sinne des Art. 51 Abs. 2 Satz 1 BayVfGHG, kann es ihm dennoch passieren, dass der *Bayerische Verfassungsgerichtshof* die Verfassungsbeschwerde als unzulässig abweist, falls der Beschwerdeführer nicht alle Möglichkeiten zur Gehörsgewährung vor den Fachgerichten nutzte. Im gleichen Fall kann die Beschwerde ebenso unbegründet sein. In einem Urteil judizierte der *Bayerische Verfassungsgerichtshof* sogar, dass der Rechtsweg nicht erschöpft sei, weil der Beschwerdeführer sich des Rechts auf Gehör begeben hat[874].

---

[869] *BayVerfGH* Vf.76-VI-91, Urteil vom 22. Mai 1992, S. 10.
[870] Vgl. *BayVerfGH* Vf.63-VI-90, Urteil vom 27. November 1992, S. 13.
[871] Siehe § 11 II B. 7.
[872] In *BayVerfGH* Vf.24-VI-93, Urteil vom 24. Februar 1994, S. 8.
[873] *BayVerfGH* Vf.19-VI-00, Urteil vom 26. Januar 2000, S. 6 ; Vf.153-VI-92, Urteil vom 19. November 1993, S. 7.
[874] *BayVerfGH* Vf.24-VI-93, Urteil vom 24. Februar 1994, S. 7 f.

3. Unterschied zur Heilung des etwaigen Gehörsverstoßes

Eine Parallele zwischen den Grundsätzen der Heilungsmöglichkeit eines Gehörsverstoßes und denen der unterlassenen Ausübung des Rechts auf Gehör liegt dann vor, wenn zunächst eine Anhörung einer Partei unterblieb, weil das Gericht beispielsweise wegen unterlassener Zustellung eines gegnerischen Schriftsatz seiner *Informationspflicht* nicht nachkam. Hat die Partei im laufenden Verfahren noch eine potentielle Möglichkeit die Anhörung durchzuführen, liegt es in ihrer Hand den Gehörsverstoß zu heilen oder sich des Rechts zu begeben. Nutzt nun die Partei die Möglichkeit sich die notwendigen Kenntnisse zu verschaffen, so wird ein Gehörsverstoß geheilt, andernfalls begibt sich die Partei des Grundrechts.

§ 12 Zusammenfassung der wichtigsten Untersuchungsergebnisse

Die Auswertung der Verfassungsbeschwerden zum Recht auf Gehör gemäß Art. 91 Abs. 1 BV führte zu folgenden maßgeblichen Erkenntnissen:

Soweit die Verletzung des Art. 91 Abs. 1 BV in Frage steht, hält sich der *Bayerische Verfassungsgerichtshof* nicht durchgehend an die sich selbst auferlegten Kognitionsschranken. Im Bereich der Überprüfung, ob das Fachgericht bei der *Anwendung und Auslegung* des einfachen Verfahrensrechts die Bedeutung und Tragweite des rechtlichen Gehörs beachtete, greift der *Bayerische Verfassungsgerichtshof* gelegentlich in die gerichtliche Wertung auslegungs- und ausfüllungsbedürftiger Rechtsbegriffe ein. Dies zeigt sich insbesondere bei der verfassungsrechtlichen Überprüfung der fachgerichtlichen Anwendung und Auslegung des Präklusions- und Wiedereinsetzungsrechts; vgl. § 2 II. B.2.

Entgegen dem *Bundesverfassungsgericht* prüft der *Bayerische Verfassungsgerichtshof* alle Fragen, die sich dem Recht auf Gehör zuordnen lassen, systematisch auch an diesem Anspruch. Demnach besteht kein Bedürfnis, aus der *Bayerischen Verfassung* ungeschriebene Grundrechte, wie ein Recht auf ein faires Verfahren und einen allgemeinen Justizgewährungsanspruch abzuleiten. Obwohl daraus folgernd das *Bundesverfassungsgericht* und der *Bayerische Verfassungsgerichtshof* bei ein und derselben Prüfungsfrage unterschiedliche Prüfungsmaßstäbe anwenden, ergeben sich jedoch inhaltlich keine Unterschiede in der Prüfungsintensität; vgl. § 3 III. und § 3 IV .

Ein Unterschied zwischen beiden Verfassungsgerichten ist nachweisbar, wenn sie die Verfahren vor dem Rechtspfleger unter dem Gesichtspunkt verfassungsmäßiger Gehörsgarantien untersuchen. Einigkeit besteht nur insoweit, als dass beide Gerichte das Recht auf Gehör gemäß Art. 103 Abs. 1 GG und Art. 91 Abs. 1 BV nicht bei der Überprüfung dieser Verfahren anwenden. Das *Bundesverfassungsgericht* lässt jedoch darüber hinaus die Standards des rechtlichen Gehörs durch das Fairnessgebot in die Kontrolle einfließen; vgl. § 3 IV. A-C.

Soweit der *Bayerische Verfassungsgerichtshof* die fachgerichtliche *Ablehnung von Beweisangeboten* beurteilt, verfährt er bei der Anwendung der Prüfungsmaßstäbe uneinheitlich. Teils zieht er das Willkürverbot des Art. 118 Abs. 1 BV, das Recht auf Gehör nach Art. 91 Abs. 1 BV oder eine Modifikation der Voraussetzungen beider Grundrechte heran; eine klare Linie ist nicht erkennbar; vgl. § 3 II.C.

Im Untersuchungszeitraum von 1990 bis 2003 ist in 230 von insgesamt 550 Urteilsverfassungsbeschwerden die Rüge zur Verletzung des Art. 91 Abs. 1 BV enthalten. Sie ist in 42 % sämtlicher Verfassungsbeschwerden zum *Bayerischer Verfassungsgerichtshof* zu finden. Von den 230 Verfassungsbeschwerden handelt es sich in 164 Fällen um angefochtene Entscheidungen aus dem Zivilrechtsweg. Damit wird deutlich, welche bedeutende Stellung das Zivilprozessverfahren vor dem *Bayerischen Verfassungsgerichtshof* einnimmt. Von den 230 Verfassungsbeschwerden sind insgesamt 41 wegen der Verletzung des Art. 91 Abs. 1 BV begründet. Dabei handelt es sich in 39 der Fälle um angefochtene Entscheidungen aus dem Zivilprozessrecht. Sowohl der Strafprozess als auch das Verwaltungsgerichtsverfahren sind in diesem Bereich mit jeweils nur einer begründeten Verfassungsbeschwerde vergleichsweise selten vertreten; vgl. § 5 II.

Der *Bayerischer Verfassungsgerichtshof* hob in 26 Fällen nichtrechtsmittelfähige Amtsgerichtsurteile wegen des Verstoßes gegen Art. 91 Abs. 1 BV auf. Die Grundrechtsverletzungen entstanden hauptsächlich, wenn das Gericht im Bagatellverfahren nach § 495a Satz 1 ZPO schriftlich entschied. Sämtlichen Entscheidungen ist gemeinsam, dass ein Abhilfeverfahren nach § 321a n. F. ZPO noch nicht zur erforderlichen Rechtswegerschöpfung einer Verfassungsbeschwerde gehörte. In Zukunft werden durch diesen Rechtsbehelf instanzintern Gehörsverstöße geheilt; vgl. § 5 III. und § 5 IV. A. 2. a).

Soweit Beschwerdeführer land- und oberlandesgerichtliche Entscheidungen mit einer Verfassungsbeschwerde angriffen, ergeben sich keine mengenmäßigen Unterschiede. Mit jeweils *sieben* begründeten Verfassungsbeschwerden sind sie zu gleichen Teilen vertreten. Den maßgeblichen Anteile nehmen die Berufungsurteile ein; vgl. § 5 III B.-C.

Die Gehörsmaxime hat in allen Gerichtsverfahren, Verfahrensabschnitten und Prozesssituationen eine generelle und umfassende Funktion. Doch nicht zu jeder Entscheidung sind die Verfahrensbeteiligten zu hören. Ausschlaggebend ist, ob die jeweils zu treffende Entscheidung eine rechtsbeeinträchtigende Wirkung verursacht. Nur diese löst ein Anhörungsrecht aus. Eine solche Wirkung erzeugen weder die rein prozesstechnischen Maßnahmen noch gerichtsinterne Vorgänge oder die Anordnung von vorbereitenden Maßnahmen; vgl. § 5 IV. A. 1 und 2.

Tabelle 26
Übersicht zu den wichtigsten und erfolgreichen Rügen im Verfassungsbeschwerdeverfahren vor dem *Bayerischen Verfassungsgerichtshof* im Untersuchungszeitraum von 1900 bis 2003:

Rügeart	Gesamtanzahl der erhobenen Rügen	Gesamtanzahl der erfolgreichen Rü-	Anteil in Prozent
Die fehlende Berücksichtigung von Vorbringen	158	18	11,4 %
Überraschungsentscheidung wegen Verletzung der Hinweis- und Aufklärungspflicht	87	7	8 %
Falsche Auslegung/Anwendung der Präklusionsvorschriften	27	10	37 %
Fehlerhafte Zustellung	26	7	26,9 %
Ablehnung von Beweisangeboten	20	1	5 %
Vereitelung des Zugangs zur nächsten Instanz	9	0	0 %
Nicht erfolgte Wiedereröffnung der mündlichen Verhandlung	9	2	22,2 %
Verweigerung der Akteneinsicht	8	0	0 %
Nichtgewährung erneuter Schriftsatzfrist	8	1	12,5 %
Ablehnung der Prozesskostenhilfe	7	1	14,3 %
Fehlerhafte Ladung	6	1	16,7 %
Fehlende mündliche Verhandlung	6	0	0 %
Ablehnung des Antrags auf Terminsverlegung	5	0	0 %
Falsche Auslegung/Anwendung der Wiedereinsetzungsvorschriften	5	1	20 %
Ablehnung des Klageerzwingungsantrags	3	0	0 %
Fehlende Beiordnung eines Rechtsanwalts	1	0	0 %
Gesamtzahl	**385**	**49**	**12,7 %**

Legende: Spalte 1 enthält die wesentlichen Rügearten zur Verletzung des rechtlichen Gehörs. Spalte 2 zeigt, wie häufig die jeweilige Rüge im Untersuchungszeitraum in den Verfassungsbeschwerden enthalten war. Spalte 3 führt auf, wie häufig die Rüge Erfolg hatte und Spalte 4 macht den prozentualen Anteil des Erfolges einer Rüge im Verhältnis zu ihrer Erhebung deutlich.

Die Gesamtzahl von *49 erfolgreichen Rügen übersteigt* die Gesamtzahl von *41 erfolgreichen Verfassungsbeschwerden.* Grund dafür ist, dass in einigen Verfassungsbeschwerden mehrere Rügen, gestützt auf verschiedene Sachverhalte, Erfolg hatten oder auch ein und derselbe Sachverhalt die Gehörsrüge unter verschiedenen Gesichtspunkten erfolgreich werden ließ, der *Bayerische Verfassungsgerichtshof* sich aber nicht darauf beschränkte, nur einen Grundrechtsverstoß festzustellen.

Die Rüge zur *fehlenden Berücksichtigung des Vorbringens* nimmt *quantitativ* den bedeutendsten Platz ein. Sie ist nahezu doppelt so häufig in den Urteilsverfassungsbeschwerden zu finden, wie die an zweiter Stelle liegende Rüge zur unzulässigen Überraschungsentscheidung. Damit wird deutlich, welche überragende Rolle diese Beanstandung im „Alltag" des *Bayerischen Verfassungsgerichtshofs* spielt, insbesondere, wenn man berücksichtigt, dass es im Untersuchungszeitraum insgesamt 230 Verfassungsbeschwerden gab, die die Beschwerdeführer mit der Rüge zur Verletzung des Art. 91 Abs. 1 BV begründeten. Damit ist diese Rüge in 69 % aller Verfassungsbeschwerden zu Art. 91 Abs. 1 BV enthalten. Zwar ist die Beanstandung zur fehlenden Berücksichtigung von Vorbringen mit 18 erfolgreichen Rügen die häufigste Fehlerquelle für begründete Verfassungsbeschwerden, dennoch ist die Rüge im Verhältnis zu ihrer eigentlichen Erhebung mit 11 % nur bedingt erfolgreich. Ein erheblicher Grund dafür ist der Angriff der Beschwerdeführer auf die fachgerichtlichen Tatsachenfeststellungen und deren rechtliche Würdigung, um eine Korrektur des Urteils zu erlangen. Eine weitere Ursache liegt darin, dass der *Bayerische Verfassungsgerichtshof* vom Grundsatz einer Vermutung für die fachgerichtliche Berücksichtigung des von den Prozessbeteiligten vorgetragenen Prozessstoffes ausgeht. Für die Annahme einer fehlenden Berücksichtigung muss deshalb ein, in den Urteilen nicht häufig zu findender, offensichtlicher Widerspruch zwischen den Gründen der Entscheidung und dem Parteivortrag gegeben sein; vgl. § 8 II.

Ähnlich verhält es sich mit dem Verbot der *unzulässigen Überraschungsentscheidung*, einer nur in *acht* Prozent erfolgreichen Rüge. Nicht in jeder Verletzung einfachrechtlicher Vorschriften über die Hinweis- und Aufklärungspflichten liegt zugleich eine Verletzung des verfassungsmäßigen Rechts auf Gehör. Die verfassungsgerichtliche Feststellung, wie weit die fachgerichtliche Hinweis- und Aufklärungspflicht im Lichte des Art. 91 Abs. 1 BV zu gehen hat, zeigt zugleich am deutlichsten die Rechtsprechung zur sogenannten *Mindestgarantie* des rechtlichen Gehörs im Sinne der Verfassung; vgl. § 6 V.

Eine bedeutende Rüge ist die der *fehlerhaften Anwendung und Auslegung der Präklusionsvorschriften.* Im Verhältnis zu ihrer Erhebung ist sie mit 37 % an begründeten Rügen die erfolgreichste in Verfassungsbeschwerden zur Verletzung des Art. 91 Abs. 1 BV. Der Grund liegt im Ausnahmecharakter der Präklusionsvorschriften. Dieser rechtfertigt es deren Auslegung und Anwendung einer strengeren verfassungsrechtlichen Kontrolle zu unterziehen, als dies üblicherweise bei der Nachprüfung einfachen Rechts geschieht; sie geht über eine Willkürkontrolle hinaus; vgl. § 9 III.

Einer ähnlich strengen Kontrolle unterzieht der *Bayerische Verfassungsgerichtshof ablehnende Entscheidungen über Wiedereinsetzungsanträge*. Die verfassungsgerichtliche Kontrolle bezieht sich darauf, ob das Fachgericht bei der Beurteilung der Frage, ob die Partei ohne ihr Verschulden an der Wahrnehmung der Frist verhindert war, die Bedeutung und Tragweite des Art. 91 Abs. 1 BV beachtete. Dabei bestimmt der *Bayerische Verfassungsgerichtshof* gelegentlich eigens, welche Anforderungen an den Sorgfaltsmaßstab der Prozessbeteiligten zu stellen sind; vgl. § 9 IV.

Mit *sieben* begründeten Beanstandungen wegen der *fehlerhaften Zustellung* ist diese Rüge sehr erfolgreich. Unterbleibt eine notwendige Zustellung von Schriftsätzen, Gutachten und sonstigem entscheidungserheblichem Material, liegt eine Verletzung des Art. 91 Abs. 1 BV vor, wenn das Gericht dem Betroffenen dadurch die Möglichkeit zur Stellungnahme vereitelt. Damit dienen die Zustellungsvorschriften der Verwirklichung des rechtlichen Gehörs. Die begründeten Rügen haben in diesem Bereich deutlich die Funktion des *Bayerischen Verfassungsgerichtshofs* aufgezeigt: Er fungiert überwiegend als „Pannenhelfer", um Missgeschicke in der Bewältigung gerichtlicher Alltagsarbeit zu korrigieren; vgl. § 6 III.

Gemessen an ihrer Erhebung, ist die Rüge zur *nicht erfolgten Wiedereröffnung der mündlichen Verhandlung* erfolgreich. Bereits vor dem ZPO-RG vom 27. Juli 2001 gab es anerkannte zwingende Gründe zur Wiedereröffnung der mündlichen Verhandlung, obwohl der Wortlaut des § 156 a. F. ZPO keine Anhaltspunkte dafür enthielt. Dazu gehörte bereits die gerichtliche Feststellung einer Gehörsverletzung. Seit der Reform sind diese zwingenden Gründe in § 156 Abs. 2 n. F. ZPO kodifiziert. Eine Verletzung des Art. 91 Abs. 1 BV liegt zudem vor, soweit das Gericht das ihm nach § 156 Abs. 1 n. F. ZPO eingeräumte Ermessen überhaupt nicht ausübt; vgl. § 9 II.

Die Beanstandungen zur *fehlenden mündlichen Verhandlung* sind bedeutend, falls entgegen der Verfahrensordnung eine mündliche Verhandlung unterbleibt. Eigens aus Art. 91 Abs. 1 BV ergibt sich kein Anspruch auf Durchführung einer mündlichen Verhandlung. Entgegen der herrschenden Ansicht ist das verfassungsmäßige Recht auf Gehör nur gewahrt, wenn das Gericht entsprechend der gesetzlichen Vorschriften mündlich verhandelt; § 7 III. A.

Die Rüge zur *Ablehnung der Beweisangebote* ist nur ausnahmsweise erfolgreich. Lehnt das Fachgericht Beweisangebote ab, nahm es diese gleichwohl zur Kenntnis und berücksichtigte sie bei der Entscheidungsfindung. Die Fachgerichte genügen damit dem Art. 91 Abs. 1 BV. Einen weiterreichenden Schutzbereich hat die Vorschrift nicht. Eine bedenkliche Ausnahme tritt ein, wenn der *Bayerische Verfassungsgerichtshof* die Prüfungsvoraussetzungen des Art. 91 Abs. 1 BV denen des Willkürverbots annähert und fragt, ob die Verfahrensordnung eine Ablehnung des Beweisangebots rechtfertigt. Dieser Prüfungsansatz ist abzulehnen, weil er über den eigentlichen Schutzbereich des Art. 91 Abs. 1 BV hinausgeht; vgl. § 3 II. C. und § 8 III.

Nach Ansicht des *Bayerischen Verfassungsgerichtshofs* enthält Art. 91 Abs. 1 BV kein Recht dahingehend, dass ein gesetzlich nicht vorgesehener Rechtsbehelf dennoch statthaft wird, wenn der Rechtsmittelführer ihn mit der Rüge zur Verletzung des rechtlichen Gehörs durch die Ausgangsentscheidung begründet. Art. 91 Abs. 1 gibt keinen Anspruch auf einen Instanzenzug. Daher liegen aus dem Untersuchungszeitraum keine begründeten Rügen vor, soweit ein Fachgericht den *Zugang zur Rechtsmittelinstanz verhinderte*. Das *Bundesverfassungsgericht* gab seine bis dato gleichlautende Rechtsprechung durch die Plenarentscheidung vom 30. April 2003 (*BVerfGE*, 107, 395 ff.) auf. Der allgemeine Justizgewährungsanspruch aus Art. 2 Abs. 1 GG in Verbindung mit dem Rechtsstaatsprinzip und Art. 103 Abs. 1 GG erfordere die einmalige Kontrolle einer etwaigen Gehörsverletzung in jeder Instanz. Am 1. Januar 2005 trat daraufhin das Anhörungsrügengesetz in Kraft. In jeder Verfahrensordnung und Instanz existiert nun der Rechtsbehelf der Anhörungsrüge gegen nicht rechtsmittelfähige Gerichtsentscheidungen; vgl. § 7 II. E. 3. b) (5).

Die Vernachlässigung der eigenen Prozessförderungspflicht der Beteiligten ist die maßgebliche Ursache für die Erfolglosigkeit der Rüge, das Gericht habe die *Akteneinsicht nicht gewährt*. Hat das Gericht die Prozessbeteiligten nicht über alle im Verfahren verarbeiteten Unterlagen informiert, liegt der Gehörsverstoß bereits in der fehlerhaften Mitteilung. Haben die Prozessbeteiligten jedoch Kenntnis davon, dass das Gericht Unterlagen verwertet, die sie nicht einsehen konnten, so müssen die Beteiligten alle tatsächlichen und prozessualen Möglichkeiten ausnutzen, um die Einsicht in das Aktenmaterial zu erlangen. Nutzen sie diese Möglichkeit nicht, hat eine spätere Gehörsrüge keinen Erfolg. Darüber hinaus übt der Prozessbevollmächtigte das Akteneinsichtsrecht für den Mandanten aus, so dass in der Ablehnung des Antrags auf persönliche Einsichtnahme keine Verletzung des Art. 91 Abs. 1 BV liegt; vgl. § 6 IV. und § 7 III. B.

Die *Nichtgewährung erneuter Schriftsatzfristen* liegt im Spannungsverhältnis zwischen Äußerungsrecht und prozessualer Mitwirkungspflicht der Prozessbeteiligten. Das Gericht kann einerseits durch eine zulässige Nichtgewährung der beantragten Frist das Äußerungsrecht ohne Verstoß gegen Art. 91 Abs. 1 BV unterbinden, andererseits aber ohne Antrag des Betroffenen zur Gewährung einer erneuten Frist verpflichtet sein. Letzteres tritt vor allem ein, wenn das Gericht im Bagatellverfahren gemäß § 495a Satz 1 ZPO schriftlich entscheidet; vgl. § 7 VI. A.

Die Ladungsvorschriften der Verfahrensordnungen dienen der Verwirklichung des rechtlichen Gehörs. Sie sind eng mit der in Art. 91 Abs. 1 BV festgelegten Minimalgarantie verbunden. Eine *fehlerhafte oder unterbliebene Ladung* zum Termin führt grundsätzlich zum Verstoß gegen Art. 91 Abs. 1 BV. Aus der Verfassungsnorm selbst lässt sich jedoch weder die Form der Ladung noch eine Ladungspflicht ableiten; vgl. § 6 II.

Die Prozessbeteiligten haben keinen Anspruch auf *Verlegung des Termins*. Die Entscheidung über einen Terminsverlegungsantrag liegt im pflichtgemäßen Ermessen des erkennenden Gerichts. Soweit es das Ermessen ordnungsgemäß ausübt, kann Art. 91 Abs. 1 BV nicht verletzt sein. Der Ermessensspielraum ist jedoch begrenzt, soweit das Gericht das persönliche Erscheinen anordnet und die Partei krankheitsbedingt nicht an der Verhandlung teilnehmen kann. Dann ist wiederum ausschlaggebend, ob die betroffene Partei anwaltlich vertreten ist; vgl. § 7 II. A.

Die *Verweigerung der Prozesskostenhilfe* und die *Ablehnung des Klageerzwingungsantrags* sind als Verstoß gegen Art. 91 Abs. 1 BV zu bewerten, wenn das Fachgericht die entsprechenden Rechtsvorschriften in nicht mehr vertretbarer Weise auslegt und dadurch den Zugang zu den Gerichten in unzumutbarer und aus Sachgründen nicht mehr zu rechtfertigender Weise erschwert. Diese Voraussetzungen liegen vor, wenn das Gericht den Prozesskostenhilfeantrag ablehnt, ohne die Erfolgsaussichten in der Hauptsache zu prüfen oder zu starke Formanforderungen an einen Klageerzwingungsantrag stellt; vgl. § 7 II. E. 1 und 2.).

Die Anzahl von *69 unzulässigen Rügen zur Verletzung des Art. 91 Abs. 1 BV* übersteigt deutlich die Zahl von nur *17 unzulässigen Verfassungsbeschwerden* zum Recht auf Gehör. Mit fast 30 % an unzulässigen Rügen ist das Strafverfahren in dieser Statistik führend. Eine derartige Menge an unzulässigen Rügen findet sich nicht einmal ansatzweise in den anderen Gerichtszweigen; vgl. § 3 I und § 11 II.

Die hohe Anzahl an unzulässigen Rügen zur Verletzung des Art. 91 Abs. 1 BV ist in erster Linie auf die Nachlässigkeit der Beschwerdeführer zurückzuführen, weil sie die zweimonatige Einlegungsfrist versäumten. Darüber hinaus sind nur zulässige Rechtsmittel und darauf ergehende Entscheidungen geeignet die Frist zur Einreichung der Verfassungsbeschwerde in Gang zu setzen. Durch Entscheidungen, die auf *offensichtlich unzulässige Rechtsmittel* ergehen, wird die zweimonatige Einlegungsfrist nicht erneut in Gang gesetzt. vgl. § 11 II. A.

Zweithäufiger Unzulässigkeitsgrund ist die mangelnde Substantiierung der Gehörsrüge. Die Beschwerdeführer vernachlässigen in der Beschwerdeschrift darzulegen, was sie bei ausreichender Gelegenheit zur Stellungnahme vorgetragen hätten; vgl. § 11 II. C.

An dritter Stelle der Unzulässigkeitsgründe findet sich die fehlende Rechtswegerschöpfung. Das Strafverfahren ist hier führend, weil die Beteiligten Anträge gemäß § 33a StPO zur Nachholung des rechtlichen Gehörs nicht ergriffen. Allerdings kann der *Bayerische Verfassungsgerichtshof* von der Notwendigkeit der Rechtswegerschöpfung absehen, wenn es dem Beschwerdeführer im Einzelfall nicht *zumutbar* ist, ein Rechtsmittel einzulegen. Die gesetzlich eröffnete Beschwerde gegen die Nichtzulassung der Revision müssen die Beschwerdeführer ergreifen. Zum notwendigen Bestandteil des Rechtswegs gehören nicht die Nichtigkeits- und Restitutionsklageverfahren; vgl. § 11 II. B.

Ein erheblicher Teil der Verfassungsbeschwerden ist unbegründet, weil Verstöße gegen Art. 91 Abs. 1 BV nicht *kausal* für die fachgerichtliche Entscheidung waren. Gelegentlich vermischt der *Bayerische Verfassungsgerichtshof* die Anforderungen an die Substantiierungspflicht mit der Beruhensfrage. So verneint er in der Begründetheit der Verfassungsbeschwerde die Kausalität, weil es an der substantiierten Darlegung einer Gehörsverletzung mangelt; vgl. § 11 III. A. 1.

Verfassungsbeschwerden sind unbegründet, soweit die Verletzungen des Gehörsanspruchs *geheilt* werden. Eine Heilung geschieht in der Regel im Rechtsmittelverfahren. Das seit dem 1. Januar 2005 in Kraft getretene Anhörungsrügengesetz wird zur umfassenden Heilung von Verstößen gegen Art. 91 Abs. 1 BV beitragen; vgl. § 11 III. A. 2.

Trotz feststehender verfassungsrelevanter Gehörsverstöße, können Verfassungsbeschwerden dennoch unbegründet sein, wenn sich die Beschwerdeführer ihres Grundrechts *begeben*. Sie begeben sich des Rechts, wenn sie nicht sämtliche prozessualen und tatsächlichen Möglichkeiten ausschöpfen, um sich das rechtliche Gehör zu verschaffen. Der *Bayerische Verfassungsgerichtshof* vermischt gelegentlich die Frage, ob sich der Beschwerdeführer des Rechts auf Gehör begeben hat, mit den Anforderungen der formellen Rechtswegerschöpfung gemäß Art. 51 Abs. 2 Satz 1 BayVfGHG. In jedem Fall ist die Folge daraus, dass der Beschwerdeführer eine Verletzung des Anspruchs im Verfassungsbeschwerdeverfahren nicht mehr geltend machen kann; vgl. § 11 III. B.

LITERATURVERZEICHNIS

Arndt, Adolf, Das rechtliche Gehör, NJW 1959, S. 6-8
(zitiert, *Arndt*, NJW 1959)

Arndt, Adolf, Die Verfassungsbeschwerde wegen Verletzung des rechtlichen Gehörs, NJW 1959, S. 1297 - 1301
(zitiert, *Arndt*, NJW 1959)

Baumbach, Adolf/Lauterbach, Wolfgang/Albers, Jan/Hartmann, Peter, Zivilprozessordnung, 62. Aufl., München 2004
(zitiert, Bearbeiter in: *Baumbach/Lauterbach/Albers/Hartmann*)

Bork, Reinhard siehe *Stein/Jonas*

Degenhart, Christoph siehe *Sachs*

Denninger, Erhard/Hoffmann-Riem, Wolfgang/Schneider, Hans-Peter/Stein, Ekkehart, Reihe Alternativkommentare, Kommentar zum Grundgesetz für die Bundesrepublik Deutschland, Band 3, 3. Aufl., Neuwied-Kriftel, 2001
(zitiert, Bearbeiter in: AK zum GG,)

Deubner, Karl, Aktuelles Zivilprozeßrecht, JuS 1996, S. 240 - 243
(zitiert, *Deubner*, JuS 1996)

Dreier, Horst (Hrsg.), Grundgesetz Kommentar, Band I, Tübingen 1996
(zitiert, Bearbeiter in: *Dreier*)

Dreier, Horst (Hrsg.), Grundgesetz Kommentar, Band III, Tübingen 2000
(zitiert, Bearbeiter in: *Dreier*)

Eickmann, Dieter/Sonnenfeld, Susanne/Dümig, Michael, Anhörungspflicht bei nachlassgerichtlicher Genehmigung, RPfleger 2000, S. 245 - 250
(zitiert, *Eickmann/Sonnenfeld/Dümig*, RPfleger 2000)

Freisler, Roland, Nationalsozialistisches Recht und Rechtsdenken, Berlin 1938
(zitiert, *Freisler*)

Frohn, Hansgeorg, Strafverteidigung und rechtliches Gehör – Verfassungsrechtliche Anmerkungen zur Strafverfahrensreform, GA 1984, S. 554 - 571
(zitiert, *Frohn,* GA 1984)

Gaul, Hans Friedhelm, Nichtigkeitsklage bei erschlichener oder fehlerhaft bewilligter öffentlicher Zustellung wegen Gehörsverletzung? JZ 2003, S. 1088 - 1096
(zitiert, *Gaul,* JZ 2003)

Hamann, Andreas, Rechtliches Gehör, AnwBl. 1958, S. 141 - 148
(zitiert, *Hamann,* AnwBl. 1958)

Isensee, Josef/Kirchhoff, Paul, Handbuch des Staatsrechts, Band VI, Heidelberg 1989
(zitiert, Bearbeiter in: *Isensee/Kirchhoff,* Staatsrecht)

Knemeyer, Franz-Ludwig siehe auch *Isensee/Kirchhoff*

Kopp, Ferdinand/Schenke, Wolf-Rüdiger, Verwaltungsgerichtsordnung, 13. Aufl., München 2003
(zitiert, Bearbeiter in: *Kopp/Schenke*)

Korioth, Stefan, Bundesverfassungsgericht und Rechtsprechung („Fachgerichte") in: Festschrift 50 Jahre Bundesverfassungsgericht, Erster Band, Tübingen 2001, , S. 55 - 81
(zitiert, *Korioth*)

Kroitzsch, Hermann, Wegfall der Begründungspflicht — Wandel der Staatsform der Bundesrepublik, NJW 1994, S. 1032 - 1035
(zitiert, *Kroitzsch,* NJW 1994)

Kunze, Axel, § 495a ZPO — mehr Rechtsschutz ohne Zivilprozeß?, NJW 1995, S. 2750 - 2753
(zitiert, *Kunze,* NJW 1995)

Leibholz, Gerhard/Rinck, Hans-Justus/Hesselberger, Dieter, Grundgesetz, Kommentar an Hand der Rechtsprechung des Bundesverfassungsgerichts, Band 2, 7. Aufl., Köln 1993
(zitiert, *Leibholz/Rinck/Hesselberger*)

Leipold, Dieter siehe *Stein/Jonas,* Band 2 und 3

Lichtenberger, Gustav, Neue Probleme beim Recht auf rechtliches Gehör? in: Verfassungsrecht — Menschenrechte — Strafrecht, Kolloquium für Dr. Walter Gollwitzer zum 80. Geburtstag am 16. Januar 2004 in München, Berlin 2004, S. 111 – 123
(zitiert, *Lichtenberger*)

v. Mangold, Herbert/Klein, Friedrich/Stark, Chistian, Das Bonner Grundgesetz, Kommentar, Band 2, 4. Aufl., München 2000
(zitiert, Bearbeiter in: *v. Mangold/Klein/Stark*)

v. Mangold, Herbert/Klein, Friedrich/Stark, Chistian, Das Bonner Grundgesetz, Kommentar, Band 3, 4. Aufl., München 2001
(zitiert, Bearbeiter in: *v. Mangold/Klein/Stark*)

Maunz, Theodor/Dürig, Günter, Grundgesetz Kommentar, Band II, Stand: Lieferung 42, Februar 2003, München
(zitiert, Bearbeiter in: *Maunz/Dürig*)

Maunz, Theodor/Dürig, Günter, Grundgesetz Kommentar, Band V, Stand: Lieferung 41, Februar 2003, München
(zitiert, Bearbeiter in: *Maunz/Dürig*)

Maunz, Theodor/Obermayer, Klaus/Berg, Wilfried/Knemeyer, Franz-Ludwig, Staats- und Verwaltungsrecht in Bayern, 5. Aufl., Stuttgart-München-Hannover 1988
(zitiert, Bearbeiter in: *Maunz/Obermeyer/Berg/Knemeyer*)

Meder, Theodor, Die Verfassung des Freistaates Bayern, Handkommentar, 4. Aufl. Stuttgart-München-Hannover-Berlin 1992
(zitiert, *Meder*)

Meyer-Goßner, Lutz, Strafprozessordnung, Gerichtsverfassungsgesetz und Nebengesetzen, 46. Aufl., München 2003
(zitiert, *Meyer-Goßner*)

Mielke, Bettina, Der Rechtspfleger und das Grundgesetz, ZRP 2003, S. 442 – 445
(zitiert, *Mielke*, ZRP 2003)

Mielke, Bettina, Zur verfassungsrechtlichen Stellung des Rechtspflegers, BayVBl. 2004, S. 520 – 526
(zitiert, *Mielke*, BayVBl. 2004)

Musielak, Hans-Joachim, Kommentar zur ZPO, 3. Aufl., München 2002
(zitiert, Bearbeiter in: *Musielak*)

v. Münch, Ingo/Kunig, Philip, Grundgesetz-Kommentar, Band 1, 5. Aufl., München 1999
(zitiert, Bearbeiter in: *v. Münch/Kunig*)

v. Münch, Ingo/Kunig, Philip, Grundgesetz-Kommentar, Band 3, 5. Aufl., München 2003
(zitiert, Bearbeiter in: *v. Münch/Kunig*)

Münchener Kommentar zur ZPO, Band 1, 2. Aufl., München 2000
(zitiert, Bearbeiter in: Münchener Kommentar zur ZPO)

Münchener Kommentar zur ZPO, Band 2, 1. Aufl., München 1992
(zitiert, Bearbeiter in: Münchener Kommentar zur ZPO)

Nawiasky, Hans/Leusser, Claus/Schweiger, Karl/Zacher, Hans, Die Verfassung des Freistaates Bayern, Stand: Juli 2000, München
(zitiert, Bearbeiter in: *Nawiasky/Leusser/Schweiger/Zacher*)

Nolte, Georg siehe *v. Mangoldt/Klein/Stark*

Ossenbühl, Fritz, Die Kontrolle von Tatsachenfeststellungen und Prognoseentscheidungen durch das Bundesverfassungsgericht in: Das Bundesverfassungsgericht und Grundgesetz, Festgabe aus Anlaß des 25jährigen Bestehen des Bundesverfassungsgerichts, 1. Band, Tübingen 1976, S. 458 - 518
(zitiert, *Ossenbühl*, Bundesverfassungsgericht und Grundgesetz)

Peters, Egbert siehe Münchener Kommentar zur ZPO, Band 1

Pieroth, Bodo/Jarass, Hans, Grundgesetz für die Bundesrepublik Deutschland, 7. Aufl., München 2004
(zitiert, Bearbeiter in: *Pieroth/Jarass*)

Prütting, Hanns siehe Münchener Kommentar zur ZPO, Band 1

Reichold, Klaus siehe *Thomas/Putzo*

Rimmelpacher, Bruno siehe Münchener Kommentar zur ZPO, Band 2

Roth, Herbert siehe *Stein/Jonas*

Rüping, Hinrich, Verfassungs- und Verfahrensrecht im Grundsatz des rechtlichen Gehörs, NVwZ 1985, S. 304 - 309
(zitiert, *Rüping*, NVwZ 1985)

Rüping, Hinrich/Jerouschek, Günter, Grundriß der Strafrechtsgeschichte, 4. Aufl., München 2002
(zitiert, *Rüping/Jerouschek*)

Rüping, Hinrich in: *Dolzer Rudolf/Vogel Klaus/Graßhof Karin*, Bonner Kommentar zum Grundgesetz, 8. Band, Zweitbearbeitung zu Art. 103 Abs. 1 GG, Stand: 41. Lieferung, März 1980, Heidelberg
(zitiert, *Rüping* in: Bonner Kommentar)

Sachs, Michael, Grundgesetz Kommentar, 3. Aufl., München 2003
(zitiert, Bearbeiter in: *Sachs*)

Schäfer, Ludwig, Rechtsgespräch und rechtliches Gehör, BayVBl. 1978, S. 454 - 456
(zitiert, *Schäfer*, BayVBl. 1978)

Schimansky, Herbert, Wegfall der Begründungspflicht, NJW 1994, S. 1774 - 1775
(zitiert, *Schimansky*, NJW 1994)

Schmidt, Eberhard, Einführung in die Geschichte der deutschen Strafrechtspflege, 3. Aufl., Göttingen 1964
(zitiert, *Schmidt*, Strafrechtspflege)

Schmidt, Eduard, Staatsgründung und Verfassungsgebung in Bayern – Die Entstehung der Bayerischen Verfassung vom 8. Dezember 1946, Dissertation Regensburg 1993
(zitiert, *Schmidt*, Staatsgründung)

Schmidt-Aßmann, Eberhard, Verfahrensfehler als Verletzung des Art. 103 Abs. 1 GG, DÖV 1987, S. 1029 - 1037
(zitiert, *Schmidt-Aßmann*, DÖV 1987)

Schmidt-Aßmann, Eberhard siehe auch *Maunz/Dürig*

Schneider, Egon Anmerkung zum Beschluss LG Lübeck vom 28. August 1998 — 1(3)T 410/98, MDR 1999, S. 58
(zitiert, *Schneider* MDR 1999)

Schulze-Fielitz, Helmuth siehe *Dreier*

Schumann, Ekkehard, Bundesverfassungsgericht, Grundgesetz und Zivilprozeß, Köln-Berlin-Bonn-München 1983
(zitiert, *Schumann,* Bundesverfassungsgericht, Grundgesetz und Zivilprozeß)

Schumann, Ekkehard, Die Wahrung des Grundsatzes des rechtlichen Gehörs- Dauerauftrag für das BVerfG?, NJW 1985, S. 1134 - 1140
(zitiert, *Schumann,* NJW 1985)

Schumann, Ekkehard, Verfassungs- und Menschenrechtsbeschwerde gegen richterliche Entscheidungen, 1963
(zitiert, *Schumann,* Verfassungs- und Menschenrechtsbeschwerde)

Schumann, Ekkehard, Verfassungsbeschwerde (Grundrechtsklage) zu den Landesverfassungsgerichten in: Landesverfassungsgerichtsbarkeit, Teilband II, Zuständigkeiten und Verfahren der Landesverfassungsgerichte, Baden-Baden 1983, S. 149 – 230
(zitiert, *Schumann,* Verfassungsbeschwerde)

Stadler, Astrid siehe *Musielak*

Stein, Friedrich/Jonas, Martin, Kommentar zur Zivilprozessordnung, Band 2, 21. Aufl., Tübingen 1994
(zitiert, Bearbeiter in: *Stein/Jonas*)

Stein, Friedrich/Jonas, Martin, Kommentar zur Zivilprozessordnung, Band 3, 21. Aufl., Tübingen 1997
(zitiert, Bearbeiter in: *Stein/Jonas*)

Thomas, Heinz/Putzo, Hans, Zivilprozessordnung, 25. Aufl., München 2003
(zitiert, Bearbeiter in: *Thomas/Putzo*)

Umbach, Dieter/Clemens, Thomas, Grundgesetz Mitarbeiterkommentar und Handbuch, Band II, Heidelberg 2002
(zitiert, Bearbeiter in: *Umbach/Clemens*)

Voßen, Nicole, Die Rechtsprechung des Bundesverfassungsgerichts zur Rechtsweggarantie des Art. 19 Abs. 4 GG, den Verfahrensgarantien nach Art. 101 Abs. 1 Satz 2 GG, Art. 103 Abs. 1 GG und zum Prozeßrecht der Fachgerichte, Dissertation, Frankfurt am Main-Berlin-Bern-Brüssel-New York-Oxford-Wien 2002
(zitiert, *Voßen*)

Waldner, Wolfram, Der Anspruch auf rechtliches Gehör, 2. Aufl., Köln 2000
(zitiert, *Waldner*)

Wassermann, Rudolf siehe auch *Denninger/Hoffmann-Riem/Schneider/Stein*

Weth, Stephan, Die Zurückweisung verspäteten Vorbringens im Zivilprozeß, Dissertation, Köln-Berlin-Bonn-München 1987
(zitiert, *Weth*)

Zierlein, Karl-Georg siehe *Umbach/Clemens*

Zöller, Richard/Geimer, Reinhold/Greger, Reinhard/Gummer, Peter/Herget, Kurt/Heßler, Hans-Joachim/Phillipi, Peter/Stöber, Kurt/Vollkommer, Max, Zivilprozessordnung, Kommentar, 24. Aufl., Köln 2004
(zitiert, Bearbeiter in: *Zöller*)

STICHWORTVERZEICHNIS

J

K

L

M

N

O

P

www.ingramcontent.com/pod-product-compliance
Ingram Content Group UK Ltd.
Pitfield, Milton Keynes, MK11 3LW, UK
UKHW021131041026
8980IPUK00034B/1687

9 783631 549674